Le Romantisme et après en France
Romanticism and after in France

Volume 1

edited by Alan Raitt

Peter Lang · Bern

Alan Raitt

Flaubert et le théâtre

Peter Lang · Bern

Die Deutsche Bibliothek – CIP-Einheitsaufnahme

Raitt, Alan:
Flaubert et le théâtre / Alan Raitt. – Bern : Lang, 1998
(Le romanticisme et après en France ; Vol. 1)

971078

ISSN 1422-4763
ISBN 3-906759-52-0
US-ISBN 0-8204-3439-6

© Peter Lang AG, European Academic Publishers, Berne 1998

Printed in Germany

Remerciements

Je tiens à remercier très sincèrement tous ceux qui, par les conseils qu'ils m'ont donnés, par les renseignements qu'ils m'ont procurés ou par leur aide morale ou matérielle, ont contribué à l'élaboration et à la publication de ce livre: MM Jean Bruneau, Roland Chollet, Nicholas Cronk, Robert Lethbridge, Mlle Sandrine Oriez, MM Roger Parker, Guy Sagnes, Mme Janis Spurlock, MM Richard Sheppard, Rhys Williams et ma femme Lia.

Table des matières

Preface

On ne peut guère surestimer l'importance capitale du théâtre dans la vie culturelle de la France au dix-neuvième siècle. Comme le fait remarquer F.W.J. Hemmings, c'était alors 'la seule forme de distraction en masse'[1], et il ajoute: '500 000 Parisiens allaient au théâtre une fois par semaine et [...] le nombre de ceux qui y allaient au moins une fois par mois était entre un million et 1200 000'[2]. En outre, le prestige du théâtre classique restait tel qu'aucun nouveau mouvement littéraire ne pouvait se sentir vraiment établi sans avoir réussi au théâtre, de préférence à la Comédie Française: d'où la fameuse bataille d'*Hernani* en 1830 pour les Romantiques ou les discussions autour de *La Révolte* de Villiers de l'Isle-Adam en 1870 pour les Parnassiens.

Par ailleurs, l'immense popularité du théâtre signifiait que des écrivains comme Scribe et Sardou pouvaient y gagner de vastes fortunes; il pouvait apporter une célébrité instantanée et un contact direct avec un public admiratif qui était pratiquement impossible par le roman ou la poésie. Dans ces conditions, il n'est point étonnant que presque tous les auteurs importants en France ont été attirés par l'idée d'écrire pour le théâtre. Stendhal a passé de longues années à essayer de composer des pièces de théâtre avant de découvrir sa vraie vocation dans le roman. Balzac a écrit plusieurs drames, et encore aujourd'hui on joue avec succès son *Mercadet ou Le Faiseur*. Zola, seul ou en collaboration, a produit une vingtaine de drames et de livrets d'opéra. Mérimée, ayant débuté dans les lettres par les drames pseudo-espagnols du *Théâtre de Clara Gazul*, est revenu au théâtre plus tard, mais sans y réussir. En plus des contes et des romans qui ont fait sa réputation, Alphonse Daudet a composé plusieurs pièces de théâtre, notamment *L'Arlésienne*, pour laquelle Bizet a écrit une musique de scène. En 1865, *Henriette Marchal*, des frères Goncourt, a déclenché une manifestation contre le gouvernement impérial. Mme de Staël n'a pas cherché à se faire représenter publiquement, mais elle a écrit de petites pièces pour son théâtre de société à Coppet, et tandis que George Sand a composé beaucoup de pièces pour sa fa-

---

1 Hemmings, F.W.J.: *The Theatre Industry in Nineteenth-Century France*, Cambridge, Cambridge University Press, 1993, p. 2.
2 Ibid.

mille et ses amis à Nohant, vers la fin de sa vie elle a aussi remporté de nombreux succès dans de grands théâtres parisiens. A part Chateaubriand, que le théâtre semble n'avoir jamais tenté, le seul romancier à s'être résolument déclaré en ennemi de ce qu'il appelait 'l'abjecte chimère du théâtre'[3] est J.-K. Huysmans.

Flaubert ne faisait pas du tout exception à cette règle. Bien qu'une seule de ses pièces ait été représentée (d'ailleurs avec des résultats désastreux), il a été préoccupé par le théâtre pendant la majeure partie de sa vie. Le grand spécialiste de Flaubert, Jean Bruneau, a écrit: 'Gustave Flaubert a toujours aimé le théâtre; la critique est là-dessus unanime. Ce qui est moins connu, c'est à quel point il y a consacré son temps et quelle influence Flaubert homme de théâtre a exercé sur Flaubert romancier'[4]. Les études sur ce sujet important sont rares, inégales et lacunaires. Le petit *Flaubert auteur dramatique* de Jean Canu, publié en 1946, est utile sans être très pénétrant; de plus, il est largement dépassé aujourd'hui à cause de tout ce qu'on a découvert depuis. Un ouvrage plus récent, *Flaubert et la scénographie romanesque*, d'Isabelle Daunais, traite surtout de l'organisation théâtrale de l'espace dans les romans,et n'aborde pas la question plus large de la place du théâtre dans la création flaubertienne. Bien entendu, les études sur *La Tentation de saint Antoine* font nécessairement une place importante à l'élément théâtral de l'œuvre, surtout *Désir et savoir dans l'œuvre de Flaubert. Etude sur 'La Tentation de saint Antoine'* de Jeanne Bem et *'La Tentation de saint Antoine', version de 1849: genèse et structure* de Kim Yong-Eun. Mais de toutes les œuvres de Flaubert, c'est certainement *La Tentation* qui a suscité le moins de commentaires. Il est donc évident que beaucoup reste à faire sur les rapports de Flaubert avec le théâtre: sur son obsession du théâtre dans sa jeunesse, sur son désir, intermittent mais de longue durée, d'écrire, seul ou avec des collaborateurs, pour le théâtre, sur ses visites au théâtre, sur ses opinions des drames et des auteurs dramatiques, sur la présence du théâtre dans les romans et sur les diverses façons dont sa préoccupation du théâtre a pu influencer sa technique romanesque.

Dans cet ouvrage, les lettres de Flaubert et certaines lettres qui lui ont été adressées sont citées d'après les trois volumes parus jusqu'à

---

3 Huysmans, Joris-Karl: *Lettres inédites à Arij Prins 1885-1907*, éd. Louis Gillet, Genève, Droz, 1977, p. 112.

4 Bruneau, Jean, préface à Katherine Singer Kovács: *'Le Rêve et la vie': a theatrical experiment by Gustave Flaubert*, Harvard Studies in Romance Languages, 38, 1981, p. 9.

ce jour de la *Correspondance* de Flaubert éditée par Jean Bruneau dans la Bibliothèque de la Pléiade; nous faisons suivre ces citations, dans le texte, par la mention *Corr.* Mais comme cette édition ne va actuellement pas au-delà de 1868, les lettres postérieures à cette date sont citées d'après l'édition des *Œuvres complètes* publiée par le Club de l'Honnête Homme en seize volumes: les œuvres de Flaubert sont citées d'après la même édition, avec l'abréviation CHH.

Enfance et adolescence

Chez le petit Gustave Flaubert, la passion du théâtre se déclara extraordinairement tôt. Selon sa nièce Caroline, qui rapporte les réminiscences de son oncle: 'Dès dix ans, Gustave composa des tragédies. Ces pièces, dont il était à peine capable d'écrire les rôles, étaient jouées par lui et ses camarades'[5] (en fait, s'il est certain que dès l'âge de dix ans il composait des pièces, c'étaient des comédies plutôt que des tragédies). Flaubert fit des confidences analogues à son disciple Guy de Maupassant: 'Son esprit cependant travaillait, car il composait déjà des pièces, qu'il ne pouvait point écrire, mais qu'il représentait tout seul, jouant les différents personnages, improvisant de longs dialogues'.[6]

Les lettres de l'enfant Flaubert jettent beaucoup de lumière sur cette activité précoce. En janvier 1831, quand il venait d'avoir neuf ans, il écrivit à son ami Ernest Chevalier, plus âgé que lui de quelques mois et destiné à devenir plus tard un avocat renommé, une lettre dont l'orthographe fantaisiste révèle son immaturité: 'Je t'en verrait aussi de mes comédie. Si tu veux nous associers pour écrire, moi j'écrirais des comédies et toi tu écriras tes rêves' (*Corr.*, t. I, p. 6). Caroline se souvenait de ce que son oncle lui avait raconté de ces expériences juvéniles: 'une grande salle de billard attenant au salon leur fut abandonnée. Le billard poussé au fond servit de scène; on y montait par un escabeau de jardin. Caroline [la sœur cadette de Gustave et mère de sa nièce] avait la surveillance des décors et des costumes. La garde-robe de la maman était dévalisée, les vieux châles faisaient d'admirables péplums'[7] et elle ajoute que parmi ceux qui participaient à ces représentations étaient Alfred Le Poittevin, fils d'un gros industriel normand et ayant cinq ans de plus que Gustave, et sa sœur Laure, future mère de Guy de Maupassant. Ces spectacles étaient certainement quelque chose de plus sérieux et de plus élaboré que les jeux de fantaisie auxquels s'adonnent tous les enfants: il y avait des costumes et des décors, et une lettre de Flaubert à Cheva-

---

5 Commanville, Caroline: 'Souvenirs intimes', dans Flaubert, *Correspondance*, Conard, 1926, t. I, p. XIII.
6 Maupassant, Guy de: *Pour Gustave Flaubert*, Bruxelles, Complexe, 1986, p. 38.
7 'Souvenirs intimes', p. XIII.

lier en avril 1832 nous permet de savoir que la petite troupe avait préparé des affiches et des billets (*Corr.*, t. 1, p. 8) et que des adultes aussi bien que des petits camarades étaient invités à assister au spectacle: 'Quand tu viendras, Amédée edmond, Mme Chevalier maman 2 domestiques et peut-être des élèves viendront nous voir joué' (*Corr.*, t. I, p. 8). Les parents de Gustave ont dû encourager ce passe-temps: ils avaient évidemment approuvé l'utilisation du billard et Mme Flaubert prêtait ses vieux vêtements pour servir de costumes. D'ailleurs, le père de Gustave, le chirurgien Achille-Cléophas, n'était nullement le philistin que, sur la foi de Maxime Du Camp, on l'a quelquefois accusé d'être: il possédait une importante bibliothèque qui comprenait douze volumes de Corneille, les œuvres complètes de Voltaire et des œuvres de Sénèque et de Marmontel[8]. A l'occasion, il emmenait sa famille au spectacle à Rouen ou à Paris, de sorte qu'il était sans doute content de voir que son fils cadet et sa fille s'intéressaient activement au théâtre.

On ne connaît aucune des pièces que Gustave composa pour le billard, mais ses lettres nous renseignent un peu sur certaines d'entre elles. En janvier 1832, il méditait une comédie intitulée *L'Amant avare*: 'ce sera un amant avare, mais il ne veut pas faire des cadeaux à sa maîtresse et son ami l'attrape' (*Corr.*, t. I, p. 6). Quelques semaines plus tard, ce fut au tour de *L'Antiquaire ignorant* 'qui se moque des antiquaires peut habiles et une autre [pièce] qui est *les apprêts pour recevoir le roi* qui est farce' (*Corr.*, t. I, p. 7). En même temps, il imaginait des 'proverbes dramatiques', genre rendu populaire au dix-huitième siècle par Carmontelle et que devait illustrer Alfred de Musset. En tout, à cette époque, Flaubert se vantait d'avoir à sa disposition une trentaine de pièces que lui et ses amis pouvaient jouer. Toutes n'étaient pas des compositions originales: une allusion ambiguë à Poursognac (*Corr.*, t. I, p. 8) empêche de deviner s'il s'agissait de *Monsieur de Pourceaugnac* de Molière ou d'une imitation par Flaubert: il est également question de pièces de Berquin, de Scribe et de Carmontelle (*Corr.*, t. I, p. 8). Donc, en 1832, sous l'égide de Flaubert, les enfants s'étaient constitué un répertoire remarquablement étendu.

On aurait tort de croire que cette activité n'était qu'une façon entre autres de passer le temps ou un engouement passager. Quelques années plus tard, l'adolescent Flaubert, dans un cahier intime, a noté

---

8 Dubuc, André: 'La Bibliothèque générale du père de Gustave Flaubert', *Les Rouennais et la famille Flaubert*, Rouen, Les Amis de Flaubert, 1980.

avec quelle passion il s'y adonnait et combien il voyait son avenir à la lumière de cette obsession du théâtre: 'Oh mon Dieu, mon Dieu pourquoi donc m'avez vous fait naître avec tant d'ambition – car c'est bien de l'ambition que j'ai – Quand j'avais dix ans je rêvais déjà la gloire – et j'ai composé dès que j'ai su écrire'[9]. Dès 1831 il avait écrit un bref *Eloge de Corneille*, qui n'est pas, comme on pourrait le croire, un exercice scolaire mais un hymne vibrant et visiblement spontané à la gloire de son illustre compatriote: 'C'est donc toi qui au bout [de ta plume] fait parler les Césars, c'est toi dont l'écho résonne dans toute l'Europe, et ta renommée, comme un soleil, brille autour du globe'[10]. Comme Sartre le remarque avec pertinence, 'tous deux s'occupent de théâtre, tous deux sont rouennais; ainsi peut-on penser sans risque d'erreur que le petit garçon fait de son illustre prédécesseur l'éloge qu'il voudrait qu'on fît de lui deux siècles plus tard'[11]. Il est donc avéré que, dès son plus jeune âge, Gustave Flaubert était obsédé par l'idée d'accéder à la gloire par le théâtre.

Mais si importants qu'aient été ces rêves de célébrité, de richesses et d'applaudissements, il y avait autre chose aussi dans cette préoccupation de rôles à jouer. Sartre pense, avec vraisemblance, que l'enfant Flaubert se sentait très peu à l'aise dans sa propre personnalité et trouvait en jouant des rôles préfabriqués la meilleure protection contre la fragilité qui le minait, faiblesse qui d'ailleurs ne l'a jamais quitté. Lui-même semble avoir eu au moins partiellement conscience de cette particularité, et en 1846 il a avoué à Louise Colet: 'Le fond de ma nature est, quoi qu'on dise, le saltimbanque. J'ai eu dans mon enfance un amour effréné des planches. J'aurais peut-être été un grand acteur si le ciel m'a[vait] fait naître plus pauvre' (*Corr.*, t. I, p. 278). Sartre va peut-être trop loin quand il interprète cette remarque comme une indication que Flaubert aurait vraiment aimé poursuivre une carrière de comédien, sans le discrédit qui pesait sur cette profession[12], mais nul doute que toute sa vie Gustave se sentit fortement attiré par la nécessité d'échapper à sa propre personnalité en jouant des rôles.

---

9 Flaubert: *Cahier intime de jeunesse. Souvenirs, notes et pensées intimes*, éd. J.-P. Germain, Nizet, 1987, p. 13.
10 Cité par Jean Bruneau: *Les Débuts littéraires de Gustave Flaubert 1831-1845*, Colin, 1962, p. 40.
11 Sartre, Jean-Paul: *L'Idiot de la famille*, Gallimard, 1971, p. 800.
12 Ibid., p. 872.

On ne sait pas au juste combien d'années dura la période du théâtre de société dans le billard de l'Hôtel-Dieu: selon Jean Bruneau, elle aurait pris fin vers 1834[13], donc après un minimum de quatre ou cinq ans. Mais le fait d'avoir abandonné ces manifestations ne signifiait nullement que Flaubert ne prenait plus goût à cette habitude de jouer des rôles, loin de là. Seulement, à partir de cette époque, il ne montait plus sur les planches, ou plus exactement sur le billard, pour les jouer. C'est dans la vie privée ou familiale qu'il se plaisait désormais à incarner ses personnages imaginaires, ce qu'il faisait avec une telle intensité d'émotion que son père finit par s'inquiéter pour sa santé mentale et crut devoir lui interdire cette pratique. D'ailleurs, écrivant à Louise Colet, Flaubert a reconnu que son père avait probablement eu raison:

> Beaucoup de choses qui me laissent froid quand je les vois ou quand d'autres en parlent, m'enthousiasment, m'irritent ou me blessent si j'en parle et surtout si j'écris. C'est là un des effets de ma nature de saltimbanque. Mon père à la fin m'avait interdit d'imiter certaines gens (persuadé que j'en devais beaucoup souffrir, ce qui était vrai, quoique je le niasse), entre autres un mendiant épileptique que j'avais un jour rencontré au bord de la mer. Il m'avait conté son affaire, il avait été journaliste, et c'était superbe. Il est certain que quand je rendais ce drôle j'étais dans sa peau. On ne pouvait rien voir de plus hideux que moi à ce moment-là. Comprends-tu la satisfaction que j'éprouvais? Je suis sûr que non. (*Corr.* t. I, p. 378).

Les inquiétudes que concevait son père étaient aggravées par la nature des personnages qu'il assumait, comme le révèle une lettre à sa sœur Caroline en 1842: 'Quand tu étais couchée et malade, tu n'avais personne pour te lire, pour te faire des Lugarto, des Antony et des journalistes de Nevers. Dans trois semaines tu me verras revenir plus disposé que jamais à continuer mes rôles, car l'absence de mon public m'ennuie' (*Corr.*, t. I, p. 128). Ces trois personnages sont tous des parias grotesques. Selon l'hypothèse de Jean Pommier[14], appuyée par Jean Bruneau (*Corr.*, t. I, p. 909), le 'journaliste de Nevers' doit être le mendiant épileptique dont il a parlé à Louise Colet; Antony est, bien sûr, le héros éponyme du drame de Dumas qui a beaucoup impressionné Flaubert en 1835; et Lugarto est la figure démoniaque du roman

---

13 *Les Débuts littéraires...*, p. 52.
14 Pommier, Jean: 'Flaubert et la naissance de l'acteur', *Dialogues avec le passé*, Nizet, 1967, p. 322.

Mathilde qu'Eugène Sue a publié en 1840. Jean Bruneau a noté quelques-unes des expressions que Sue a employées à son propos:

> 'sa figure même [...] a quelque chose de morbide, de flétri, de convulsif', 'Il devint hideux, ses yeux s'injectèrent, ses lèvres décolorées se contractèrent par un tressaillement nerveux', 'il est impossible de voir quelque chose de plus hideux que la figure de cet homme au moment où il prononçait cette dernière menace: la haine, la vengeance, la rage s'y confondaient dans une horrible agitation' (*Corr.*, t. I, p. 908)

On comprend fort bien que M. Bruneau ait pu commenter: 'On devine pourquoi le docteur Flaubert n'aimait pas trop les dons de mime de son fils!' (*Corr.*, t. I, p. 908). Il est certainement significatif que, pour ses rôles imaginaires, Flaubert ait préféré à des héros beaux, courageux et heureux un mendiant épileptique, un criminel à moitié fou et un jeune homme maudit par le sort et qui finit par tuer la femme qu'il aime, tous réprouvés par la société, victimes d'un destin adverse et suscitant en même temps la pitié et la révulsion. De toute évidence, il sentait plus de parenté avec ces créatures mises au ban de la société qu'avec les personnages héroïques ou admirables, et on décèle facilement dans cette tendance la détestation de lui-même qui a été une des constantes de sa personnalité: encore en 1872 Edmond de Goncourt a noté cet aveu de son ami: 'Puis il me ramène au chemin de fer et accoudé sur la traverse où on fait queue pour prendre les billets, il me parle de son profond ennui, de son découragement de tout, de son aspiration à être mort – et mort sans métempsychose, sans survie, sans résurrection, à être à tout jamais dépouillé de son moi'[15].

Mais de cette même impulsion dérive aussi cette faculté de se mettre dans la peau de personnages imaginaires qui est un des secrets fondamentaux de son art. Ce qu'il dit de son identification avec le journaliste de Nevers anticipe sur le commentaire qu'il allait faire plus tard sur la mort d'Emma Bovary:

> Les personnages imaginaires m'affectent, me poursuivent, – ou plutôt c'est moi qui suis en eux. Quand j'écrivais l'empoisonnement de Mme Bovary, j'avais si bien le goût de l'arsenic dans la bouche, j'étais si bien empoisonné que je me suis donné deux indigestions coup sur coup, – deux indigestions réelles car j'ai vomi tout mon dîner (*Corr.*, t. III, p. 562).

---

15 Goncourt, Edmond et Jules: *Journal*, éd. Robert Ricatte, Fasquelle-Flammarion, 1956, t. II, p. 903.

Pour Maupassant, cet incident est la preuve de l'intensité avec laquelle Flaubert se mettait à vivre la vie de ses personnages:

> Il a tout vu, cet homme, il a tout compris, il a tout souffert, d'une façon exagérée, déchirante et délicieuse. Il a été l'être rêveur de la Bible, le poète grec, le soldat barbare, l'artiste de la Renaissance, le manant et le prince, le mercenaire Mathô et le médecin Bovary. Il a été même aussi la petite bourgeoise coquette des temps modernes, comme il fut la fille d'Hamilcar. Il a été tout cela non pas en songe, mais en réalité, car l'écrivain qui pense comme lui devient tout ce qu'il sent[16].

Ce n'était pas seulement dans ces improvisations que Flaubert exerçait ses talents d'histrion. Toute sa vie, il garda l'habitude de lire à ses amis des extraits des ouvrages qu'il avait composés ou qu'il était en train de rédiger. Quant en 1843 il se lia avec Maxime Du Camp, plutôt que de lui prêter le manuscrit de *Novembre*, il dit à son nouvel ami; 'Tu vas écouter cela', et lui lut à haute voix tout le roman[17]. De même en 1845 Caroline informa son frère que Du Camp avait hâte de prendre connaissance de l'œuvre qu'il venait de terminer: 'Il m'a dit qu'il était impatient d'entendre *L'Education sentimentale'* (*Corr.*, t. I, p. 242) formule qui prouve que l'ami savait que Flaubert préférait la lecture à haute voix au prêt du manuscrit. La lecture de la première *Tentation de saint Antoine* devant Bouilhet et Du Camp en 1849 est restée célèbre[18]. Mais toute sa carrière est jalonnée de lectures de ce genre, qui lui permettaient de jouer les personnages qu'il avait créés. En 1876 ou 1877, Zola a assisté à une lecture de *La Légende de saint Julien l'Hospitalier;* nous savons qu'au début des an-

---

16 *Pour Gustave Flaubert*, p. 127.
17 Du Camp, Maxime: *Souvenirs littéraires*, 3e édition, Hachette, 1906, t. I, p. 166. Lorsque j'ai présenté une communication au Séminaire Flaubert à Paris en mars 1995, j'ai été poliment mais vivement pris à partie par l'éminent flaubertiste italien Giovanni Bonaccorso parce qu'une partie de ce que j'y ai avancé s'appuyait sur les *Souvenirs littéraires* de Du Camp, en lesquels, selon lui, on ne peut absolument pas avoir confiance. Il est certain que, d'une part, comme tous les mémorialistes, Du Camp commet des erreurs, et que, d'autre part, on y sent partout une sourde jalousie de Flaubert qui l'amène à présenter son ami sous un jour défavorable. Mais, dans un très grand nombre de cas, des découvertes ultérieures prouvent que, d'une façon générale, Du Camp s'est efforcé de rester aussi près que possible de la vérité des faits. Le lecteur est donc averti qu'il convient de traiter le témoignage de Du Camp avec une certaine méfiance mais que, à mon avis, dans l'ensemble on peut ajouter foi à ce qu'il affirme.
18 Voir pp. 55-56.

nées 1860, Flaubert a lu quelques chapitres de *Salammbô* pour Ernest Lemarié et Alfred Nion (*Corr.*, t. I, p. 866) et qu'en 1861 et 1862 il a organisé une lecture du roman encore inachevé (avec des résumés de certains chapitres) pour les frères Goncourt et un groupe d'amis, de même qu'en mai 1869 il a donné lecture de *L'Education sentimentale*, en cinq séances, devant la princesse Mathilde et ses amies (CHH, t. XIV, p. 332). En 1877, il a lu *Hérodias* à Edmond de Goncourt; une autre fois, c'était *Le Sexe faible* pour Zola et d'autres amis, et en décembre 1869 George Sand et sa famille eurent droit à une lecture du *Château des cœurs*. En outre, nous savons que ces lectures étaient extrêmement passionnées: quand il lisait ainsi, le débit de Flaubert n'avait rien de la 'voix indifférente et monotone' avec laquelle Mérimée a lu *Lokis* devant l'Impératrice et sa Cour peu de temps avant sa mort[19]. Au contraire, Zola se souvenait qu'il avait terminé *Saint Julien* dans 'un éclat de tonnerre, les plafonds tremblaient'[20], et de la lecture d'*Hérodias* Edmond de Goncourt a surtout retenu 'les beuglements du liseur'[21].

Mais cet amour de la lecture à haute voix ne se bornait pas à ses propres œuvres. Quand il était jeune, il adorait réciter pour d'autres les classiques du théâtre français. En 1843, sa sœur Caroline lui a écrit: 'J'ai pensé à Molière que tu me lisais, j'ai lu *L'Ecole des femmes* et ta voix m'est souvent revenue dans les oreilles' (*Corr.* t. I, p. 198). Henriette Collier, la jeune amie anglaise des Flaubert, se plaisait aussi aux lectures de Gustave. Comme elle était en mauvaise santé, elle comptait sur elles pour remplacer les visites au théâtre, et c'est ainsi qu'en mars 1843, Caroline a transmis à son frère une requête de l'Anglaise: 'Henriette, cette pauvre enfant, ne m'écrit que quelques lignes, et dans ces quelques lignes, elle me parle de toi, elle espère que tu auras la bonté de lui lire *Les Burgraves*, et je suis sûre que tu l'auras, cette bonté' (*Corr*, t. I, p. 152). Henriette était persuadée que Flaubert était réellement très doué pour le théâtre, comme Caroline en a informé son frère en décembre 1842: 'A propos de cette excellente fille, je ne crois pas t'avoir dit qu'elle m'a fait de grands compliments sur la manière dont tu lis. J'ai peine à croire cependant qu'elle ait plus de plaisir à t'entendre que je n'en ai' (*Corr.*, t. I, p. 133). Flaubert lui-même partageait pleinement cette opinion: nous avons vu qu'il pensait que s'il avait appar-

19   Filon, Augustin: *Mérimée et ses amis*, Hachette, 1894, p. 304.
20   Zola, Emile: *Les Romanciers naturalistes*, Charpentier, 1895, p. 217.
21   *Journal*, t. II, p. 1171.

tenu à une famille pauvre il aurait pu faire carrière comme acteur. D'ailleurs, en 1839, il confia ceci à Ernest Chevalier: 'J'aurais pu faire, si j'avais été bien dirigé, un excellent acteur, j'en sentais la force intime' (*Corr.*, t. I, p. 49). En 1843, il conservait encore la nostalgie de cette ambition frustrée, et Du Camp écrit: 'Il éprouvait le regret – que je ne comprenais guère – de n'être pas acteur pour jouer le rôle de Triboulet dans *Le Roi s'amuse*'[22]. Jusque dans les dernières années de sa vie, il garda le même plaisir à déclamer la prose ou les vers de ses auteurs préférés, comme nous le raconte Guy de Maupassant:

Pendant ses longues veilles dans son cabinet de Croisset où sa lampe allumée jusqu'au matin servait de signal aux pêcheurs de la Seine, il déclamait les périodes des maîtres qu'il aimait; et les mots sonores, en passant par ses lèvres, sous ses grosses moustaches, semblaient y recevoir des baisers. Ils y prenaient des intonations tendres ou véhémentes, pleines des caresses et des exaltations de son âme. Rien, assurément, ne le remuait autant que de réciter aux quelques amis préférés de longs passages de Rabelais, de Saint-Simon, de Chateaubriand ou des vers de Victor Hugo qui sortaient de sa bouche comme des chevaux emportés[23].

On voit, d'après tous ces témoignages, que, dès ses débuts, pour Flaubert la pratique de la littérature fut liée à une certaine oralité et que le désir de s'incarner dans d'autres personnages fut un trait fondamental de son caractère. Il a certainement joué à haute voix tout ce qui par la suite il a couché par écrit: c'est une des origines du fameux gueuloir. D'ailleurs, à examiner ses manuscrits on se rend compte que l'oral domine nettement sur le visuel: contrairement à des écrivains comme Mallarmé, Villiers de l'Isle-Adam, Bloy ou Barbey d'Aurevilly, il se souciait fort peu de l'aspect matériel de son manuscrit achevé. C'est que pour lui le texte écrit n'était que la transcription du texte qu'il venait de se réciter. On se souvient que dans ses lettres il se plaignait souvent, après une longue séance de travail, d'avoir la voix complètement enrouée.

L'imitation de personnages comme le journaliste de Nevers ou d'autres, comme le père Couyère, sur lesquels on est moins bien renseigné, était donc indiscutablement une étape préliminaire dans la création littéraire. Mais de tous les personnages créés ou joués par le jeune Flaubert, il y en a un surtout qui a laissé des traces très visibles sur l'art de l'homme mûr: c'est le fameux 'Garçon'. Le Garçon fait son

22 *Souvenirs littéraires*, t. I, p. 164.
23 *Pour Gustave Flaubert*, p. 119.

apparition dans les lettres de Flaubert en 1837, mais il existait sans doute depuis quelque temps déjà. Un des professeurs du Collège Royal de Rouen venait d'être pris dans un bordel, et Flaubert donne libre cours à sa joie: 'Quand je pense à la mine du censeur pris sur le fait et limant, je me récrie, je ris, je bois, je chante, ah! ah! ah! ah! ah! ah! et je fais entendre le rire du Garçon, je tape sur la table, je m'arrache les cheveux, je me roule par terre, voilà qui est bon' (*Corr.*, t. I, p. 23). Pendant plusieurs années, le Garçon, incarnation du bourgeois tant détesté et d'un esprit généralisé de dénigration dégoûtée, allait donner naissance à une série d'actions, d'anecdotes et d'opinions, à laquelle, en plus de Flaubert, collaboraient Ernest Chevalier, Alfred Le Poittevin, Louis Bouilhet et même Caroline Flaubert. De la sorte, toute une mythologie en est venue à se constituer autour du Garçon, Flaubert étant le meneur de jeu en inventant de nouvelles horreurs et de nouvelles aventures pour le personnage: 'A propos d'idiot, ne trouves-tu pas qu'il doit y en avoir un à l'Hôtel des Farces? En vois-tu la nécessité? C'est pour faire rire. On lui fait des farces, on se fout de lui, on lui tire le vit, on le rosse, on rit beaucoup' (*Corr.*, t. I, p. 234). Plus tard, Flaubert se rappelait avec nostalgie les plaisanteries du Garçon: 'les farces du 'vrai Garçon', comme c'est loin! Et comme ça me paraît amer maintenant' (après la mort de Le Poittevin en 1844; *Corr.*, t. I, p. 496). Encore en 1860 il évoqua pour les frères Goncourt ses souvenirs du Garçon:

> Ce personnage, assez difficile à faire comprendre et qui avait ce nom collectif et générique, le *Garçon*, était un type comme Pantagruel. Il re-présentait la blague du matérialisme et du romantisme, la caricature de la philosophie d'Holbach. Flaubert et ses amis lui avaient attribué une personnalité complète et tous les caractères et d'un caractère réel, com-pliqué de toutes sortes de bêtises provinciales [...]. Le *Garçon* avait des gestes propres, qui étaient des gestes d'automate, un rire saccadé et stri-dent, qui n'était pas du tout un rire, une force corporelle énorme [...]. Le Garçon avait toute une histoire à laquelle chacun apportait sa page. Il faisait des poésies et il finissait par tenir un *Hôtel des Farces*, où il y avait la Fête de la Merde lors de la vidange et où l'on entendait réson-ner dans les couloirs les commandes suivantes: 'Trois seaux de merde au 14! Douze godemichets au 8!'[24]

Flaubert a également parlé du Garçon devant sa nièce Caroline, qui a été particulièrement frappée par l'importance accordée à son rire: 'C'était une sorte de Gargantua moderne, aux exploits homériques,

24 *Journal*, t. I, p. 729.

dans la peau d'un commis-voyageur. Le Garçon avait un rire particulier et bruyant, qui était une sorte de ralliement entre les initiés'[25]. Le Garçon fut donc une création ambivalente, destinée d'une part à railler un certain matérialisme bourgeois et d'autre part à donner libre cours à un humour anarchique et obscène, jetant le discrédit sur tout ce qui était respectable et humain. Flaubert se délectait à jouer le Garçon, même quand il était tout seul: 'Il m'arrive de passer une journée sans penser au Garçon, sans avoir gueulé tout seul pour me divertir, comme ça m'arrive tous les jours dans mon état normal' (*Corr.*, t. I, p. 122); 'seul, parfois, dans ma chambre, je fais des grimaces dans la glace ou pousse le cri du Garçon' (*Corr.*, t. I, p. 169); 'Je pousse de temps en temps quelques rires du Garçon' (*Corr.*, t. I, p. 137).

Mais avant de retrouver le rire du Garçon dans les œuvres de l'adolescent Flaubert, il nous faut revenir à ses premiers essais dramatiques après la fin du petit théâtre du billard. Au début des années 1830, il allait quelquefois au spectacle. Nous savons par exemple qu'en 1833 il vit au Théâtre de la Porte Saint-Martin à Paris *La Chambre ardente*, drame en cinq actes de Mélesville et Bayard qui étaient parmi les fabricants les plus prolifiques de comédies et de mélodrames. La même année, à Nogent-sur-Seine où il allait souvent rendre visite à des parents, il vit une comédie-vaudeville en un acte de Scribe et Courcy intitulée *Simple Histoire*. Il faisait tout ce qu'il pouvait à l'époque pour s'informer sérieusement des nouvelles du théâtre professionnel, et, en 1834 ou au début de 1835, il eut accès à une publication bihebdomadaire, *Art et Progrès, Revue de théâtre*, que venait de fonder l'auteur dramatique Victor Herbin. On ne sait comment cette revue lui est venue entre les mains, mais comme il a pu la consulter régulièrement, on est amené à se demander si son père ne s'y était abonné. Quoi qu'il en soit, Flaubert y recopiait toutes sortes d'informations et de bruits de coulisses qu'il envoyait à son ami Ernest Chevalier. Il a même eu l'idée de fonder son propre journal en imitation de celui d'Herbin, sous le titre *Art et Progrès, les Soirées d'études. Journal littéraire*. On ne connaît qu'un seul numéro de ce journal, de sorte qu'on ne sait pas combien de temps dura cette entreprise juvénile. On y lit beaucoup de renseignements empruntés à Herbin, mais il y a aussi des nouvelles du théâtre plus générales, avec des essais originaux de Flaubert et de Chevalier.

A cette époque, le théâtre français était en ébullition, et Flaubert tâchait de se tenir au courant des nouveautés dramatiques en lisant,

25   'Souvenirs intimes', p. XXXIX.

aussitôt leur publication, les drames romantiques qui sortaient à foison. Dès 1833, il avait lu *Marion Delorme* de Victor Hugo (*Corr.*, t. I, p. 11), et en 1835 il prit connaissance de l'*Antony* de Dumas, avec un enthousiasme qui l'incitait à s'identifier au héros maudit et dont il se souvenait encore en 1850: 'Ça casse-pétait-il? Etait-ce bon?' (*Corr.*, t. I, p. 638). La même année, il lut le *Chatterton* de Vigny, dont il dit plus tard: 'Je lui suis reconnaissant de l'enthousiasme que j'ai eu autrefois en lisant *Chatterton*' (*Corr.*, t. II, p. 545). Egalement en 1835 il lut deux autres drames de Dumas, *Catherine Howard* et *La Tour de Nesle* (*Corr.*, t. I, p. 20). De plus en plus, l'adolescent prenait fait et cause pour le romantisme au théâtre, et quand il lut *Les Enfants d'Edouard* de Casimir Delavigne (*Corr.*, t. I, p. 19), cette tragédie semi-classique semble n'avoir excité en lui que le dédain. En 1860, il se rappelait jusqu'à quel point Delavigne était devenu sa bête noire: les Goncourt ont noté ce qu'il leur a raconté à ce sujet: 'Nous parle du romantisme. Au collège, couché la tête sur un poignard, et arrêtant son tilbury devant la campagne de Casimir Delavigne, monté sur la banquette pour lui crier des injures de *bas voyou*'[26]. Vers la même époque, il commença à lire Shakespeare et à étudier Beaumarchais pour essayer d'y trouver des indications sur la technique dramatique: 'J'ai lu aussi les œuvres de Beaumarchais, c'est là qu'il faut trouver des idées neuves' (*Corr.*, t. I, p. 20).

Dans ces conditions, il était naturel pour lui d'abandonner les imitations de modèles classiques qui lui avaient servi pour le théâtre du billard et de chercher son inspiration plutôt dans le drame romantique. En 1835, il composa le scénario d'un drame en cinq actes qui devait s'intituler *Deux Amours et deux cercueils*, qui, comme le titre l'indique, était une macabre histoire de passion, de jalousie et de meurtre (CHH, t. XII, p. 82). La même année, il écrivit *Frédégonde et Brunehaut*, drame historique actuellement perdu, où il racontait la longue et violente lutte entre les deux dames royales au sixième siècle (*Corr.*, t. I, p. 16). Deux ans plus tard, il imagina au moins trois autres scénarios de drames romantiques. L'un, dont l'action est loin d'être claire, traite d'un nouvel imbroglio de jalousie et de meurtre; un autre, inachevé, semble également destiné à se terminer dans le sang. Celui de *Madame d'Ecouy*, plus élaboré et situé au Moyen Age, roulait aussi sur l'inceste, l'adultère et le meurtre (CHH, t. XII, p. 90). Mais à part *Frédégonde et Brunehaut*, qu'il a même eu la velléité de

---

26 *Journal*, t. I, p. 696.

publier ('je suis encore indécis si je dois la faire imprimer' (*Corr.*, t. I, p. 19)), il ne semble pas qu'il ait pu mener à bien ces ébauches. En revanche, il a bel et bien achevé un drame historique en cinq actes, précédés d'un prologue, intitulé *Loys XI*, écrit rapidement en février 1838, à une époque où au collège il étudiait le Moyen Age sous l'égide d'Adolphe Chéruel, qui a beaucoup fait pour lui inculquer le goût des études historiques, de sorte qu'il ne s'est mis à entamer la composition de la pièce qu'après deux mois de lectures préparatoires.

Au prologue, nous sommes à Gand où les agents secrets du roi de France cherchent à fomenter une rébellion du peuple contre le Duc de Bourgogne. Au premier acte, à Péronne en 1467, au château du duc, le roi a été attiré dans un guet-apens par le duc, dont il est le prisonnier et qui le force à signer un traité assurant la puissance du duc en Flandres. Au début du deuxième acte, la scène est à Tours, où les seigneurs incitent le roi à partir en guerre contre le duc: mais le roi trame des complots contre ses vassaux. La suite de l'acte se passe dans une chapelle au milieu d'une forêt: le roi apprend que, sur ses ordres, Alice de Montsoreau a tué le duc de Guyenne, en faisant porter les soupçons sur un curé. Puis, par caprice, le roi fait pendre son fou. Le troisième acte se déroule dix ans plus tard, dans la tente du duc de Bourgogne, maintenant en guerre ouverte avec le roi: la fille du duc cherche à le consoler de ses défaites. Le duc part pour livrer bataille, mais bientôt on annonce à sa fille qu'il est mort. Pour le quatrième acte, nous sommes à Plessis-les-Tours, où le roi, malade, consulte son médecin et son astrologue et reçoit ses serviteurs. Dans un deuxième tableau, également à Plessis, mais en 1482, la santé du roi s'est encore empirée: Alice de Montsoreau vient le voir et le maudit. Au dernier acte, le roi est mourant: son barbier et son bourreau se disputent. Louis se désespère et implore son médecin, son astrologue et un saint homme de Calabre de le sauver. Puis le roi meurt.

Loys XI est loin d'être une œuvre négligeable, surtout étant donné que son auteur n'avait que seize ans. Le style en est vigoureux et fortement imagé, l'action est complexe et mouvementée, et les personnages sont campés avec brio. Il s'agit naturellement d'un grand drame tout à fait dans la manière des pièces historiques de Dumas, de Victor Hugo et de Musset. L'action s'étend sur une période de près de vingt ans, la scène change constamment, et les personnages comprennent des bourgeois et des soldats aussi bien que des rois et des ducs. Il est vrai que le désir de produire un panorama du règne de Louis XI a tendance à morceler l'intrigue, et qu'il est parfois difficile de suivre la marche des événements et les rapports entre les personnages si on n'a pas présentes à l'esprit les grandes lignes de l'histoire de France au quinzième siècle. Il est vrai aussi qu'après la mort du duc de Bourgogne, principal ennemi de Louis, à la fin du troisième acte, les fils de l'action se relâchent, de sorte que les deux derniers actes sont surtout consacrés aux frayeurs du roi devant l'idée de la mort et du néant, sujet qui obsédait l'écrivain adolescent et qui informe tout ce qu'il a produit à cette époque. *Loys XI* est le dernière tentative de Flaubert pour marcher sur les brisées des grands maîtres du drame romantique. On peut penser qu'il y a deux raisons probables de son abandon d'un genre qui, d'ailleurs, commençait à s'épuiser. D'une part, il a pu prendre conscience du fait que l'évolution de sa pensée avait suscité des problèmes dans l'utilisation de la forme théâtrale: son désir de réfléchir sur la mort et le néant devenait difficilement conciliable avec les exigences de la scène, comme le prouve la dernière partie de l'œuvre. D'autre part, l'influence de Chéruel lui montrait qu'il ne pouvait guère unir l'étude sérieuse de l'Histoire et les nécessités structurales du drame.

D'ailleurs, on peut noter qu'à cette époque la passion du théâtre n'excluait nullement l'intérêt pour d'autres formes littéraires, et que les narrations l'attiraient beaucoup aussi. Dès 1832, il hésitait entre des drames et des récits: 'Je t'avais dit que je ferais des pièces mais non je ferai des Romans que j'ai dans la tête' (*Corr.*, t. I, p. 6), et il dresse la liste d'une demi-douzaine de projets possibles, dont aucun ne semble avoir abouti. Pourtant, si on regarde le catalogue des œuvres qu'il a achevées avant *Loys XI*, il est évident que son effort majeur a porté sur le théâtre. C'est seulement au moment même où il travaillait à *Loys XI* que, dans sa créativité, une évolution importante s'est amorcée, sous l'influence de deux œuvres qu'il venait de découvrir. L'une est *Ahasvérus*, ce long poème dramatique en prose où Edgar Quinet raconte le mythe du Juif Errant: Flaubert l'a sans doute lu en 1837 ou 1838 sur la recommandation d'Alfred Le Poittevin. L'autre est le *Faust* de Goethe, dont la lecture, au printemps de 1838, l'a tellement émerveillé que, bien des années plus tard, il a raconté à sa nièce l'effet que l'œuvre a produit sur lui: 'Il le lut justement une veille de Pâques en sortant du collège; au lieu de rentrer chez son père il se trouva, il ne savait comment, dans un endroit appelé le 'Cours de la Reine' [...] Sa tête tournait, et il rentra comme éperdu, ne sentant plus la terre'[27]. En 1866 Flaubert a raconté la même anecdote aux

27 'Souvenirs intimes', p. XXXIX

frères Goncourt: 'Puis il nous parle de l'immense impression faite sur lui au collège par *Faust* [...]; tellement emporté par l'impression qu'au lieu de revenir chez lui, se trouva à une lieue de Rouen, auprès d'un tir au pistolet, sous une pluie battante'[28]. Le caractère commun de *Faust* et d'*Ahasvérus* est d'utiliser une forme dialoguée, sans aucun souci des possibilités de la scène, pour explorer les grands problèmes philosophiques et religieux de la condition humaine, d'être ce que Barbara Wright a appelé des 'drames totaux'[29]. Flaubert a apparemment compris que le drame conventionnel tel qu'il l'avait pratiqué jusque-là se prêtait mal au genre de méditation métaphysique qui avait dominé les deux derniers actes de *Loys XI*. Cette prise de conscience l'a mené à des formes hybrides, tenant à la fois du drame et du roman, et c'est ainsi qu'il a composé *La Danse des morts*, datée du 18 mai 1838, et *Smarh*, qu'il a commencé vers le mois d'octobre 1838 et qu'il a terminé en mars ou avril 1839.

La Danse des morts commence par une invocation, invitant les morts à danser, suivie d'un dialogue entre le Christ et Satan: puis le Christ, Satan et la Mort évoquent des personnages représentatifs; des rois, Néron, un pape, un mendiant, des prostituées, des amoureux, les damnés, un poète et l'Histoire. Le tout se termine par le triomphe de Satan. Cette œuvre longue et ambitieuse est confuse et mal construite, sans doute pour les deux raisons mises en avant par Jean Bruneau: elle a été écrite très rapidement, et les idées du jeune Flaubert étaient encore incertaines et en train de se développer[30]. Mais l'obsession de la mort et du néant domine l'œuvre du début jusqu'à la fin. Flaubert suit l'exemple d'*Ahasvérus* en traitant les grands thèmes métaphysiques sous une forme symbolique, comme c'était devenu la mode dans des 'mystères' romantiques tels *Eloa* et *Le Déluge* de Vigny et le *Cain* de Byron, qu'il n'a connu que plus tard. Mais si Quinet utilise exclusivement les dialogues, Flaubert incorpore à son œuvre des passages de description et de narration. Ce mélange produit un effet curieusement mouvant, puisque les scènes dialoguées semblent se dérouler sous nos yeux, comme au théâtre, alors que les passages narratifs ou descriptifs, qui emploient des verbes au passé simple et à l'imparfait, se rattachent à un passé révolu, comme dans un roman.

28 *Journal*, t. I, pp. 840-841.
29 Wright, Barbara: 'Quinet's *Ahasvérus*: an alternative 'drame total'?', *French Studies Bulletin*, Winter 1982/1983.
30 *Les Débuts littéraires...*, p. 195.

Cet amalgame du présent et du passé est encore plus apparent dans *Smarh*, conçu explicitement comme un 'mystère': le terme figure dans plusieurs lettres à Ernest Chevalier en 1838 et 1839 (*Corr.*, t. I, pp. 34, 38 et 39). Comme dans *La Danse des morts*, les principaux personnages ont une valeur symbolique: l'ermite Smarh, Satan, l'esprit du grotesque qui s'appelle Yuk, la Mort, la Femme, le Pauvre et ainsi de suite. L'œuvre commence par une brève exposition sous forme de narration, et se poursuit par des dialogues avec des didascalies (mais la nature de certains épisodes, avec Satan et Smarh s'envolant à travers les espaces célestes, montre que Flaubert ne pensait pas à la possibilité d'une réalisation théâtrale). Puis, au milieu d'une scène entre un Sauvage et sa famille, il se passe quelque chose d'étrange. Jusqu'à ce point, les didascalies, si extravagantes qu'elles soient parfois, ont eu une forme parfaitement conventionnelle ('Ils montent toujours' (*CHH*, t. XI, p. 525), 'Il appelle 'Yuk! Yuk!', Yuk paraît' (*CHH*, t. XI, p. 540)). Mais au milieu de la scène avec le Sauvage, le temps des verbes change et se met au passé: 'Le Sauvage n'écouta point la voix de l'Ange, il partit; et Satan se mit à rire en voyant l'humanité suivre sa marche fatale et la civilisation s'étendre sur les prairies' (*CHH*, t. XI, p. 546). A partir de ce moment, la narration tend à se substituer aux dialogues, de sorte que dans la dernière partie de *Smarh* il y a autant de narration et de description que de dialogues. Comme l'écrit Jean Bruneau: 'Tout s'est passé comme si Flaubert avait eu l'intention d'écrire un 'mystère' dramatique comme l'*Ahasvérus* d'Edgar Quinet, et qu'il ait peu à peu changé de genre en transformant sa pièce de théâtre en une sorte de roman épique'[31]. Cette anomalie provient peut-être du fait que Flaubert a provisoirement abandonné *Smarh* en décembre 1838 avant de le reprendre en mars 1839: il est possible qu'il ait négligé alors de vérifier exactement quel système de présentation il avait adopté. Quoi qu'il en soit, la visite à la Ville qui suit la didascalie aberrante est une longue narration entièrement écrite au passé, jusqu'au moment où Flaubert y intercale une petite pièce roulant sur l'infidélité maritale et intitulée *Petite Comédie bourgeoise*: seulement cette brève comédie inclut des passages de narration, les uns au présent, les autres au passé. Puis, retrouvant l'épisode du Pauvre, il revient à une forme dialoguée plus conventionnelle. Mais, quand nous arrivons à la section suivante où Satan s'adresse à une église, la confusion du système verbal est com-

---

31 Ibid., p. 215

plète: 'Smarh se trouva [...] Il disait [...] Et il se mettait à rire [...] Satan se présente à lui [...] Smarh fut tout épouvanté [...]' (CHH, t. XI, p. 559). De toute évidence, ces changements sont involontaires. L'écrivain adolescent ne sait pas s'il emploie une forme quasi-dramatique, où les personnages parlent et agissent comme s'ils se trouvaient devant lui, ou bien s'il a adopté une technique qui relève plus de la narration romanesque. D'ailleurs, à la fin de l'œuvre, il narre des événements qui se sont déroulés dans le passé mais qu'il relie au présent: 'Smarh tournoya dans le néant, il y roule encore. / Satan versa une larme. / Yuk se mit à rire et sauta sur elle [il s'agit d'un ange qui veut sauver Smarh], et l'étreignit d'un baiser si fort, si terrible, qu'elle étouffa dans les bras du monstre éternel' (CHH, t. XI, p. 580).

Selon Jean Bruneau, cette hésitation pourrait provenir en partie de l'invention du personnage de Yuk. Yuk est un allié ou un serviteur de Satan, caractérisé par son cynisme et son rire cruel et destructeur. 'Et il riait, après cela, d'un rire de damné, mais un rire long, homérique, inextinguible, un rire indestructible comme le temps, un rire cruel comme la mort, un rire large comme l'infini, long comme l'éternité, car c'était l'éternité elle-même' (CHH, t. XI, p. 547). Il serait difficile de ne pas reconnaître dans ce rire strident et corrosif le fameux rire du Garçon. Visiblement le rire anarchique par lequel le Garçon se moquait de toute activité humaine a été transféré à Yuk et remplit les mêmes fonctions de négation et de ridicule. Yuk joue un rôle plus important dans les premières scènes de l'œuvre, mais, comme nous venons de le voir, c'est à lui que Flaubert confie la conclusion du 'mystère'. Cependant, bien qu'il ait visiblement sympathisé avec certaines des attitudes de Yuk, l'auteur semble hésiter à s'identifier totalement à lui ou au Garçon. De nouveau, il convient de citer Jean Bruneau:

Le Garçon est une création théâtrale. Il n'est donc pas étonnant que la première œuvre importante où Flaubert se sert, littérairement parlant, du 'Garçon', soit une œuvre de caractère dramatique, et que les parties de cette œuvre où Yuk apparaît, soient justement les passages les plus dialogués, c'est-à-dire les deux premières parties de *Smarh*. Et ce serait dans la mesure où Flaubert n'a pas totalement accepté le point de vue de Yuk sur le monde, dans la mesure où il espère encore, que le mystère de *Smarh* est passé du genre dramatique, où Yuk est roi, au genre autobiographique.[32]

32 Ibid., p. 219.

Après *Smarh*, Flaubert semble avoir renoncé à la forme dramatique pendant quelque temps, mais sans se désintéresser du théâtre. En 1840, après avoir vu jouer à Rouen la célèbre actrice Rachel, il écrivit sur elle un court éloge, apparemment dans l'espoir que ce serait publié dans quelque journal de la région (CHH, t. XII, p. 24). Ce travail n'est ni très original ni très personnel, et s'il félicite la comédienne d'avoir redonné vie aux classiques du dix-septième siècle, cela ne signifie point qu'il ait abjuré son allégeance au Romantisme, puisque les critiques de tous les bords étaient unanimes à louer Rachel pour la même raison.

C'est à peu près à la même époque que Flaubert se lança dans sa première tentative de composer un vrai roman: jusque-là, ses essais narratifs n'avaient apparemment jamais dépassé quelques pages. *Novembre*, en grande partie autobiographique, est le récit de la rencontre du narrateur avec la prostituée Marie, ses rêves romantiques et sa désillusion, avec un épilogue à la troisième personne qui raconte son déclin et sa mort. Le théâtre ne joue pratiquement aucun rôle dans l'action du roman, mais le texte témoigne avec éloquence de la fascination qu'il continuait à exercer sur Flaubert. Voici le passage lyrique où le narrateur rappelle le temps de sa jeunesse où ses rêves d'amour et de triomphe au théâtre étaient inextricablement mélangés:

je n'aimais rien tant que le théâtre, j'en aimais jusqu'au bourdonnement des entractes, jusqu'aux couloirs que je parcourais le cœur ému pour trouver une place. Quand la représentation était déjà commencée, je montais l'escalier en courant, j'entendais le bruit des instruments, des voix, des bravos, et quand j'entrais, que je m'asseyais, tout l'air était embaumé d'une chaude odeur de femme bien habillée, quelque chose qui sentait le bouquet de violettes, les gants blancs, le mouchoir brodé; les galeries couvertes de monde, comme autant de couronnes de fleurs et de diamants, semblaient se tenir suspendues à entendre chanter; l'actrice seule était sur le devant de la scène, et sa poitrine, d'où sortaient des notes précipitées, se baissait et montait en palpitant; le rythme poussait sa voix au galop et l'emportait dans un tourbillon mélodieux, les roulades faisaient onduler son cou gonflé, comme celui d'un cygne, sous le poids de baisers aériens; elle tendait les bras, criait, pleurait, lançait des éclairs, appelait quelque chose avec un inconcevable amour et, quand elle reprenait le motif, il me semblait qu'elle arrachait mon cœur avec le son de sa voix, pour le mêler à elle dans une vibration amoureuse.

On l'applaudissait, on lui jetait des fleurs, et, dans mon transport, je savourais sur sa tête les adorations de la foule, l'amour de tous ces hommes et le désir de chacun d'eux. C'est de celle-là que j'aurais voulu être aimé d'un amour dévorant et qui fait peur, un amour de princesse ou d'actrice, qui nous remplit d'orgueil et vous fait de suite l'égal des riches et des puissants! Qu'elle est belle, la femme que tous applaudissent et que tous envient, celle qui donne à la foule, pour les rêves de chaque nuit, la fièvre du désir, celle qui n'apparaît jamais qu'aux flambeaux, brillante et chantante, et marchant dans l'idéal d'un poète comme dans une vie faite pour elle! elle doit avoir, pour celui qu'elle aime, un autre amour, bien plus beau encore que celui qu'elle verse à flots sur tous les cœurs béants qui s'en abreuvent, des chants bien plus doux, des notes bien plus basses, plus amoureuses, plus tremblantes! Si j'avais pu être près de ces lèvres d'où elles sortaient si pures, toucher à ces cheveux luisants qui brillaient sous des perles! Mais la rampe du théâtre semblait la barrière de l'illusion; au-delà il y avait pour moi l'univers de l'amour et de la poésie, les passions y étaient plus belles et plus sonores, les forêts et les palais s'y dissipaient comme de la fumée, les sylphides descendaient des cieux, tout chantait, tout aimait (CHH, t. XI, pp. 617-618).

Inévitablement, il y a une part de rhétorique adolescente dans l'éloquence enflammée et tumultueuse de ce passage, et l'érotisme qui s'y fait jour est analogue aux sentiments qu'un lycéen de nos jours pourrait rattacher à une idole ou à une vedette de cinéma. Cependant, on y décèle aussi une intensité d'émotion incontestable et très personnelle. Bien entendu, la personne de l'actrice ou de la cantatrice est une des icônes du mouvement romantique: on pense à Nerval et Jenny Colon, à Musset et la Malibran, à Baudelaire et Marie Daubrun. Ce qu'il y a de particulier dans le cas de Flaubert, c'est qu'il semble très peu penser à la personnalité mouvante et insaisissable de l'actrice comme Nerval, ou au prestige des rôles qu'elle incarne comme Baudelaire: ce qui le fascine, c'est l'adoration de la foule. Et quand il fait allusion à 'l'idéal d'un poète' et à 'la poésie' qui permet à l'actrice de capter cette adoration, il est évident qu'il songe à ses propres compositions dramatiques passées ou à venir. La gloire qui baigne l'actrice est inséparable de celle qui éclaire l'auteur. C'est ce que confirme un autre texte, antérieur de peu de temps et encore plus ouvertement autobiographique. Il s'agit d'un extrait des *Mémoires d'un fou*, écrits en 1838, et où l'on reconnaît la même atmosphère capiteuse de lumières éclatantes, de bijoux étincelants, de parfums et de vêtements luxueux:

Et c'était encore la gloire, avec ses bruits de mains, ses fanfares vers le ciel, ses lauriers, sa poussière d'or jetée aux vents; c'était un brillant théâtre avec des femmes parées, des diamants aux lumières, un air lourd, des poitrines haletantes, puis un recueillement religieux, des paroles dévorantes comme l'incendie, des pleurs, des rires, des sanglots, l'enivrement de la gloire, des cris d'enthousiasme, le trépignement de la foule, quoi! – de la vanité, du bruit, du néant (CHH, t. XI, p. 481).

Malgré le commentaire désabusé des derniers mots, on voit que le narrateur ici a pris la place de l'actrice, et que c'est directement vers lui, sans l'intermédiaire de la comédienne, que va l'adoration du public. Dans un autre texte que nous avons déjà cité en partie, Flaubert révèle encore plus clairement ses rêves de gloire au théâtre, tout en admettant presque qu'ils sont irréalisables. Il s'agit de son cahier de *Souvenirs, notes et pensées intimes,* écrit sans doute à peu près en même temps que *Novembre:*

> Oh mon Dieu, mon Dieu, pourquoi m'avez-vous fait naître avec tant d'ambition – car c'est bien de l'ambition que j'ai – Quand j'avais dix ans, je rêvais déjà la gloire, – et j'ai composé dès que j'ai su écrire, je me suis peint tout exprès pour moi de ravissants tableaux – je songeais à une salle pleine de lumière et d'or à des mains qui battent à des cris à des couronnes – On appelle l'auteur – l'auteur – l'auteur c'est moi, c'est mon nom moi – moi – on me cherche dans les corridors, dans les loges, on se penche pour me voir – la toile se lève et je m'avance – quel enivrement! on te regarde on t'envie on est près de t'aimer de t'avoir vu.[33]

De toute évidence, à cette époque de sa vie, Flaubert éprouvait avec une intensité douloureuse la soif de la gloire au théâtre, sans doute en partie pour compenser le vide qu'il sentait dans son propre cœur et sa propre personnalité et pour combattre l'horreur de la mort et du néant. Pourtant, après avoir gagné Paris à l'automne de 1841 pour poursuivre ses études de droit, il semble s'être concentré sur la composition de romans semi-autobiographiques, pour explorer la complexité de sa nature et de ses émotions, plutôt que d'écrire de nouveaux drames. *Novembre* en 1842 fut suivi en 1845 de la première *Education sentimentale.* Mais pendant cette période, jusqu'à son attaque au début de 1844, où il se consacrait, avec une résignation pleine de ressentiment, à ses études de droit, il n'eut apparemment pas la possibilité de beaucoup penser au théâtre, que ce soit comme auteur dramatique ou même comme spectateur. En décembre 1843 il informa sa sœur: 'Je n'ai été ni aux Italiens ni à aucun spectacle et ne suis pas près d'y aller' (*Corr.*, t. I, p. 196). Mais c'était sans doute le manque de temps et d'argent qui l'empêchait, et non l'indifférence. En fait, six mois plus tôt, il était allé voir la *Lucrèce* de Ponsard, cette tragédie néo-classique dont le succès semblait marquer le déclin du drame romantique. Chose surprenante chez ce fanatique du théâtre romantique, la pièce lui a plu et il l'a recommandée à sa sœur: 'Aus-

---

33 *Souvenirs, notes et pensées intimes,* pp. 13-14.

sitôt qu'elle sera parue à Rouen, je t'engage à la lire, tu aimerais ça' (*Corr.*, t. I, p. 160). Cet enthousiasme a choqué son nouvel ami Maxime Du Camp, qui l'accusait d'avoir trahi son idéal romantique: en fin de compte, Flaubert s'est senti obligé de convenir que Ponsard était loin de valoir Victor Hugo, et par la suite il n'a eu que mépris pour Ponsard et ses pièces. On est tenté de penser que s'il a momentanément apprécié *Lucrèce*, c'est qu'il a senti instinctivement que le drame romantique avait fait son temps et ne représentait plus guère un genre viable, et peut-être est-ce pour cette même raison qu'il a mis en veilleuse ses rêves de gloire au théâtre.

Apprentissage

Mais si au cours de la première moitié des années 1840, Flaubert ne semble avoir nourri aucun projet théâtral, le théâtre n'en a pas moins joué un rôle capital dans la première *Education sentimentale*. La genèse de ce roman est compliquée, puisque Flaubert l'a commencé en février 1843, l'a délaissé pour faire son droit, l'a repris au cours de l'été 1843, puis l'a interrompu une seconde fois à cause de la crise nerveuse ou épileptique de janvier 1844 et l'a enfin achevé entre mai 1844 et janvier 1845. Pendant cette longue gestation, les intentions de Flaubert ont changé, peut-être plus d'une fois. Au début, s'il faut en croire ce qu'il a raconté à Louise Colet, il a conçu le roman comme ayant un seul protagoniste, Henry, que la première phrase de l'œuvre désigne comme 'le héros de ce livre' (CHH, t. VIII, p. 31): puis il s'est rendu compte qu'il avait besoin d'un repoussoir sous la forme de Jules, le second héros. Comme le roman s'ouvre sur l'arrivée d'Henry à Paris et comme par la suite il devient un personnage plein d'ambition mondaine et pratique, on est tenté de croire qu'à l'origine Flaubert avait en tête un roman proche du modèle balzacien et qu'il avait envisagé Henry comme une sorte de successeur de Rastignac ou de Lucien de Rubempré. Mais à mesure que le roman se développe, Flaubert s'identifie de plus en plus à Jules, de sorte que l'œuvre finit par être le récit d'une vocation artistique, que Jules réalise pleinement avant la fin du livre. Une grande partie des premiers chapitres est consacrée au récit de la passion de Jules pour le théâtre, dans lequel il est facile de reconnaître les attitudes et les ambitions de Flaubert, telles qu'elles nous sont familières par *Les Mémoires d'un fou*, *Souvenirs, notes et pensées intimes* et *Novembre*.

Dans sa première lettre à Henry, après le départ de celui-ci pour Paris, Jules révèle son désir de réussir au théâtre:

> Ma première pièce, c'est toi qui l'aurais lue au comité, car tu lis mieux que moi, et puis j'aurais trop tremblé. Et la première représentation, y as-tu pensé quelquefois? Le théâtre est tout plein de monde, les femmes sont en toilette et ont des bouquets: nous autres, nous sommes dans les coulisses, nous allons, nous venons, nous parlons à nos actrices dans les costumes de nos rôles; on hisse les décors, on lève la rampe, les musiciens entrent à l'orchestre, on frappe les trois coups, et tout le bourdonnement de la salle s'apaise. On lève le rideau, tout le monde écoute, la pièce commence, les scènes vont, le drame se déroule, des bravos partent; et puis

on se tait de plus belle, on entendrait une mouche voler, chaque mot de l'acteur, tombant goutte à goutte, est recueilli avec une avidité muette... De tous les gradins, bravo! bravo! l'auteur! l'auteur!... Ah, Henry, qu'elle est belle la vie d'artiste, cette vie toute passionnée et idéale, où l'amour et la poésie se confondent, s'exaltent et se raviment l'une de l'autre, où l'on existe tout le jour avec la musique, avec des statues, avec des tableaux, avec des vers, pour se retrouver le soir, à la clarté flamboyante des lustres, sur les planches élastiques du théâtre, ayant des comédiennes pour maîtresses, contemplant sa pensée vivre sur la scène, étourdi de l'enthousiasme qui monte jusqu'à vous, et goûtant à la fois la joie de l'orgueil, de la volupté et du génie! (CHH, t. VIII, pp. 36-37).

Malheureusement pour la naïveté des ambitions de Jules, son père insiste pour qu'il devienne douanier (ce qui est probablement un écho de l'attitude d'Achille-Cléophas envers les ambitions littéraires de son fils cadet). Cela ne l'empêche pourtant pas de continuer à travailler à son drame historique *Le Chevalier de Calatrava*. Puis une troupe itinérante, dirigée par un certain Bernardi, vient jouer dans la ville provinciale où habite Jules, et le jeune homme parvient à s'introduire dans les coulisses, dont l'atmosphère le grise complètement:

Je m'étais assis dans les coulisses, sur une caisse qui se trouvait là, je touchais les décors avec mes mains, je regardais les acteurs et les actrices de près, je regardais la salle vide et je me la figurais pleine, mille fois plus grande, éclairée, remplie de bruit, éclatante de lumière et de couleurs. Je humais à pleine poitrine cette odeur de théâtre qui est un des amours de mon enfance, la tête levée au ciel, n'écoutant guère la pièce et flottant alors dans je ne sais quelle capricieuse rêverie d'art et d'amour, fantaisie charmante où l'on sent des émanations voluptueuses, où l'on entend des bruits de fanfares, je contemplais la frise du manteau d'Arlequin trembler au vent frais qui venait du dehors et faisait frissonner les feuilles des marronniers de la place d'Armes (CHH, t. VIII, p. 77).

Si Flaubert attribue à Jules les mêmes émotions qu'il avait exprimées en son propre nom dans des textes antérieurs, on a l'impression qu'il commence à prendre ses distances avec ces espoirs et ces illusions.

Cette intoxication avec le monde du théâtre trouve sa culmination naturelle lorsque Jules tombe passionnément amoureux de Lucinde, la jeune première de la troupe, en la voyant jouer l'héroïne d'*Antony*, le drame de Dumas qui l'avait tellement frappé en 1835:

J'étais à l'avant-scène, sur le premier banc, penché vers la rampe: je sentais dans mes cheveux le vent que faisaient ses vêtements quand elle marchait; je levais la tête et je la contemplais de haut en bas. Quand le rideau a été baissé, j'ai été voir Bernardi sur le théâtre, et elle, je l'ai vue aussi dans sa loge, encore toute tremblante de l'émotion de son rôle, agitée, souriant sous les bravos qui duraient encore, et remuant un bandeau de ses cheveux, qui était tombé pendant la dernière scène [...]. J'aurais voulu aller avec eux, être comédien moi-même, jouer avec Lucinde, être l'Antony qui la tutoie et qui la presse dans ses bras (CHH, t. VIII, p. 79).

Pendant quelque temps, une partie au moins de son projet semble devoir se réaliser, quand Bernardi lui permet de lire *Le Chevalier de Calatrava* devant toute la troupe, ce qu'il fait avec la verve et l'entrain que Flaubert mettait dans ses propres lectures:

je me montais la tête, m'excitant à l'audace et voulant assister de suite à tous les effets de la scène, nuançant soigneusement les rôles, m'imaginant les entendre dire, et bientôt moi-même perdu dans l'illusion de ma pièce. Alors tout alla bien, les tirades se déroulaient, la période courait au galop, les scènes allaient, on applaudissait, je déclamais de toute mon âme, je criais, je suais, mon sujet m'emportait, je m'y laissais entraîner avec délire, je frappais du pied, je gesticulais à l'aise, j'aurais joué sur le théâtre, je ne tremblais plus, je n'entendais rien, je ne voyais rien si ce n'est, de temps à autre, le visage de Lucinde que j'apercevais rapidement comme dans un éclair, à chaque feuillet que je tournais, et ma force redoublait (CHH, t. VIII, p. 82).

Mais les espoirs de Jules ont été vite ruinés: au milieu de la nuit, l'hypocrite Bernardi, la volage Lucinde et les autres décampent, laissant le pauvre jeune homme déconfit et désillusionné.

Dans cette première partie du roman, tout en sympathisant avec Jules, Flaubert veut que lecteur se rende compte de sa crédulité et de sa naïveté, et attire l'attention sur la chute de ses illusions de même qu'Henry perd les siennes dans l'amour: c'est donc une étape dans leur éducation sentimentale. Cependant, la vocation littéraire de Jules n'est pas entièrement anéantie; il reprend ses méditations et ses études, et au fur et à mesure que Flaubert se désintéresse d'Henry, il s'identifie de plus en plus à Jules, qui se consacre à la littérature. Le lecteur est initié aux principes et aux préférences littéraires de Jules, qui sont en effet ceux de Flaubert lui-même: il admire Shakespeare, Homère, Sophocle, Corneille et Voltaire, et il parvient à formuler des idées sur la vérité et la beauté, la forme et l'idée qui seront toujours celles de son créateur. Et pourtant, Flaubert reste curieusement vague sur la nature exacte de la vocation artistique de Jules. A un certain moment, on nous informe qu'il se consacre à un ouvrage d'Histoire sur les migrations antiques et aussi à la confection d'un recueil d'odes. Mais, dans les dernières pages du roman, quand il est précisé que Jules est devenu un 'grave et grand artiste' (CHH, t. VIII, p. 244), on nous le montre en train d'imaginer les effets de ce qu'il pourrait écrire, et non pas en train de composer quoi que ce soit:

> quand il veut entendre l'harmonie de ses vers, il les lit à lui seul, en se balançant dans leur rythme, comme une princesse paresseuse dans son hamac de soie. Quand il veut voir jouer ses drames, il pose la main sur ses yeux et il se figure une salle immense, large et haute, remplie jusqu'au faîte: il entoure son action de toutes les splendeurs de la mise en scène, de toutes les merveilles des décors, avec de la musique pour chanter les cœurs et les danses exquises qui se cadencent au son de ses phrases; il rêve de ses acteurs dans la pose de la statuaire et il les entend, d'une voix puissante, débiter ses grandes tirades ou soupirer ses récits d'amour; puis il sort le cœur rempli, la front radieux, comme quelqu'un qui a fait une fête, qui a assisté à un grand spectacle (CHH, t. VIII, p. 245).

Les théories littéraires et esthétiques exposées dans le dernier chapitre du livre avaient semblé présager une nouvelle conception du roman, mais maintenant il paraît que Jules est en quelque sorte revenu aux rêves de succès au théâtre qu'il avait nourris au début, sauf qu'il a supprimé l'élément érotique qui en avait fait partie et qu'entre-temps il a procédé à une réflexion esthétique autrement plus approfondie. Il se peut que Flaubert préfère rester dans le vague quant à la nature précise de la vocation de Jules à cause de la difficulté notoire de rendre compte dans un roman, de façon cohérente et plausible, de quelque chef-d'œuvre imaginaire. En s'abstenant d'entrer dans le détail sur les écrits de Jules, Flaubert élude ce problème. Mais il se peut aussi que Flaubert n'ait pas su quel genre de drames Jules devait composer. En lui attribuant dans sa jeunesse la paternité du *Chevalier de Calatrava*, qui, à en juger par son titre, doit être un drame historique situé au Moyen Age, Flaubert veut sans doute indiquer que l'auteur s'en tient à une esthétique romantique surannée. Mais, si en 1845 le drame romantique commençait à paraître dépassé, Flaubert pouvait peut-être difficilement imaginer quelle nouvelle forme allait le remplacer. On peut se demander aussi, bien que *L'Education sentimentale* de 1845 soit son second roman et, aux yeux de beaucoup de commentateurs, sa première grande œuvre, s'il est possible que Flaubert ait été encore incertain sur sa propre vocation littéraire. Jean Bruneau écrit avec raison: 'Flaubert a jeté les bases sur lesquelles il fondera son œuvre future [...] il ne lui reste plus qu'à se mettre à l'œuvre. [...] Mais le monde ne connaîtra cette révolution littéraire que dix ans plus tard, quand paraîtra *Madame Bovary*'[34]. Seulement il convient

34 *Les Débuts littéraires...*, p. 471.

de se rappeler que les méditations littéraires de la première *Educa-tion* ne conduisent point tout droit à *Madame Bovary* et qu'entre les deux va intervenir la première *Tentation de saint Antoine*, qui, mal-gré les anomalies et les disparates de sa forme, relève plus du drame que du roman tel qu'il existait du temps de Flaubert.

Mais avant de retracer l'obscur et tortueux chemin qui mène de la première *Education* à la première *Tentation*, il est nécessaire d'examiner un autre aspect du roman de 1845, c'est-à-dire l'usage de la forme dialoguée dans le chapitre XXIII de l'œuvre. Cette question est d'ailleurs inséparable d'une autre que nous avons à peine abordée jusqu'ici. Nous avons étudié la façon dont Flaubert aimait à jouer les personnages qu'il inventait, tels le Garçon et le journaliste de Nevers. Mais en plus de ces créatures imaginaires, Flaubert se plaisait à imi-ter les acteurs célèbres. Maxime Du Camp nous raconte avec quelle application il s'adonnait à une imitation de Marie Dorval dans le rôle d'Adèle de l'*Antony* de Dumas (le rôle dans lequel Lucinde avait tel-lement captivé Jules): 'Gustave l'admirait sans réserve et ne se tenait pas d'aise en écoutant Marie Dorval, dont il avait fini par attraper l'accent traînard et les intonations grasseyantes. Ce talent d'imitation l'enchantait: pendant plusieurs semaines, il ne nous parlait plus qu'avec la voix de Marie Dorval. Du reste il eut toujours cette manie de con-trefaire les gens: acteurs ou souverains, peu lui importait'[35]. Un autre témoin rapporte son imitation de Frédérick Lemaître, autre monstre sacré du théâtre romantique: 'Je le vois encore se levant pour prend-re l'attitude de Frédérick dans certains passages de *Ruy Blas*. Il éten-dit les bras, fit un pas en avant, l'air extasié, comme en somnambu-lisme, et prononça d'un ton à la fois mystérieux et morne, ce vers:

Et je marche vivant dans mon rêve étoilé'[36].

Mais c'était un autre acteur, d'un genre très différent, qui a inspiré ce chapitre de *L'Education sentimentale*. Henry Monnier, artiste, carica-turiste, écrivain et acteur, est le créateur du fameux Joseph Prudhom-me, incarnation du bourgeois pompeux, sentencieux et philistin, et Flaubert a dû le voir sur la scène ou lire ses *Scènes populaires dessi-nées à la plume* dès avant 1842: en décembre de cette année, il a incorporé à une lettre à sa sœur un petit 'dialogue avec la portière' (*Corr.*, t. I, pp. 139-140), où il imite visiblement *Le Roman chez la*

---

35   *Souvenirs littéraires*, t. I, p. 164.
36   Cité par Jean Pommier: 'Flaubert et la naissance de l'acteur', p. 321.

portière de Monnier. Flaubert fait exactement la même chose dans ce chapitre XXIII de *L'Education*. La spécialité de Monnier était des dialogues dans lesquels des personnages bourgeois se ridiculisaient en échangeant des banalités et des idées reçues dans une langue fidèlement reproduite. Balzac l'admirait suffisamment pour incorporer aux *Employés* plusieurs passages de conversation satirique entre ses petits fonctionnaires, présentés typographiquement comme les scènes d'une comédie, et Flaubert suit cet exemple dans le chapitre en question, qui met en scène M. et Mme Gosselin, les parents d'Henry, qui sortent de lourdes phrases moralisatrices rappelant irrésistiblement les bourgeois de Monnier. Cette technique détonne quelque peu au milieu d'un roman de forme conventionnelle, et Flaubert ne l'emploie que cette seule fois, mais elle montre jusqu'à quel point il voyait ses personnages évoluer et parler comme s'ils étaient en scène devant lui. C'est ainsi que par sa forme et par ses thèmes *L'Education sentimentale* témoigne de l'intérêt que Flaubert continuait à porter au théâtre.

Donc, dans la première moitié des années 1840, si Flaubert se consacrait au roman, il ne s'était nullement désintéressé du théâtre. D'ailleurs, au printemps 1845, il manifesta le désir de composer ce qu'il appelait un 'drame assez sec' sur la vie du condottiere corse San Pietro Ornano (*Corr.*, t. I, p. 230). Le fragment de scénario qui subsiste pour cette œuvre montre qu'il s'agit d'un drame historique sanguinaire où il aurait allègrement violé les unités et les autres règles néo-classiques. Mais le terme vague 'drame assez sec' fait que nous ne savons pas s'il voulait rester dans la tradition romantique, où s'il avait en vue quelque chose de plus ramassé et de moins lyrique. A peu près en même temps, une remarque dans son *Voyage en Italie*, inspirée par sa visite à la Scala de Milan, traduit la vénération qu'il continuait à ressentir pour le théâtre en tant qu'institution: 'Un théâtre est un lieu tout aussi saint qu'une église, j'y entre avec une émotion religieuse, parce que, là aussi, la pensée humaine, rassasiée d'elle-même, cherche à sortir du réel, que l'on y vient pour pleurer, pour rire ou pour admirer, ce qui fait à peu près le cercle de l'âme' (CHH, t. X, p. 376).

Mais il ne semble pas avoir poursuivi son projet de drame corse, et quelques semaines plus tard il se lança dans une activité que rien ne laissait prévoir: une étude détaillée du théâtre de Voltaire. Il subsiste de ce travail 458 pages de notes qui l'ont occupé pendant plusieurs mois au cours de l'été et de l'automne de 1845. 33 drames y sont résumés et commentés. On ne sait pas au juste quand Flaubert a commencé cette étude, probablement aussitôt après son retour du voyage en Italie et en Suisse que la famille Flaubert avait entrepris pour accompagner Caroline et son mari pendant leur lune de miel, et il a dû continuer pendant plusieurs mois, sans doute jusqu'à la fin de l'année ou à la mort de son père en janvier 1846. Les témoignages directs sur cette étrange occupation sont rares. En juillet 1845, Flaubert écrit à Alfred Le Poittevin: 'J'analyse toujours le théâtre de Voltaire. C'est ennuyeux, mais ça pourra m'être utile plus tard' (*Corr.*, t. I, p. 247). Nous reviendrons plus loin sur cette formule, mais il convient de souligner tout de suite le mot 'toujours', qui indique que Flaubert s'adonnait à cette tâche depuis quelque temps déjà. Malgré l'ennui de ce travail, il a persévéré, et au milieu du mois de septembre il a informé Le Poittevin de la suite de son activité: 'Quand on a dîné, quand j'ai fumé ma pipe à huit heures je reviens à ma table et là jusqu'à minuit je travaille le théâtre de M. de Voltaire ou je repasse un peu mon histoire' (*Corr.*, t. I, p. 252-253). Quelques années plus tard, dans une lettre à Louise Colet en mai 1852, Flaubert rappelle cette activité passée: 'J'avais à cette époque beaucoup étudié le théâtre de Voltaire que j'ai analysé, scène par scène, d'un bout à l'autre' (*Corr.*, t. II, p. 86).

En réalité, le mot 'analysé' est un terme assez prétentieux pour décrire le travail de Flaubert. Les 458 pages de notes ne sont pas vraiment des dissections de structure: ce sont plutôt des résumés très détaillés avec force citations et quelques commentaires, presque tous extrêmement hostiles. On pourrait croire, étant donné la nature de ces résumés, qu'il s'agit de notes prises au courant de la plume. Il n'en est pourtant rien; comme l'explique Theodore Besterman, qui en 1967 a publié ces textes dans la collection *Etudes sur Voltaire et le dix-huitième siècle*: 'Il est évident, d'après les allusions à des passages non encore analysés et d'après l'aspect physique de ces feuillets, que nous sommes en présence de la mise au net des notes originelles'[37]. Flaubert a donc pendant des mois entiers prodigué des efforts considérables sur une occupation qu'il trouvait mortellement ennuyeuse.

Theodore Besterman a cru qu'il s'agissait d'une étape préliminaire dans la préparation d'un grand ouvrage sur Voltaire. Mais le caractère négatif de ces textes n'aurait jamais pu fournir la base d'un livre publiable. L'opinion énoncée par Jean Bruneau dans sa thèse[38] et dans

---

37 Flaubert: *Théâtre de Voltaire*, Etudes sur Voltaire et le dix-huitième siècle, Genève, Institut et Musée Voltaire, éd. Theodore Besterman, L, 1967, p. 13. Je traduis de l'anglais.
38 *Les Débuts littéraires...*, p. 574.

sa magnifique édition de la correspondance peut au premier abord paraître plus convaincante: Flaubert a été attiré par 'l'admirable composition' (*Corr.*, t. I, p. 966) des pièces de Voltaire et croyait qu'en les étudiant il apprendrait le métier de dramaturge. Mais M. Bruneau écrivait avant la publication de ces notes, et il suffit d'y jeter un coup d'œil pour voir que Flaubert était très loin de trouver 'admirable' la construction de ces pièces. Au contraire, il n'arrête pas de critiquer, de la façon la plus acerbe, l'insipidité des récits, les vaines restrictions des unités de temps et de lieu, l'abus de la technique des confidents, les entrées et les sorties non motivées, la facticité de certaines 'ficelles', le désir trop visible de faire de l'effet, l'excès de sentimentalisme, les incidents tenant trop du mélodrame, les scènes qui ne font rien pour avancer l'action, les maladresses et les invraisemblances. Mais ce n'était pas uniquement la structure des pièces qui l'indisposait. Il se plaignait avec autant de véhémence des personnages stéréotypés, de la fausseté de la psychologie, du manque d'évolution dans les caractères, de la froideur dans la peinture de la passion. Quant au style, il dénonce avec vigueur la manie de la périphrase, le refus d'employer le mot juste, l'utilisation réitérée de formules passe-partout, le manque de naturel dans la langue, la lourdeur et la monotonie de l'expression, le recours constant à des maximes éculées, les vers gauches ou franchement mauvais. On ne s'étonne pas de rencontrer plusieurs citations de Voltaire dans les perles des grands écrivains collectionnées par Flaubert pour le second volume de *Bouvard et Pécuchet*. Mais surtout il reproche à Voltaire d'étaler trop ouvertement ses propres intentions et opinions, de moraliser constamment, de vouloir partout prêcher. Cette objection contre l'expression des opinions et des préjugés de l'auteur constitue sans doute une des étapes dans la formation du culte de l'impersonnalité de Flaubert. Après avoir pris connaissance de la vivacité des critiques qu'il a adressées au théâtre de Voltaire, on comprend très bien qu'il ait pu écrire à Louise Colet en juillet 1853: 'Quand on a avalé du saint Augustin autant que moi, et analysé scène par scène tout le théâtre de Voltaire, et qu'on n'en est pas crevé, on a la constitution robuste à l'endroit des lectures embêtantes' (*Corr.*, t. II, p. 370). Le mois suivant, il a d'ailleurs résumé ses impressions du théâtre de Voltaire en un seul mot: 'pitoyable' (*Corr.*, t. II, p. 417).

Bien entendu, il est concevable que Flaubert ait entrepris cette tâche plein de faux espoirs nés de l'admiration qu'il nourrissait depuis longtemps pour les contes de Voltaire. En 1844, il prétendait avoir lu *Candide* au moins vingt fois, et il a ajouté: 'J'avoue que j'adore la prose de Voltaire et que ses contes sont pour moi d'un ragoût exquis' (*Corr.*, t. I, p. 210). Puis, en 1845, il a affirmé que deux choses seulement l'avaient ému en Suisse: le nom de Byron gravé sur un pilier à Chillon et 'le salon et la chambre à coucher de ce vieux M. de Voltaire à Ferney' (*Corr.*, t. I, p. 237). Dans ses notes de voyage, il raconte qu'à Ferney il a rencontré un vieux monsieur nommé Grandperrey qui, dans sa jeunesse, avait été un des serviteurs de Voltaire: 'Je regardais cet homme avec avidité pour voir si Voltaire n'y avait pas laissé quelque chose que je pusse ramasser!' (CHH, t. X, p. 386) Mais si cette vénération de Voltaire avait fait naître de faux espoirs quant à la qualité de son théâtre, ces espoirs ont dû être ruinés presque immédiatement, car les critiques des premières pièces qu'il a annotées sont aussi féroces que celles des dernières.

De toute façon, il serait surprenant si ce partisan du théâtre romantique, même s'il commençait à avoir des doutes sur l'avenir du drame tel que l'avaient pratiqué Victor Hugo et ses émules, ait espéré trouver quelque pâture dans les pièces de Voltaire. Nous avons vu que dès le début des années 1830 Flaubert avait été enthousiasmé par les drames romantiques, qu'il a détesté le théâtre semi-classique de Casimir Delavigne, que ses propres tentatives théâtrales avaient toutes appartenu au genre romantique, et que quelques semaines avant d'entreprendre d'étudier le théâtre de Voltaire, il avait dressé le plan d'un drame historique sur un épisode de l'histoire de Corse qui, sans être forcément une œuvre pleinement romantique, tenait certainement plus de la dramaturgie romantique que de la dramaturgie classique. Même s'il a manifesté une certaine sympathie pour Rachel et – brièvement – pour Ponsard, rien n'incite à croire qu'il ait jamais été près de renier ses dieux, et on ne peut surtout pas croire à une conversion soudaine et radicale entre le projet de *Sampier* et l'étude de Voltaire.

Pourquoi donc si en 1845 il a voulu apprendre le métier d'auteur dramatique s'est-il tourné vers un auteur dont le théâtre était complètement démodé et dont l'esthétique était aux antipodes de celle qu'il avait prônée? Certes, on peut croire que Shakespeare et Goethe lui paraissaient si extraordinaires, si sublimes qu'ils étaient absolument inimitables, mais alors pourquoi ne pas prendre pour modèle un artisan compétent mais de second rang comme par exemple Dumas, dont l'*Antony* l'avait impressionné en 1835? D'ailleurs, les rares compliments à Voltaire qu'on trouve dans ces notes concernent presque tous son statut de précurseur du théâtre romantique, comme cette remarque sur la préface de *Brutus*: 'Singulier pronostic: V. pressentait-il le romantisme dont on pourrait dire que théâtralement il fut une des origines?'[39] ou cette question que lui a suggérée la notice des *Scythes*: 'ne pourrait-on pas voir ici un pressentiment du drame intime et l'aveu formel d'une poétique plus large?'[40] Si Flaubert a trouvé quelque chose à admirer dans le théâtre de Voltaire, c'est sa vague qualité de précurseur du Romantisme, ce qui ne pourrait aucunement justifier les longs mois passés à l'étudier de façon aussi intensive.

Pour tenir compte de la contradiction entre cette longue période de labeur ardu et la détestation des œuvres qu'il étudiait, Sartre a proposé une explication diamétralement opposée à celle qu'avait mise en avant Jean Bruneau. Ce n'est pas parce qu'il admirait le théâtre de Voltaire que Flaubert l'a étudié, mais précisément parce qu'il le méprisait.

> Il y a je ne sais quoi de fou tant dans l'entreprise que dans la justificati-on qu'il en donne. D'autant qu'il est parfaitement conscient de l'*inutilité* de son travail [...] En ce cas, il n'aurait pas choisi d'étudier Voltaire *bien que* ses tragédies fussent exécrables mais justement *parce qu'*elles le sont. Flaubert est resté l'homme du ressentiment qui épouille les grandes œuvres, pour y trouver des faiblesses qui permettraient d'en rabaisser l'auteur.[41]

Un peu plus loin, Sartre explicite son idée: 'Voltaire conteur fait l'objet de son admiration. *Candide* est une œuvre 'épouvantablement gran-de': parfait! Choisissons d'étudier Voltaire dramaturge, bref un grand homme au pire de lui-même. On n'en tirera guère qu'une vague no-tion de ce qu'il ne faut pas faire et l'on s'apitoiera, bon apôtre, sur l'humaine faiblesse des meilleurs'[42]. Il est certain qu'on reconnaît là une tendance qui marque l'attitude de Flaubert envers d'autres écri-vains. Quelques-uns, notamment Shakespeare, lui semblent des gé-nies tellement exaltés qu'ils lui font peur: plus d'une fois, il emploie le mot 'écrasé' pour exprimer sa réaction devant Shakespeare (*Corr*, t. I, p. 204 et t. II, p. 516). Avec d'autres moins extraordinaires, où il peut être conscient de défauts aussi bien que de qualités surhumaines, il sent une parenté plus proche: c'est le cas de Balzac, qu'il caractéri-se par une description singulièrement mélangée: 'un immense bon-homme, mais de second ordre' (CHH, t. XV, p. 520). Incontestable-

---

39 *Théâtre de Voltaire*, p. 33.
40 Ibid., p. 381.
41 *L'Idiot de la famille*, p. 2024.
42 Ibid., p. 2025.

ment, Flaubert prenait un malin plaisir à déceler les côtés les moins réjouissants des entreprises les plus ambitieuses: *Bouvard et Pécuchet* est là pour le prouver.

C'est sans doute pour une raison de ce genre que, quelques années plus tard, Flaubert fut si heureux, à la consternation de Maxime Du Camp, de rencontrer au Caire un certain Chamas, auteur de tragédies si grotesques qu'elles semblaient la parodie de la tragédie néoclassique du dix-huitième siècle.

> Qu'avait donc ce Chamas pour plaire à Gustave? Il faisait des tragédies. Flaubert ne se tenait pas de joie: il allait chez Chamas, il m'amenait Chamas, il invitait Chamas à dîner: Chamas et lui ne se quittaient plus. Les tragédies étaient un ramassis de situations biscornues, de dialogues insensés, de vers idiots; plus les vers étaient mauvais, plus les situations étaient sottes, plus Flaubert applaudissait, et plus Chamas se rengorgeait; lui aussi, comme le Dieu de Copernic, il avait trouvé 'un contemplateur de ses œuvres'. Il fallut subir une lecture; je m'y résignai: Abdel-Kader, tragédie en cinq actes. Abdel-Kader fait un discours à ses soldats et leur dit:
>> Sectateurs du vrai Dieu, ce Bugeaud vous abuse;
>> Allons, un peu de nerf, armez votre arquebuse!
> Bugeaud n'est pas en reste, et, lui aussi, harangue ses troupes avant le combat:
>> Louis-Philippe, là-bas sur le trône de France,
>> Applaudit vos coups et voit votre vaillance.
> Il y a un récit: Abd'Allah, jeune chef arabe, a visité au galop de son cheval, toutes les tribus du désert, en leur prêchant la guerre sainte; dès qu'il a terminé son appel aux armes, il reprend sa course:
>> C'est de là, par Allah! qu'Abd'Allah s'en alla.
> Après avoir lu ces vers, Chamas s'interrompit pour nous dire: 'C'est ce que les anciens appelaient l'harmonie imitative'. Je ne bronchai pas, et Flaubert, agitant les bras, s'écria: 'C'est énorme!'"[43]

De toute évidence, il y a une certaine analogie entre la joie de Flaubert devant les absurdités du malheureux Chamas et le plaisir qu'il prenait à mettre en lumière les faiblesses de celui qui était réputé être grand tragédien. Mais si on imagine facilement que ce sentiment a pu réjouir Flaubert pendant quelques jours au Caire, on voit mal comment il aurait pu s'en inspirer pendant les mois de travail assidu consacrés au théâtre de Voltaire.

Ce travail a d'ailleurs laissé Du Camp tout aussi perplexe que l'amitié de Flaubert pour Chamas:

43 *Souvenirs littéraires*, t. I, pp. 341-342.

A ce moment-là, il s'était adonné à une besogne dont je n'ai jamais compris l'utilité. Il étudiait, plume en main, le théâtre français du dix-huitième siècle, c'est-à-dire les tragédies de Voltaire et de Marmontel. Que cherchait-il dans ce fatras? quel bénéfice intellectuel pensait-il en tirer? Quelle souplesse de style pourrait-il y acquérir? il ne me l'a point clairement expliqué et je ne l'ai pas deviné. Flaubert a toujours rêvé de faire du théâtre, pour lequel il n'avait aucune aptitude. A-t-il voulu prendre ses modèles dans cet art décadent à l'aide duquel les philosophes du siècle dernier ont attaqué la prépotence de l'Eglise? Je ne puis le croire, et dans ce travail, qui lui prit beaucoup de temps, je vois plutôt une de ces fantaisies étranges dont son esprit n'était pas exempt[44].

Bien entendu, dans tout cela on distingue facilement le désir latent de présenter Flaubert comme obsessionnel et déraisonnable qui informe presque tout ce que Du Camp a écrit sur son ami. Il n'en reste pas moins que Flaubert n'a jamais clairement expliqué à qui que ce soit quel profit il entendait tirer de son étude du théâtre de Voltaire.

Il est temps maintenant de rappeler cette phrase étrange qu'il a utilisée en informant Le Poittevin du progrès de son travail sur le théâtre de Voltaire: 'C'est ennuyeux, mais ça pourra m'être utile plus tard'. Comme Sartre le fait remarquer avec justesse: 'Gustave se sert des mêmes mots qu'un petit employé qui veut faire carrière: 'Je suis des cours de comptabilité deux fois par semaine. C'est ennuyeux mais ça peut m'être utile plus tard'[45]. Il est surprenant que Flaubert, d'habitude si dédaigneux d'arguments utilitaires et qui d'ailleurs savait pertinemment qu'annoter le théâtre de Voltaire était une activité parfaitement inutile, ait employé cette expression en écrivant à Le Poittevin, le plus cynique et le moins crédule de ses amis. On a de la peine à croire que Flaubert espérait convaincre Le Poittevin que l'étude du théâtre de Voltaire allait lui servir à quelque chose; il a pu encore moins le penser lui-même. Alors à qui pensait-il en tenant ce langage? A coup sûr, ce devait être à son père Achille-Cléophas.

De tout évidence, Achille-Cléophas était une personnalité puissante, habituée à commander dans sa vie professionnelle aussi bien que dans sa vie familiale. Son fils aîné Achille l'avait suivi dans la carrière médicale, tant et si bien qu'en 1846 il devait lui succéder comme chirurgien-en-chef à l'Hôtel-Dieu de Rouen. Il était naturel que Gustave, en tant que second fils, se fût vu contraint, même à contrecœur, de faire son droit. Deux frères médecins auraient pu se porter

44 Ibid., pp. 237-238.
45 *L'Idiot de la famille*, p. 2024.

ombrage l'un à l'autre, et une carrière légale était l'autre profession respectable pour un jeune homme de la haute bourgeoisie. On peut d'ailleurs noter que Gustave semble avoir accepté sans rébellion ouverte ce choix d'une carrière que pourtant il abominait et pour laquelle il n'avait aucune aptitude. Puis en janvier 1844, sur la route de Pont-l'Evêque, il eut la fameuse attaque qui mit fin non seulement à ses études de droit mais aussi à toute perspective d'une carrière dans n'importe branche où il aurait été obligé de travailler sous les yeux du public. Pendant longtemps, ses parents acceptèrent de le laisser poursuivre sa convalescence à la maison, lui permettant ainsi de continuer à écrire, ce qui avait toujours été sa passion. C'est pendant cette période qu'il a achevé la première *Education sentimentale*, roman qui, commencé peut-être avec d'autres intentions, finit par être le récit d'une vocation littéraire. Il est vrai que si, à la fin du livre, on nous dit que le héros Jules est devenu un 'grave et grand écrivain' et si on nous informe amplement sur ses goûts et ses principes littéraires, Flaubert reste dans le vague quant à la nature exacte de sa vocation. Mais nous savons qu'il avait jadis été obsédé de théâtre, qu'il avait été amoureux de l'actrice Lucinde, qu'il avait composé un drame intitulé *Le Chevalier de Calatrava*, et qu'à la fin il rêve toujours de grands triomphes au théâtre. Si on essaie d'imaginer la situation de la famille Flaubert pendant l'été 1845, il est évident qu'Achille-Cléophas a dû commencer à se préoccuper de l'avenir de Gustave. Sans qu'il soit complètement rétabli et sans qu'il puisse être question de le lancer dans une carrière normale, ses attaques s'espaçaient et il venait d'accomplir sans accident majeur un grand périple de trois mois en Italie et en Suisse: il était donc temps de penser à faire de lui autre chose qu'un malade vivant inutilement et éternellement à Croisset. Dans ces conditions, l'idée a pu naître que Gustave pourrait se faire un nom, et même une fortune, comme auteur dramatique.

Une telle idée n'aurait pas forcément choqué son père, qui était un homme cultivé qui s'intéressait à la littérature. Il est vrai que si, comme le pense Sartre, Gustave avait pu nourrir l'idée d'être acteur, son père y aurait certainement mis le holà: le discrédit continuait à peser sur la profession de comédien, et, bien entendu, les actrices ne valaient guère mieux que des prostituées. Mais être auteur dramatique était complètement différent: c'était une occupation qu'il était possible de pratiquer chez soi et qui pouvait apporter la considération, la gloire et la fortune. En outre, en optant pour ce métier, Gustave pouvait s'adonner exclusivement à sa passion pour l'écriture, et il pouvait faire quelque chose de valable d'une vie qui avait semblé irrévocablement brisée. Une phrase d'une lettre écrite en janvier 1845 paraît indiquer que dans la famille Flaubert on était parvenu à un accord au moins tacite sur l'avenir de Gustave en tant que littérateur: 'Ma maladie aura toujours eu l'avantage qu'on me laisse m'occuper comme je l'entends, ce qui est un grand point dans la vie' (*Corr.*, t. I, p. 214). Les lettres écrites pendant qu'il se consacrait au théâtre de Voltaire respirent également une grande sérénité qui a frappé Alfred Le Poittevin: 'ma vie maintenant me semble arrangée d'une façon régulière' (à Le Poittevin, en juin 1845: *Corr.*, t. I, p. 241); 'Je vis d'une façon réglée, calme, régulière. M'occupant exclusivement de littérature et d'histoire' (à Ernest Chevalier, en août de la même année; *Corr.*, t. I, p. 249).

Mais si, comme on peut l'imaginer, Achille-Cléophas avait accepté que Gustave fasse carrière comme homme de lettres, et plus précisément comme auteur dramatique, il aurait sans doute eu son idée sur ce qu'impliquait cette carrière. Ce devait être avec son autorisation, voire son encouragement, que le petit garçon avait pendant plusieurs années utilisé le billard de l'Hôtel-Dieu pour son théâtre de société, et de temps en temps il menait sa famille au théâtre, apparemment sans parti-pris quant au genre de spectacle qu'on y présentait. Mais le catalogue de sa bibliothèque prouve qu'en matière de littérature ses goûts étaient essentiellement conservateurs. D'ailleurs, si Gustave a pu annoter toutes les pièces de Voltaire, c'est que dans la bibliothèque paternelle figurait une collection de 72 volumes d'œuvres de Voltaire (ce sont sans doute les mêmes 72 volumes qui faisaient partie de la bibliothèque de Gustave à sa mort en 1880 et qu'on voit toujours à Croisset). Et comme ces volumes étaient reliés, ils ont dû coûter cher, et on peut en déduire que Voltaire était un des auteurs préférés d'Achille-Cléophas. Seules les œuvres de Buffon forment un ensemble plus important dans la bibliothèque du vieux médecin (127 volumes), mais là il s'agissait vraisemblablement d'un intérêt scientifique autant que littéraire. D'autres auteurs qui figurent en bonne place dans cette bibliothèque témoignent des mêmes tendances littéraires et philosophiques que Voltaire: 38 volumes de Rousseau, 19 de Marmontel, 14 de Delille, 8 de Bernardin de Saint-Pierre et le *Cours de littérature* de Laharpe[46]. Il est donc légitime de supposer que si Flaubert devait se lancer dans une carrière d'auteur dramatique, son

---

46 Dubuc, André: art.cit.

père l'aurait approuvé bien davantage si les pièces qu'il écrivait appartenaient au genre néo-classique plutôt que romantique. Une telle préférence en 1845 n'aurait pas du tout été absurde: depuis la chute des *Burgraves* et le succès de *Lucrèce* en 1843, il n'était pas déraisonnable de croire que le drame romantique avait fait son temps et qu'un renouveau néo-classique au théâtre était imminent. De plus, on peut noter qu'en même temps que Flaubert annotait le théâtre de Voltaire, il lisait cette œuvre ultra-réactionnaire et anti-romantique qu'était le *Cours de littérature dramatique* de Saint-Marc Girardin: il est vrai que cette lecture lui inspirait le même sentiment de dégoût que le théâtre de Voltaire: 'C'est bon à connaître pour savoir jusqu'où peuvent aller la bêtise et l'impudence' (*Corr.*, t. I, p. 253).

Etudier le théâtre d'un des auteurs préférés d'Achille-Cléophas et lire le plus rétrograde des théoriciens contemporains semble indiquer que le jeune dramaturge en herbe tenait le plus grand compte des opinions paternelles, peut-être même qu'il suivait les conseils explicites de son père[47]. Certes, ces tendances allaient tout à fait à l'encontre de celles de Gustave lui-même, et il mentait sans vergogne en prétendant que cela pourrait lui être utile plus tard – mais c'était sans doute le point de vue de son père. Mais de même que Gustave, au moment où, sous des pressions familiales, il s'est vu contraint de commencer son droit, n'a pas protesté contre l'autorité paternelle, maintenant qu'il s'est senti obligé d'étudier le théâtre de Voltaire, il n'a pas voulu dire, même à son meilleur ami, que cette décision lui avait été imposée, directement ou indirectement, par la volonté de son père. Que ce soit par respect de son père, qu'il aimait beaucoup, par peur ou par désir de faire comme s'il était seul maître de son destin, Flaubert semble s'être toujours retenu de critiquer son père. Une fois de plus, Sartre semble avoir vu juste en établissant un parallèle entre les études légales de Flaubert et son annotation du théâtre de Voltaire:

---

47 M. Guy Sagnes me fait remarquer, avec justesse, que Flaubert a écrit: 'Je n'ai aimé qu'un homme comme ami, et qu'un autre, c'est mon père' (*Souvenirs, notes et pensées intimes*, p. 25). Il est certain que Flaubert a admiré et aimé son père, mais l'amour n'exclut pas forcément le ressentiment, et Flaubert a dû nourrir un certain ressentiment contre l'obligation de poursuivre des études de droit qu'il détestait. Mais on note que, dans les lettres écrites pendant qu'il faisait son droit, s'il se plaint souvent de sa servitude, il ne se permet jamais de critiquer son père.

Mais à quoi peut servir cette vaine entreprise de dé-composition dont il est le premier à reconnaître la vanité? *A rien* s'il demeure dans le domaine du réel. Mais pourquoi supposer qu'il y est resté? Si ce travail n'était qu'une résurrection symbolique de sa pseudo-activité passée: de 42 à 44 il *faisait semblant* de lire et d'analyser, plume en main, le Code civil. On dirait qu'il a voulu transporter du droit à l'Art un semblant de labeur [...] comme si son travail rebutant et stupide – semblable à celui d'un moine copiste – n'était point fait pour le mettre en possession d'une méthode *mais pour lui donner du mérite*[48].

On peut en effet être sûr que Gustave n'a jamais sérieusement envisagé d'écrire des tragédies néo-classiques: reste à savoir si la longue fréquentation du théâtre de Voltaire a eu une incidence perceptible sur les œuvres de la maturité, ou si c'était seulement une façon de piétiner sur place en attendant de pouvoir se consacrer à des activités plus sensées. Il est vrai que le résultat le plus direct de cette étude des pièces de Voltaire a été un projet dans lequel Flaubert a embarqué Bouilhet et Du Camp et qui a pu lui servir en quelque sorte de revanche pour avoir perdu tant d'heures d'ennui et de souffrances. Voici ce que raconte Du Camp:

> Le résultat de cette étude ne fut pas celui que nous avions imaginé. Dans les tragédies les plus sombres, Flaubert ne voyait que le burlesque; la phraséologie prétentieuse et violente des *Scythes* ou de *Denis le tyran* le mettait en joie; il déclara – il décréta – que nous allions faire une tragédie selon les règles, et où les choses ne seraient jamais appelées par leur nom. L'épigraphe, empruntée à l'Art poétique de Boileau, était:
> D'un pinceau délicat l'artifice agréable
> Du plus hideux objet fait un objet aimable.
> Ce fut Gustave qui trouva le sujet: *Jenner ou la découverte de la vaccine*. La scène se passe dans le palais de Gonnor, prince des Angles; le théâtre représente un péristyle orné de la dépouille des Calédoniens vaincus. Un carabin, élève de Jenner et jaloux de son maître, figure le personnage philosophique de la pièce. Matérialiste et athée, nourri des doctrines d'Holbach, d'Helvétius et de Lamettrie, il prévoit la Révolution française et prédit l'avènement de Louis-Philippe. Les autres héros étaient calqués sur ceux des tragédies de Marmontel. La petite vérole, personnifiée dans un monstre, apparaît en songe à la jeune princesse, fille du vertueux Gonnor. Nous nous étions engoués de cette drôlerie. Bouilhet venait tous les soirs, et souvent nous passions la nuit au travail. Flaubert tenait la plume et écrivait. Il a cru, de bonne foi, avoir fait une partie des vers dont se compose le premier acte; il s'est trompé. Il n'a jamais su faire un vers. [...] Dans notre tragédie burlesque, les vers bien frappés, ayant

48   *L'Idiot de la famille*, p. 2025.

l'apparence classique, sont de Bouilhet. L'expression propre n'est jamais employée,car elle est contraire aux canons; on ne parle que par métaphores, et quelles métaphores! [...] Nous nous excitions mutuellement, et, sous prétexte que tout peut se dire en beau langage, nous en arrivâmes à pousser si violemment le comique, qu'il tomba dans la grossièreté et que notre parodie devint une farce que Caragheuz seul aurait osé jouer. [...] Ce fut un passe-temps qui ne dura guère; nous fûmes les premiers à nous en fatiguer, et nous retournâmes vers les choses sérieuses qui nous sollicitaient[49].

La publication du premier acte presque complet et des esquisses du reste a confirmé la justesse des souvenirs de Du Camp quant à la nature du projet, où une grande partie du comique dérive du contraste entre la trivialité et l'obscénité du fond et les pompeuses périphrases des alexandrins néo-classiques. Mais la plaisanterie devient vite lassante, et on comprend que Bouilhet et Du Camp s'en soient rapidement fatigués.

Pourtant, plusieurs années après l'époque, en 1846 ou 1847, où les trois amis avaient collaboré à cette parodie, Flaubert fut très désireux de la reprendre, et, à deux reprises, écrivit depuis le Moyen Orient pour suggérer à Bouilhet de l'achever. 'Il faudra reprendre *Agénor* [le nom d'un des principaux personnages]. C'est décidément très beau. Je m'en suis redit l'autre jour quelques vers, à cheval, tout haut, et j'ai ri comme un bossu. Ce sera un bon travail comme divertissement à mon retour et pour me désennuyer de revoir ma patrie' (novembre 1850, *Corr.*, t. I, p. 710), et l'année suivante: 'Il faudra continuer *Agénor*, j'en suis tourmenté. On peut faire de cela une œuvre unique' (*Corr.*, t. I, p. 755-756). Cette longue préoccupation du sujet n'est sans doute qu'une manifestation de cette lourde persistance dans une plaisanterie grossière qui a offensé les Goncourt aussi bien que Du Camp et qu'a notée également Guy de Maupassant. De toute évidence, *Jenner* ne pouvait être autre chose qu'une facétie entre amis, qu'il était impossible de prendre au sérieux, et dans la mesure où Flaubert concevait des projets théâtraux à l'époque où il étudiait Voltaire, ils n'avaient rien à voir avec la tragédie néo-classique, même vue sous l'angle de la parodie. Dans cette même lettre à Louise Colet où il rappelle avoir annoté le théâtre de Voltaire, Flaubert ajoute, à propos de Bouilhet: 'Nous faisions des scénarios' (*Corr.*, II, p. 86.). Dans une autre lettre à Louise, il explique: 'Pendant deux hivers de suite à Rouen, 1847 et 1848, tous les soirs, trois fois par semaine [*sic*] nous faisions à nous deux, Bouilhet [et

49 *Souvenirs littéraires*, t. I, pp. 238-240.

moi] des scénarios, travail qui assommait, mais que nous nous étions jurés [sic] d'accomplir. Nous avons ainsi une douzaine, et plus, de drames, comédies, opéra-comiques, etc., écrits acte par acte, scène par scène' (Corr., t. II, p. 71). Beaucoup de ces scénarios ont été publiés, et bien qu'il soit impossible de les dater avec précision, Jean Bruneau pense que, pour la plupart, ils ont été composés entre 1843 et 1849. Ils ne vont presque jamais au-delà du stade d'un résumé de l'action, ce qui fait penser que l'intention était de s'exercer à la construction d'intrigues dramatiques, pour servir d'apprentissage au métier de dramaturge, et qu'ils n'avaient jamais été destinés à donner lieu à des œuvres achevées. *Par les champs et par les grèves* appartient à une catégorie analogue, dans ce sens que Flaubert semble avoir vu dans ces pages surtout un apprentissage de la description. Du Camp confirme cette interprétation en écrivant à propos de ces exercices et du caractère de Bouilhet:

> Le drame en vers l'attirait, et néanmoins il était plein d'hésitations: créer une action qui s'enchaîne et se déduit logiquement, faire mouvoir plusieurs personnages, ne pas sortir de la vérité tout en restant dans la convention, lui paraissait un labeur au-dessus de ses forces, et c'est alors que, pour se rompre la main, il se mit, avec Flaubert, à 'machiner' des scénarios sur tous sujets. Drames, comédies, vaudevilles, tragédies, opéras, pantomimes, féeries, rien qui ne leur fût bon et les initiât quelque peu à un métier auquel ils étaient naturellement impropres. Ils ont ainsi perdu bien des heures qu'ils auraient pu employer à des œuvres correspondant mieux à leurs facultés; mais ce travail s'imposait à Bouilhet, auquel plus tard il devait être utile, et il plaisait à Flaubert, qui se croyait appelé à des succès dramatiques[50].

Ce fut donc vraisemblablement là l'origine de la vocation dramatique de Bouilhet, dans laquelle l'encouragement offert par Flaubert fut toujours d'une importance primordiale. Mais si Flaubert assigne ce travail de confection de scénarios aux années 1847 et 1848, nous verrons plus loin qu'en réalité il a été continué, ou repris, à une date bien plus tardive.

On pourrait donc être tenté de conclure que pour Flaubert l'étude du théâtre de Voltaire n'a mené à rien, sinon à convaincre son père qu'il voulait sérieusement apprendre le métier d'auteur dramatique et, qu'à part quelques idées sur des écueils à éviter, ce travail n'a en rien contribué à sa propre évolution en tant qu'écrivain, sauf une tenta-

---

50   Ibid., t. II, p. 5.

tive avortée de composer une tragédie parodique. Mais la vérité est peut-être plus complexe et tout à fait inattendue. Son étude du théâtre de Voltaire a pu le mettre sur la voie de la découverte d'une des techniques les plus originales et les plus caractéristiques de son art. Avant 1845, Flaubert avait composé plusieurs drames, de nombreux contes et récits, et deux romans, l'un, *Novembre*, relativement bref, et l'autre, *L'Education sentimentale*, bien plus ambitieux, c'est-à-dire qu'il s'était exercé aux problèmes du dialogue et de la narration. Mais quand il a fallu résumer les pièces de Voltaire, Flaubert s'est vu confronté à un problème nouveau: comment transformer une action montrée exclusivement par le dialogue en une narration continue qui conserverait quelque chose du ton de l'œuvre d'origine? Afin de parvenir à ce but, il élabore un curieux mélange de citations directes, de sommaires de l'action, et de dialogue indirectement rapporté, passant brusquement et sans transition de l'un à l'autre de ces modes d'exposition. Voici par exemple un extrait typique de son résumé d'*Oreste:* 'Les filles sont suppliantes... Hélas, savons-nous s'il vit? Prenez pitié de lui.

> Je connais Egisthe et sa férocité
> Et mon frère est perdu puisqu'il est redouté.

Clytemnestre lui apprend qu'Oreste est vivant. 'Mais s'il est en danger c'est par votre imprudence'. Elle aussi a ses douleurs. Vous pleurez dans les fers et moi dans ma grandeur'[51]. Cette technique de l'alternance très rapide et très heurtée d'un mode de narration à l'autre est bien entendu familier à tout lecteur de *Madame Bovary* et de *L'Education sentimentale* de 1869, mais il ne semble pas que Flaubert l'ait employée avant d'avoir annoté le théâtre de Voltaire. Il ne saurait être question de prétendre que Flaubert ait consciemment inventé cette technique, qui semble plutôt être née du désir spontané de rendre compte, narrativement, d'une pièce de théâtre écrite par quelqu'un d'autre, avec des passages de dialogue particulièrement significatifs reproduits littéralement, d'autres rapportés indirectement, et de longues parties de l'action condensées en des résumés très réduits. Cette façon de mettre au premier plan les moments les plus critiques est un des principes invariables de Flaubert dans les romans de la maturité, et on peut penser que c'est ici, en annotant le théâtre de Voltaire, qu'il a vu la nécessité de ce procédé. Bien sûr, six ans

---

51 *Théâtre de Voltaire*, p. 236.

s'écoulent entre l'étude du théâtre de Voltaire et le début des travaux sur *Madame Bovary,* mais pendant cette période il ne se passe pratiquement rien pour infléchir les méthodes narratives de Flaubert. Dans *Par les champs et par les grèves,* il n'a guère à se préoccuper de l'intégration du dialogue dans la narration, et la forme pseudo-théâtrale de la première version de *La Tentation de saint Antoine* fait que la question ne se pose même pas. Il n'est peut-être donc pas déraisonnable d'avancer l'hypothèse que le travail consacré au théâtre de Voltaire a pu, même à l'insu de Flaubert, amorcer une évolution de sa technique narrative cruciale pour les romans à venir.

En entreprenant d'analyser les pièces de Voltaire, Flaubert ne savait évidemment pas que cette tâche allait le mener dans une direction aussi insolite et aussi importante, et s'il avait été sincère avec lui-même et avec autrui, il aurait sans doute avoué que c'était un travail futile. Il convient de rappeler le mot de Sartre: 'Il y a je ne sais quoi de fou, tant dans l'entreprise que dans la justification qu'il en donne'. Peut-être; mais pour un écrivain comme Flaubert, la folie peut mener à tout.

La Tentation de saint Antoine

Les derniers mois de 1845 ont donc été consacrés à l'étude du théâtre de Voltaire. Puis l'année 1846 a été si traumatisante pour Flaubert qu'on a pu, avec quelque vraisemblance, avancer l'hypothèse que dans ses écrits il l'a involontairement supprimée: il est certain qu'elle disparaît mystérieusement de *L'Education sentimentale* de 1869[52], et que dans sa préface aux *Dernières Chansons* de Bouilhet il la remplace par 1845; en outre dans *Madame Bovary* il y a ce que certains croient être une allusion codée à cette année[53]. 1846 a commencé par la mort de son père en janvier, suivie peu de temps après par celle de sa chère sœur Caroline. Et pourtant, dans l'état de dépression léthargique où l'avaient jeté ces deux deuils, le théâtre lui a semblé le genre le plus propre à ranimer sa vocation littéraire, et dans les premiers jours d'avril 1846 il a écrit à Du Camp: 'je doute fort que je compose rien cet été. Si c'était quelque chose, ce serait du théâtre. Mon conte oriental est remis à l'année prochaine et peut-être à la suivante et peut-être à jamais' (*Corr.*, t. I, p 162). On ignore à quel projet théâtral il pensait: le ton de découragement de cette lettre semble indiquer qu'il ne pouvait s'agir d'un projet aussi ambitieux que *La Tentation*. Puis Ernest Hamard, veuf de Caroline, donnait des signes de maladie mentale et intenta à la famille Flaubert un procès pour avoir la tutelle de sa fille Caroline. En outre, Gustave prit une part très active aux intrigues médicales destinées à assurer à son frère Achille la succession de son père dans le poste de chirurgien-en-chef à l'Hôtel-Dieu de Rouen. Puis Gustave commença sa longue et tempétueuse liaison avec la poétesse Louise Colet, liaison qui fut toujours passionnée et pleine de tensions. Et, bien que sa santé se fût beaucoup améliorée depuis le début de sa maladie en 1844, il restait encore sujet à des attaques, et c'est avec difficulté qu'il est arrivé à convaincre sa mère qu'il n'était pas déraisonnable de partir avec Du Camp pour une longue randonnée en Bretagne – randonnée organisée en partie pour des raisons de santé et en partie pour que les deux écrivains puissent s'exercer à la confection d'un livre de voyages, dont les chapitres se-

52 Bem, Jeanne: *Clefs pour 'L'Education sentimentale'*, Tübingen, Narr, Paris, Place, 1981, pp. 17-19.
53 Seebacher, Jacques: 'Chiffres, dates, écritures, inscriptions dans *Madame Bovary*', *La Production du sens chez Flaubert*, 10/18, 1975.

raient écrits en alternance par chacun des deux. Le trajet dura de mai à août, mais la composition de *Par les champs et par les grèves* prit plus de temps, parce que Flaubert prenait ses chapitres bien plus au sérieux que Du Camp.

Il ne semble pas que *Par les champs et par les grèves* ait été destiné à la publication: les deux auteurs y ont apparemment vu un entraînement dans le genre, alors très populaire, du récit de voyages et un moyen d'affiner leur technique de l'observation et de la description. Maintenant que Flaubert avait vingt-cinq ans et n'était plus dominé par la présence de son père, il pouvait considérer qu'il était temps de s'essayer à une œuvre importante, même s'il était loin d'être animé par la rage d'"arriver" et de se faire un nom à Paris, comme l'était Du Camp. D'ailleurs, il avait plus d'une fois exprimé son dégoût à l'idée de tout le côté commercial de la publication: en 1839 il avait écrit à Ernest Chevalier: 'Quant à écrire? je parierais bien que je ne me ferai jamais imprimer ni représenter. Ce n'est point la crainte d'une chute mais les tracasseries du libraire et du théâtre qui me dégoûteraient' (*Corr.*, t. I, p. 37). C'est une répugnance qui en un sens ne devait jamais le quitter, mais à cette époque, il pouvait estimer que ses longues années d'apprentissage touchaient à leur fin et qu'il se devait de se mettre à quelque œuvre substantielle lui permettant enfin de se considérer comme un véritable écrivain. Il est significatif que, dans ces conditions, il ait hésité entre un projet dramatique et un projet narratif, deux idées qui lui étaient venues au cours de son voyage en Italie en 1845. En mai de cette année, il a annoncé à Alfred Le Poittevin: 'J'ai vu un tableau de Breughel représentant *La Tentation de saint Antoine*, qui m'a fait penser à arranger pour le théâtre *La Tentation de saint Antoine*. Mais cela demanderait un autre gaillard que moi' (*Corr.*, t. I, p. 230). C'est la première mention de ce qui allait être une des grandes œuvres de la maturité. Quant au projet narratif, il s'agissait du roman oriental, auquel il a déjà été fait allusion, qui aurait eu pour titre *Les Sept Fils du derviche*, œuvre complexe qui aurait conté la vie de sept jeunes frères au Moyen Orient et dont l'idée semble dater du début de 1845. Ces deux projets avaient certains traits communs: le désir d'incorporer à une structure compliquée et de dimensions épiques toute une vision du monde et toute une philosophie de la vie, et l'utilisation de vastes lectures sur des thèmes religieux et exotiques. Il semble que Flaubert ait commencé par entamer le conte oriental qui l'a occupé en 1845 et les derniers mois de 1846, quand il s'est lancé dans un énorme programme de lectures en vue de *La Tentation*, programme qui a duré jusqu'au printemps de 1848. Jean Bruneau, qui a magistralement édité ce qui subsiste des *Sept Fils du derviche*[54], a avancé plusieurs raisons pour expliquer pourquoi Flaubert a fini par préférer *La Tentation* au roman. Effrayé par les difficultés qu'il prévoyait dans *La Tentation*, il a commencé par être tenté par *Les Sept Fils*. Mais à mesure qu'il progressait dans la préparation de l'œuvre, il s'est senti de plus en plus gêné par le fait que sa connaissance du Moyen Orient était purement livresque. Il n'avait eu aucun contact direct avec les habitants, les coutumes ou les paysages de la région. De plus, il a pu s'inquiéter du fait que sa conception de celui des frères qui l'intéressait le plus allait peut-être le ramener trop à certains aspects de la première *Education sentimentale*. Enfin, ayant décidé, pour faciliter sa tâche, de situer l'œuvre à une époque dont il ne restait aucun témoignage historique, il se trouvait par là même empêché de faire une place au christianisme, lacune d'autant plus grave que ses lectures avaient orienté sa curiosité vers certaines variations hérétiques des croyances chrétiennes. Donc, vers décembre 1846, il a provisoirement abandonné *Les Sept Fils* en faveur de *La Tentation*, même si de temps en temps par la suite il continuait à noter des idées pour le roman, avant de le reprendre de façon plus soutenue après son voyage au Moyen Orient en 1850 et 1851.

La documentation requise pour *La Tentation* était formidable, et l'on ne s'étonne pas qu'il y ait consacré un temps aussi long, d'autant plus que ses préparatifs ont été interrompus par le voyage en Bretagne, par la rédaction de *Par les champs et par les grèves*, par des émotions comme la mort d'Alfred Le Poittevin en avril 1848, et par les vicissitudes de sa liaison avec Louise Colet. Mais enfin, le 29 mai 1848, il s'est attelé à la composition de l'œuvre, à laquelle il s'est consacré avec passion jusqu'au 12 septembre 1849. Il a poursuivi ce travail avec un entrain et une facilité totalement différents de la pénible lenteur avec laquelle il devait élaborer ses œuvres ultérieures. L'importance qu'il attachait à l'œuvre s'est manifestée dans le fait que, contrairement à son habitude, il a refusé d'en discuter avec Bouilhet et Du Camp, encore moins de leur permettre d'en entendre des extraits. C'est ainsi que ces deux amis intimes se méprirent complètement sur la nature de l'œuvre en gestation. Du Camp a cru qu'il s'agissait d'une étude psychologique, quelque chose comme les confessions ou les mémoires du saint, tandis que Bouilhet était persuadé que ce serait une reconstruction du monde antique, mettant en contraste l'essor

54   Bruneau, Jean: *Le 'conte oriental' de Flaubert*, Denoël, 1963.

du christianisme et le déclin de l'Empire romain. Enfin Flaubert invita les deux hommes à Croisset pour leur dévoiler solennellement l'œuvre achevée.

Le seul témoignage direct sur ce qui s'est passé se trouve dans le récit que Du Camp a incorporé à ses *Souvenirs littéraires* après la mort de Flaubert, mais si certains détails de ce récit sont suspects ou carrément erronés, il n'y a pas lieu de mettre en doute la véracité générale de ce qu'il raconte. Voici donc l'essentiel de ce passage célèbre:

> La lecture dura trente-deux heures: pendant quatre jours il lut, sans désemparer, de midi à quatre heures, de huit heures à minuit. Il avait été convenu que nous réserverions notre opinion, et que nous ne l'exprimerions qu'après avoir entendu l'œuvre entière. Lorsque Flaubert, ayant disposé son manuscrit sur la table, fut sur le point de commencer, il agita les feuillets au-dessus de sa tête et s'écria: 'Si vous ne poussez pas des hurlements d'enthousiasme, c'est que rien n'est capable de vous émouvoir!'
>
> Les heures pendant lesquelles, silencieux, nous contentant d'échanger parfois un regard, Bouilhet et moi nous restâmes à écouter Flaubert sont demeurées très pénibles dans mon souvenir [...]. Flaubert s'échauffant en lisant, nous essayions de nous échauffer avec lui et nous restions glacés[55].

A la fin, la lecture s'étant terminée, arriva le moment fatal où il fallut annoncer le verdict. Flaubert avait sans doute deviné que ses amis n'étaient pas enthousiastes, mais il était sans doute loin de s'attendre à la brutale franchise du jugement de Bouilhet: 'Nous pensons qu'il faut jeter cela au feu et n'en jamais reparler'[56].

Les critiques formulées par Du Camp et Bouilhet contre *La Tentation* étaient que l'œuvre était vague et diffuse, que le style était magnifique mais prolixe et désordonné, qu'il était impossible de suivre une action claire, que le saint était un personnage inintéressant, que c'était beaucoup trop long, qu'il y avait là un torrent de lyrisme rhétorique, qu'on aurait pu présenter les épisodes dans un autre ordre avec le même effet. Beaucoup de ces reproches ont été repris en chœur par les recenseurs lorsqu'en 1874 Flaubert a publié une version réduite et révisée de l'œuvre, et les lecteurs de nos jours ont souvent du mal à deviner ce qui est en jeu: de tout ce que Flaubert a écrit, *La Tentation* est certainement ce qu'il y a de moins populaire, tant auprès des spécialistes qu'auprès du public cultivé. En plus du

---

55 *Souvenirs littéraires*, t. I, pp. 313-315.
56 Ibid., p. 314.

fait qu'il a dû être extrêmement difficile de suivre *La Tentation* au cours d'une lecture à haute voix pendant quatre jours, Bouilhet et Du Camp se sont trouvés confrontés à un problème de genre. Bien que Du Camp ait compris qu'il s'agissait d'un 'mystère' dans la tradition de l'*Ahasvérus* de Quinet, il s'attendait à quelque chose qui ressemblerait davantage à un drame conventionnel, qui aurait raconté une histoire (comme l'avait fait *Ahasvérus*), et qui aurait présenté des personnages reconnaissables:

> Nous tendions l'oreille, espérant toujours que l'action allait s'engager, et toujours nous étions déçus, car l'unité de situation est immuable depuis le commencement jusqu'à la fin du livre. Saint Antoine, ahuri, un peu niais, j'oserai dire un peu nigaud, voit défiler devant lui les diverses formes de la tentation et ne sait leur répondre que par des exclamations: 'Ah! oh! oh! oh! mon Dieu! mon Dieu!'[57]

Bien que certainement horriblement blessé par le mauvais accueil fait à une œuvre dans laquelle il avait placé de si grands espoirs, Flaubert a été obligé d'admettre, plus tard sinon sur le moment, que les reproches de ses amis n'étaient pas dénués de fondement. Selon Du Camp, il a avoué qu'il s'était tellement plongé dans son projet qu'il ne pouvait plus en voir clairement les contours, et à deux reprises en 1852 il a écrit à Louise Colet qu'il avait été si préoccupé de la beauté du style qu'il avait négligé la question de la structure: 'Comme je taillais avec cœur les perles de mon collier! Je n'ai oublié qu'une chose, c'est le fil' (*Corr.*, t. II, p. 31). Selon lui, le problème provenait du fait qu'il s'était identifié trop complètement à Antoine: 'J'ai été moi-même dans *Saint Antoine* le saint Antoine et je l'ai oublié' (*Corr.*, t. II, p. 40); 'A la place de *Saint Antoine*, par exemple, c'est moi qui y suis: la *tentation* a été pour moi et non pour le lecteur' (*Corr.*, t. II, p. 127). Il est vrai que certaines difficultés de forme et de présentation étaient inséparables du genre du 'mystère' tel que Flaubert le concevait, et s'étaient déjà manifestées dans *La Danse des morts* et *Smarh*, dont la construction est bien moins satisfaisante que celle de *Novembre*. Le désir de produire une vision panoramique de la vie où le Diable aurait fourni à un personnage unique une exploration du monde avait eu tendance à mener à une multiplicité d'épisodes plus ou moins indépendants les uns des autres sans former une histoire cohérente et sans qu'il y ait un point de départ ou un point d'arrivée bien nets. Etant conçue sur une échelle plus grande encore et avec

---

57 Ibid., p. 316.

une prolifération de tentations suggérées par les immenses lectures préparatoires, *La Tentation* était encore plus sujette à ces défauts que les œuvres précédentes. 'De ce que j'avais beaucoup travaillé les éléments matériels du livre, la partie historique je veux dire, je me suis imaginé que le scénario était fait et je m'y suis mis' (*Corr.*, t. II, p. 127); 'Les notes de *Saint Antoine* m'ont bouché *Saint Antoine*' (*Corr.*, t. II, p. 271).

Les circonstances de la genèse de *La Tentation* ont exacerbé les problèmes posés par le sujet. Comme le fait remarquer Jeanne Bem[58], les origines de l'œuvre sont surtout visuelles, à commencer sans doute par les marionnettes du père Legrain qui jouaient une version de *La Tentation de saint Antoine* à la Foire Saint-Romain à Rouen, où Flaubert a pu les voir. Flaubert avait une certaine tendresse pour les marionnettes, comme le montrent des notes de son *Voyage en Italie*, après qu'il avait vu des marionnettes à Milan:

> C'est un genre qui meurt, il y avait très peu d'enthousiasme dans le public. Donizetti et M. Scribe leur font tort, à ces pauvres marionnettes! [...] Quand il y a quelque temps qu'on y est, on finit par prendre tout cela au sérieux et par croire que sont des hommes; un monde réel, d'une autre nature, surgit alors pour vous, et se mêlant au vôtre, vous vous demandez si vous n'existez pas de la même vie ou s'ils n'existent pas de la vôtre. Même dans les moments de calme on a peine à se dire que tout cela n'est que du bois et que ces visages colorés ne soient animés de sentiments véritables; à voir l'habit, on ne peut s'imaginer qu'il n'y a pas de cœur (CHH, t. XI, pp. 376-377).

Associer un 'mystère', où les personnages, par définition, sont déjà symboliques ou généralisés, à des pièces pour marionnettes, c'était courir le danger de s'éloigner du commun des mortels et de se rapprocher de pures abstractions. Puis il y a la découverte de la toile de Breughel, qui a tellement obsédé Flaubert qu'en 1846 il a acheté la gravure de Callot d'après ce tableau, faute d'avoir pu trouver une reproduction de l'original. Il a donc eu le Callot sous les yeux pendant tout le temps qu'il travaillait à *La Tentation* (il est d'ailleurs toujours à Croisset). Mais le Callot et le Breughel représentent des visions confuses et grotesques, avec une multitude de créatures étranges entourant le saint de tous les côtés. De la sorte, ce qui a dû être une succession de tentations est figurée comme ayant lieu simultanément:

---

58 Bem, Jeanne: *Désir et savoir dans l'œuvre de Flaubert. Etude sur 'La Tentation de saint Antoine'*, Neuchâtel, La Baconnière, 1979, p. 15.

avoir ces images constamment dans la tête ou sous les yeux a pu inciter Flaubert à penser moins à un déroulement linéaire et plus à un embrouillamini de visions. Enfin, une bonne partie des matières de *La Tentation* dérive des illustrations du grand recueil des *Religions de l'Antiquité* de Creuzer, traduit par Guignault, que Flaubert consultait constamment.

Tout ceci signifie que pour Flaubert *La Tentation de saint Antoine* a été une expérience intensément visuelle. Si on la compare aux deux œuvres littéraires qui l'ont le plus puissamment inspiré, le *Faust* de Goethe et l'*Ahasvérus* de Quinet, une différence importante saute aux yeux. Chez Goethe comme chez Quinet, les didascalies sont réduites au minimum, alors que chez Flaubert elles occupent une partie considérable du texte. A cet égard, *La Tentation* peut sembler suivre le précédent de *La Danse des morts* et de *Smarh*, où les scènes dialoguées sont coupées par de longs passages de description et de narration. Mais la ressemblance est quelque peu trompeuse, car les deux œuvres antérieures ne gardent pas strictement, sur la page, la forme dramatique qui caractérise *La Tentation*, où chaque tirade est précédée du nom du personnage qui la prononce, et où les didascalies sont nettement séparées, par la typographie, des dialogues. En outre, comme nous l'avons vu, dans *La Danse des morts* et dans *Smarh*, Flaubert a tendance à employer le passé des verbes, dans les didascalies, pour narrer et pour décrire, alors qu'il ne le fait jamais dans *La Tentation*.

Plusieurs raisons peuvent expliquer cette différence. La première est sans doute que son intention originale avait été d'"arranger pour le théâtre *La Tentation de saint Antoine*'. Bien entendu, même sans tenir compte des dimensions de l'œuvre, il n'a guère pu envisager de la voir jouer sur une scène réelle, où les monstres et certains effets fantastiques auraient été impensables. Et pourtant, ce qu'on est tenté d'appeler les indications de scène, même si le terme est impropre, révèlent que Flaubert songeait à une scène imaginaire et idéale. Par exemple, dans l'épisode des Hérésies, il écrit ceci: 'Cerné à droite et à gauche par les Elxaïtes et les Caïnites, Antoine pour fuir court vers le fond, mais du fond sortent les Nicolaïtes' (CHH, t. IX, p. 86), de même qu'un peu plus loin, nous lisons: 'Silence complet, la scène est vide' (CHH, t. IX, p. 89). De ce point de vue, *La Tentation* est plus proche d'une pièce normale que les deux 'mystères' qui l'ont précédée, et on voit bien pourquoi Flaubert a tenu à ce qu'il en soit ainsi. Il n'a nullement l'intention de raconter une histoire située dans le passé et par conséquent définitivement achevée: il construit une représentation philosophique et religieuse sous une forme symbolique et qui se passe dans un domaine atemporel. A cet égard, le présent des verbes est bien plus approprié que le passé, d'autant plus qu'il peut conférer à tout le texte quelque chose du caractère statique d'un tableau. Pourtant, comme l'a noté Jeanne Bem[59], il y a parfois un certain glissement dans les indications de scène, qu'elle préfère appeler le 'contre-texte': ce contre-texte va bien au-delà des fonctions purement indicatives des indications de scène d'une pièce conventionnelle, et où la voix qu'on entend est celle d'un simple témoin. Quelquefois, le contre-texte s'adresse directement au lecteur: 'L'écho vous apporte des bruits vagues' (CHH, t. IX, p. 89), par exemple. Le même 'vous' figure dans une comparaison: 'à la manière d'une marée montante qui vient vers vous' (CHH, t. IX, p. 186). D'ailleurs, la présence de comparaisons dans le contre-texte, et elles sont nombreuses, montre qu'il n'y a pas de séparation rigoureuse, sur le plan du style, entre les dialogues et les didascalies. La langue de ces indications de décor et de mouvement n'a rien de la neutralité et de la simplicité des indications de scène normales: elle a toute la richesse et la rhétorique des dialogues, et elle tient compte quelquefois de doutes et d'hésitations: 'C'est sans doute, au loin, une chasse sur la bruyère' (CHH, t. IX, p. 187). Par endroits, le contre-texte résume quelque chose qui aurait pu être dialogué: 'Le Roi rit, il frappe dans ses mains, il appelle des soldats' (CHH, t. I, p. 189). Inversement, une bribe de dialogue est citée dans une didascalie: "'Tout de suite, si tu veux' dit-elle' (CHH,t. IX, p. 186). Par conséquent, un élément essentiel de l'adaptation de *La Tentation*, montée avec beaucoup de succès en 1966-1967 par Jean-Louis Barrault et Maurice Béjart, consiste dans la 'voix off' du contre-texte, qui fait partie intégrante du sens de l'œuvre.

Comme l'a fait remarquer Jeanne Bem entre autres, le rapport de *La Tentation* avec le roman aussi bien qu'avec le drame est complexe et ambivalent. Bien entendu, Flaubert ne tient aucun compte des possibilités pratiques du théâtre de son temps, et si les possibilités techniques avaient existé alors, il se serait certainement tourné vers le cinéma. Certains procédés cinématographiques sont facilement reconnaissables dans *La Tentation*. Au moment où le Pasteur fait l'amour avec la Femme, Flaubert écrit: 'elle s'y couche sur le dos, le pasteur s'abaisse sur elle. / On ne les voit plus' (CHH, t. IX, p. 187). De toute évidence, nous sommes en présence de cette technique du cinéaste qui fait que la caméra se détourne juste au moment où l'acte sexuel va être consommé (technique que Flaubert utilise dans la

59 Ibid., p. 14.

scène où Rodolphe séduit Emma dans la forêt). Et quand on lit *Le Château des cœurs*, on pense constamment au cinéma, et nous aurons à revenir sur cette question lorsque nous étudierons cette féerie. Mais c'est peut-être une simplification d'écrire, comme le fait Jeanne Bem: 'Flaubert est un romancier'[60]. Vu d'ici, c'est certainement vrai, mais pour le jeune Flaubert des années 1846 à 1848, quand il élaborait la première version de *La Tentation* c'était loin d'être évident. Puis, on sait que, loin de renier *La Tentation* après la débâcle de 1849, Flaubert y est revenu constamment: en 1851 il a pensé à en publier des fragments, en 1856 il en a écrit une version abrégée et a fait paraître des extraits dans *L'Artiste*, il a sans doute failli la reprendre au début des années 1860, et entre 1869 et 1874, il l'a complètement révisée et a enfin publié un texte complet en 1874. C'était donc réellement, comme il l'a proclamé à Mlle Leroyer de Chantepie en 1872, 'l'œuvre de toute ma vie' (CHH, t. XV, p. 133). Mais au fil des années, il l'a progressivement éloignée de toute idée d'un théâtre, même un théâtre imaginaire. La proportion de sommaire et de narration augmente dans la version de 1874, il insère dans le contre-texte ce qui a tout l'air d'être du style indirect libre, et on y trouve même une prolepse temporelle, ce qui est normalement impossible sur la scène. D'ailleurs, dans des notes prises en vue de cette version de 1874, Flaubert s'adresse cet avertissement: 'Tout doit être *réaliste*. / Enlever tout ce qui peut rappeler un théâtre, une scène, une rampe' (CHH, t. IV, p. 336). Peu à peu, Flaubert a donc abandonné toute idée d'un théâtre dans un fauteuil, pour reprendre l'expression de Musset, en faveur de quelque chose qui se rapproche davantage de l'idée d'un roman dialogué, idée qui, comme nous le verrons, l'attirait encore à la fin de sa vie.

Cependant, la prise de conscience par Flaubert de ce que d'autres considéraient comme les défauts de la première *Tentation* a peut-être contribué à le détourner du drame et à l'orienter plutôt vers le roman. Du Camp et Bouilhet lui avaient instamment recommandé de prendre un sujet dont la progression serait claire et les contours nets:

> Ton sujet était vague, tu l'as rendu plus vague encore par la façon dont tu l'as traité; tu as fait un angle dont les lignes divergentes s'écartent si bien qu'on les perd de vue; or, en littérature, sous peine de s'égarer, il faut marcher entre des lignes parallèles. Tu procèdes par expansion, un sujet t'entraîne à un autre, et tu finis par oublier ton point de départ[61].

60 Ibid., p. 14.
61 *Souvenirs littéraires*, t. I, p. 316.

Ayant accepté, à contre-cœur, qu'il s'était laissé séduire par son lyrisme inné, Flaubert a demandé à ses amis comment il pourrait éviter ce danger à l'avenir: 'Il faut renoncer aux sujets diffus qui sont tellement vagues par eux-mêmes que tu ne réussis pas à les concentrer; du moment que tu as une invincible tendance au lyrisme, il faut choisir un sujet où le lyrisme serait si ridicule que tu seras forcé de te surveiller et d'y renoncer'[62]. Selon Du Camp, ils lui ont donc conseillé de prendre quelque thème terre-à-terre emprunté à la vie quotidienne, comme *Le Cousin Pons* ou *La Cousine Bette* de Balzac, et de le traiter dans un style naturel, presque familier. Jusqu'à ce point, le récit de Du Camp, même s'il reste sans confirmation, est parfaitement vraisemblable, mais il est certainement dans l'erreur quand il maintient qu'à la même occasion Bouilhet a suggéré à Flaubert de raconter l'histoire du ménage Delamare, qui allait fournir les données de base de *Madame Bovary*: à l'époque, Delamare était encore vivant, et l'histoire par conséquent inachevée. C'est sans doute seulement peu à peu au cours des deux années suivantes que Flaubert a conçu l'idée de convertir l'histoire des Delamare en un roman.

Même alors, ce n'était qu'un projet entre autres, qui n'étaient pas tous forcément pour des romans. Par exemple, vers la fin de 1850, il a eu l'idée d'une pièce de théâtre satirique, qui présage à la fois *Le Candidat* et *L'Education sentimentale* de 1869, comme il l'a écrit à Bouilhet:

> La société va prochainement se noyer dans la merde de dix-neuf siècles, et l'on gueulera raide. L'idée d'*étudier la question* me préoccupe. J'ai envie (passe-moi la présomption) de serrer tout cela dans mes mains, comme un citron, afin d'en aciduler mon verre. A mon retour, j'ai envie de m'enfoncer dans les socialistes et de faire sous la forme théâtrale quelque chose de très brutal, de très farce et d'impartial bien entendu (*Corr.*, t. I, p. 708).

Mais il semble avoir vite abandonné cette idée, et il n'en est plus question dans ses lettres. En outre, il a continué la série de scénarios dramatiques qu'il avait commencée avec Bouilhet vers 1847. La plus complète et la plus inattendue de ces ébauches est sans doute *Les Liaisons dangereuses*, comédie en deux actes datée de 1849. Ce n'est pas, comme on pourrait le croire, une version théâtrale du roman de Laclos, mais une imitation de *Monsieur de Pourceaugnac* de Molière, que Flaubert a toujours admiré. Cette comédie est située au dix-sep-

---

62   Ibid., p. 317.

tième siècle, et les personnages portent des noms empruntés aux comédies de Molière: Clitandre, Dorante, Ergaste, Dorimène et Bélise. Mais il faut dire qu'à côté de *Monsieur de Pourceaugnac*, la petite pièce de Flaubert est bien anodine. Alors que chez Molière l'action est alerte et mouvementée, chez Flaubert elle est laborieuse et compliquée, et si le dialogue de Molière est étincelant d'esprit, celui de Flaubert est terne et banal. Une autre pièce partiellement rédigée est également datée de 1849: c'est *Les Extrêmes*, une comédie satirique qui se moque des idéologies de 1848. Là aussi, Flaubert suit Molière en faisant la satire, entre autres, des médecins. Les autres scénarios sont difficiles à dater avec précision. Flaubert a voulu incorporer à certains d'entre eux des scènes fondées sur des notes prises, de 1852 à 1854, sur des récits de procès publiés dans *Le Droit* (avatar de la *Gazette des Tribunaux*). Certains de ces textes portent des corrections de la main de Bouilhet. En général, ils sont trop succincts ou trop fragmentaires pour qu'on puisse se faire une idée de la qualité des œuvres qui auraient pu en résulter. Il est en tout cas paradoxal d'avoir voulu, en plein dix-neuvième siècle, ressusciter la comédie moliéresque, et on est tenté de croire qu'il s'agit toujours de s'exercer à la confection de charpentes dramatiques plutôt que d'aboutir à des œuvres viables. On peut d'ailleurs noter que dans les lettres échangées entre les deux hommes, où ils discutent constamment de leurs écrits en cours, il n'est jamais question de ces projets dramatiques. Cela fait penser que Maurice Bardèche a raison de les appeler des 'moments de détente' et des 'distractions' (CHH, t. VII, p. 14) qu'ils ne prenaient guère au sérieux, même s'ils étaient censés permettre aux deux écrivains de s'entraîner pour des entreprises théâtrales plus ambitieuses. Jusqu'en juillet 1851, Flaubert pensait aussi à la possibilité d'*Une Nuit de Don Juan*, œuvre dont il subsiste un plan. Selon Jean Bruneau[63], il s'agit d'un drame, mais d'autres commentateurs ne partagent pas ce point de vue. La correspondance est muette à ce sujet, et le plan lui-même est ambigu. Une grande partie de ce qui nous est parvenu consiste en ébauches de dialogues, mais Maupassant, qui a publié ce texte en 1884, l'appelle 'le plan d'une de ces nouvelles'[64], et la mention 'le faire sans parties, d'un seul trait' (CHH, t. XII, p. 232) semble indiquer ou bien une narration ou bien un roman dialogué. Mais quel que soit le genre auquel devait appartenir *Une Nuit de Don Juan*, l'œuvre aurait exploré le rapport entre l'amour

---

63 Préface au *Rêve et la vie*, p. 10.
64 *Pour Gustave Flaubert*, p. 75.

mystique et l'amour sensuel, de même qu'un autre sujet qui lui est venu à l'esprit, 'l'histoire d'Anubis, la femme qui veut se faire baiser par le Dieu' (*Corr.*, t. I, p. 708). Si en fin de compte il a choisi l'histoire de la femme adultère vivant en province, c'était peut-être en partie au moins parce qu'il craignait qu'un sujet situé dans un pays exotique et avec un thème mystique l'eût exposé aux dangers qu'il n'avait pas su éviter dans *La Tentation*. Une histoire simple se déroulant à l'époque contemporaine et dans un décor réalistement observé ne lui offrirait guère l'occasion de ces envolées de lyrisme incontrôlé qui, selon Bouilhet et Du Camp, avaient gâché *La Tentation*.

Une autre raison a pu jouer aussi dans son choix de la forme narrative. Ses lettres ne nous renseignent pas beaucoup sur ses méthodes de travail pour la première *Tentation*, mais il est raisonnable de supposer qu'il avait déjà adopté le système qu'il allait désormais utiliser pour tout ce qu'il écrivait, c'est-à-dire le fameux gueuloir où il criait très fort ses phrases avant de les coucher par écrit. Quand il écrivait dans la forme dramatique, il pouvait donc donner libre cours à ces dons d'acteur que nous avons déjà relevés, jouant successivement tous les personnages. Il a dû ainsi se jeter à corps perdu dans la composition orale de *La Tentation*: plus tard il a avoué ne s'être jamais monté la tête comme il l'avait fait dans la rédaction de cette œuvre: 'Jamais je ne retrouverai des éperduments de style comme je m'en suis donné là pendant dix-huit grands mois' (*Corr.*, t. II, p. 31). Mais en même temps, après l'échec de la lecture devant Bouilhet et Du Camp, il a pu se demander si la forme quasi-dramatique ne l'avait pas encouragé à se mettre trop dans la peau des personnages, perdant ainsi le contrôle de ce qu'il faisait et se laissant aller trop librement à son amour de l'oratoire et du lyrique: 'C'etait un déversoir; je n'ai eu que plaisir à l'écrire' (*Corr.*, t. II, p. 297). Sans avoir le besoin de fournir la voix sobre d'un narrateur, il pouvait se mettre sans réserve à la place de chaque personnage. Dans un roman, au contraire, il serait obligé de ménager des transitions, de relier ensemble les différentes parties de la narration, et les descriptions comme les caractères devaient appartenir à un passé révolu plutôt que de se mettre à vivre directement à mesure que Flaubert déclamait les phrases qu'il leur attribuait. Il est certain qu'il entendait ce qu'il écrivait plus qu'il ne le voyait, et cette tendance était sans doute plus prononcée quand il s'agissait d'un texte théoriquement destinée à être déclamé, comme c'était le cas de *La Tentation*.

C'est ainsi qu'avec le génie de Barrault et de Béjart, et avec les ressources de la technologie moderne, *La Tentation* a pu réussir sur la scène. Béjart a expliqué ce qui l'a attiré dans *La Tentation*: 'Il y a là un théâtre total, baroque, époustouflant. Les visions, les enchaînements dans le temps et dans l'espace, les télescopages des personnages font de ce texte une œuvre absolument moderne'[65]. Tout compte fait, c'est opérer une réduction abusive de considérer *La Tentation* comme un roman qui se trouve être écrit dans une forme dramatique, comme des parties du *Jean Barois* de Roger Martin du Gard. En tant que 'l'œuvre de toute [s]a vie', *La Tentation* témoigne de la fascination que le théâtre a toujours exercée sur Flaubert.

65 Béjart, Maurice: 'Béjart parle de Flaubert', *L'Arc*, 79, 1980.

L'Époque de *Madame Bovary*

On pourrait croire qu'ayant opté pour *Madame Bovary* et s'étant plongé dans un labeur écrasant qui allait durer presque cinq ans, Flaubert se serait pendant ce temps détourné du théâtre. Il n'en est pourtant rien. Nous avons vu qu'il a continué, avec Bouilhet, à fabriquer des scénarios de pièces de théâtre. En outre, il a continué à lire ses auteurs dramatiques préférés: Aristophane, Sophocle ('que je veux savoir *par cœur*' (*Corr.*, t. II, p. 174), Molière, Shakespeare, Corneille, Goethe. Mais il s'est tenu au courant aussi des nouveaux auteurs de son propre temps. S'il faut en croire Du Camp, après son éphémère admiration de Ponsard, il se tourna vers Emile Augier. Ses amis s'étant moqués de son estime pour Ponsard, 'Flaubert s'avoua vaincu, et pour toujours renonça à Ponsard; il n'eut pas tort; mais l'admiration qu'il lui retirait, après examen, il la reporta plus tard sur Emile Augier, et il eut raison'[66]. Mais en réalité les remarques sur Augier qu'on lit dans ses lettres sont extrêmement acerbes: en 1850, après avoir lu *Gabrielle*, il déclara la pièce 'bougrement bête' (*Corr.*, t. I, p. 628), et en 1853 *Philiberte* lui déplut tout autant: 'Quel anti-poète que ce garçon-là! A quoi bon employer les vers pour des idées semblables? Quel art factice! et quelle absence de véritable forme que cette prétendue forme extérieure!…' (*Corr.*, t. II, p. 286).

En plus des lectures dramatiques et des visites au théâtre, des circonstances personnelles ont contribué à maintenir ses contacts avec le théâtre. D'abord, sa maîtresse Louise Colet a composé une pièce intitulée *L'Institutrice*, sur laquelle elle a demandé son opinion en 1852. Sa réponse est d'une franchise très brutale, même s'il a cherché à pallier la sévérité de ses critiques en invoquant son manque d'expérience du théâtre: 'Je peux ne rien entendre au théâtre. Mais…' (*Corr.*, t. II, p. 69). D'ailleurs, en même temps afin de l'inciter à prendre au sérieux, il se vante d'avoir analysé tout le théâtre de Voltaire et d'avoir produit des douzaines de scénarios dramatiques en collaboration avec Bouilhet. Mais ses objections sont exposées de façon impitoyable et sans le moindre ménagement. Le premier acte est exclusivement occupé par l'exposition, toute l'action est concentrée dans le deuxième, et dès le début du troisième le dénouement

---

66 *Souvenirs littéraires*, t. I, p. 174.

est déjà évident à l'avance. Le comportement des personnages est incompréhensible. Le langage n'a pas la concision indispensable à l'effet dramatique. Certaines scènes sont prolixes et ennuyeuses; au moins un des personnages est superflu; il y a un monologue sans nécessité ('Il faut faire des monologues quand on est à bout de ressources et comme exposition de passion (lorsqu'elle ne peut se montrer en fait)' (*Corr.*, t. II, p. 69). Quand huit jours plus tard, Louise lui dit que Mme Roger Des Genettes avait aimé la pièce, sa réaction fut ouvertement injurieuse: 'tant pis pour elle (Mme Roger); ou elle manque de goût, ou elle te trompe par politesse, à moins que je ne sois aveugle' (*Corr.*, t. II, p. 70). En fin de compte, Louise remania la pièce sur les conseils de Léon Gozlan, et la publia en 1854. Comme nous ne connaissons pas la version lue par Flaubert, il est impossible de savoir si sa sévérité était justifiée. Ses commentaires semblent, en tout cas, raisonnables, et le fait d'avoir été contraint de s'occuper de cette comédie a eu au moins le mérite de le forcer à s'adonner à la pratique de la critique dramatique et de réfléchir à ce qui pouvait, ou ne pouvait pas, passer la rampe.

Bien plus importants ont été l'aide et l'encouragement apportés à Louis Bouilhet dans ses entreprises théâtrales. Flaubert s'est évertué à convaincre Bouilhet qu'il avait réellement du talent pour le théâtre. Bouilhet se considérait essentiellement comme un poète lyrique, et, s'il a écrit pour le théâtre, c'était en grande partie pour des raisons d'ordre financier, la poésie lyrique ne rapportant pas de quoi vivre; mais il voulait aussi restaurer en France le drame historique en vers. Seulement, peu confiant dans son aptitude pour la scène, timide et facilement déprimé, il détestait discuter et négocier avec des directeurs de théâtre, profiter des rivalités de tel théâtre avec tel autre, influencer en sa faveur des journalistes, des acteurs et des fonctionnaires. Connaissant bien le caractère de Bouilhet et étant d'une personnalité plus affirmée, Flaubert ne se contentait pas de prodiguer à son ami des conseils sur des affaires de ce genre, il le remplaçait souvent quand il s'agissait de traiter avec un directeur ou un éditeur. C'est ainsi qu'à une période où il ne songeait guère lui-même à travailler pour le théâtre, il se trouva intimement mêlé à la vie du théâtre.

En 1855, ayant terminé sa première pièce *Madame de Montarcy*, un drame en vers situé sous le règne de Louis XIV, Bouilhet le soumit à la Comédie Française dans l'espoir qu'Alfred Blanche, un ami de Flaubert qui était Secrétaire-Général au Ministère d'Etat, lui accorderait sa protection. Mais en juillet le comité de lecture exigea de tels changements que leur verdict équivalait à un refus, surtout pour un homme aussi peu sûr de lui-même que Bouilhet. Flaubert fit de son mieux pour raffermir le courage chancelant de son ami et apporta le manuscrit à un autre ami, un auteur dramatique du nom de Laffite ou Lafitte. Malheureusement, à la fin de septembre le pièce fut refusée une seconde fois parce qu'elle tenait trop du mélodrame. Ce second échec abattit Bouilhet à tel point que sa mère, craignant qu'il ne se suicidât, vint à Paris pour le supplier d'abandonner le théâtre pour de bon, et Flaubert eut fort à faire pour convaincre son ami de continuer la lutte. Puis, la chance changea, et au printemps la direction de l'Odéon accepta la pièce, sous condition d'un certain nombre de changements que Bouilhet, bien à contre-cœur, exécuta. Les répétitions commencèrent en septembre 1856, et Flaubert prit aussitôt la place de Bouilhet à la tête de la mise en scène. A l'époque, les auteurs dramatiques étaient souvent chargés de mettre en scène eux-mêmes les pièces qu'ils avaient écrites, de sorte que Flaubert réalisa enfin sa juvénile ambition d'être le metteur en scène d'un drame historique dans un grand théâtre parisien. Du Camp a été témoin de l'hyperactivité qu'il a déployée dans cette position:

> Il ne quittait pas le théâtre. Il en avait pris possession, il était là dans un milieu nouveau qui l'intéressait, développait en lui une activité inaccoutumée et l'avait saisi tout entier. Il arpentait la scène, faisant reprendre les tirades, indiquant les gestes, donnant le ton, déplaçant les personnages, tutoyant tout le monde, les garçons d'accessoires, les acteurs, le souffleur et les machinistes; l'œuvre de Bouilhet eût été la sienne qu'il ne se serait pas tant démené pour la faire réussir. Il avait compris que c'était là une partie désespérée et, que, si la pièce tombait, Bouilhet tombait avec elle [...]. Bouilhet laissait faire, il suivait Gustave comme une ombre, approuvait et ne se sentait pas rassuré: il était ahuri et eut plus d'une fois des crises de larmes[67].

Certes, l'amitié qu'il ressentait pour Bouilhet et le désir d'empêcher une catastrophe qui aurait pu être fatale à son ami ont largement contribué à l'énergie avec laquelle Flaubert s'est jeté dans cette tâche, mais sans aucun doute il était animé aussi par la joie de faire enfin ce qu'il rêvait depuis l'âge de dix ans. La pièce n'était pas de lui, mais c'était là un détail insignifiant. Bouilhet et lui avaient collaboré dans tout ce qu'ils écrivaient et leur intimité était si étroite que Flaubert pouvait légitimement se considérer comme le parrain, sinon le

---

67 Ibid., t. II, p. 135-137.

père, du drame. Comme il l'a écrit à Maurice Schlesinger: '*tous* les jours je passe les après-midi à l'Odéon pour les répétitions d'un grand drame en cinq actes et en vers qui n'est malheureusement pas de moi, mais qui m'intéresse plus que s'il était de moi' (*Corr.* II, p. 642).

Enfin, le 6 novembre, arriva le soir de la première représentation. Bien qu'on eût applaudi la pièce dès les premières scènes, Bouilhet était tellement nerveux qu'il sortit à l'entr'acte, annonçant qu'il allait se jeter dans la Seine. Quand on réussit à le convaincre de retourner à l'Odéon, il arriva à temps pour l'ovation de la fin. Même alors, il n'arrivait pas à croire à son succès, et Du Camp écrit:

> Au milieu de la nuit, Gautier, Flaubert, le comte d'+++ [d'Osmoy] et moi, nous reconduisîmes Bouilhet jusqu'à sa maison: dolent et vacillant, il nous disait: 'Es-tu sûr que ma pièce ne soit pas tombée?' Il lui fallut deux jours de repos avant de revenir à lui, de comprendre son succès et de se réjouir avec Flaubert, qui était radieux[68].

Le succès de la création se confirma, et *Madame de Montarcy* fut joué 78 fois. Il est impossible de savoir dans quelle mesure Flaubert fut responsable de ce triomphe, mais il est certain que, sans lui, la pièce n'aurait pas réussi de la même façon. Pour lui, l'expérience dut être extraordinairement stimulante. Il avait pu monter sur une vraie scène, il avait indiqué aux comédiens comment il fallait déclamer leurs tirades, il avait réglé leurs gestes et leurs mouvements, il avait sans doute régi les décors et les costumes, et le tout fut couronné d'un très grand succès. Mais en même temps, il avait connu l'amertume de l'échec. Bouilhet avait écrit, simultanément avec *Madame de Montarcy*, une petite comédie en prose sous le titre *Le Cœur à droite*. En réalité, c'est une œuvre très médiocre, fondée sur une donnée totalement invraisemblable, avec des personnages inconsistants et peu d'effets vraiment comiques. Quand Bouilhet proposa la pièce à Maxime Du Camp pour sa *Revue de Paris*, où Flaubert devait publier *Madame Bovary*, le verdict fut catégorique: 'faible, peu motivé, impossible et mal fait'[69]. Flaubert se chargea donc de la placer ailleurs, s'illusionnant grossièrement sur les mérites de la pièce, au point d'écrire à Mlle Leroyer de Chantepie: 'Depuis un an je sollicite, à la *Presse*, l'insertion d'un chef-d'œuvre (il n'est pas de moi), une chose

---

68 Ibid., p. 137.
69 Cité par Léon Letellier: *Louis Bouilhet 1821-1869. Sa vie et ses œuvres*, Hachette, 1919, p. 258.

extrêmement originale intitulée *Le Cœur à droite* (*Corr.*, t. II, p. 839).
Croire que cette pièce mal construite, simpliste et fausse était un chef-
d'œuvre ne montre que trop clairement combien le jugement critique
de Flaubert pouvait être obnubilé par son admiration un peu béate
de tout ce que faisait Bouilhet.

Ses contacts avec le théâtre à travers les œuvres de Bouilhet ont
pu être renforcés à cette époque par le fait qu'il entretenait une liaison avec l'actrice Béatrix Person, sœur du célèbre homme de théâtre
Dumaine. On sait peu de choses de ses rapports avec cette dame: ils
ne semblent avoir été ni très passionnés ni très durables, mais ils ont
dû le rapprocher des milieux théâtraux, d'autant plus que simultanément Bouilhet, de son côté, entretenait une liaison avec une autre
actrice, Marie Durey. Il se peut que ces deux liaisons aient été en
partie à l'origine d'une étrange entreprise théâtrale que les deux hommes ont conçue ensemble en 1855.

Depuis quelque temps, Flaubert éprouvait la nostalgie d'écrire lui-
même quelque chose pour le théâtre, et en mai 1852 avait écrit à
Louise Colet: 'Quand j'aurai fini ma *Bovary* et mon conte égyptien
(dans deux ans), j'ai deux ou trois idées de théâtre que je mettrai à
exécution, mais bien décidé d'avance à ne faire aucune concession,
à n'être jamais joué ou sifflé' (*Corr.*, t. II, p. 94). Cette attitude intran-
sigeante, même si elle était parfois plus théorique que réelle, a toujours compliqué les rapports de Flaubert avec les gens de théâtre,
puisque leur art, après tout, dépend de la nécessité de plaire au
public. Mais écrivant à Bouilhet en 1854, il semble moins résolu à
faire fi du goût du public: 'Encore un an, et nous serons piétés là-
bas, ensemble, comme deux rhinocéros de bronze. – Nous ferons le
Ballet astronomique, une féerie, des pantomimes, le Dictionnaire des
idées reçues, des scénarios, des bouts-rimés, etc.' (*Corr.*, t. II, p. 561).
Ce programme, où des projets très sérieux comme le Dictionnaire
voisinent curieusement avec d'autres qui semblent essentiellement
frivoles, a pourtant reçu un début d'exécution l'année suivante.
Bouilhet et Flaubert rédigèrent, en 1855, non seulement un scénario,
comme ceux qu'ils fabriquaient depuis sept ou huit ans, mais le manuscrit complet d'une pantomime intitulée *Pierrot au sérail*, en six actes, suivis d'un acte supplémentaire montrant Pierrot dans un paradis
mahométain. Cette pantomime légère met en scène, comme l'exigeait
la tradition, Pierrot et Colombine: Pierrot part avec Colombine pour
le Moyen Orient, s'engage dans une aventure avec un sultan et une
de ses épouses, et finit par prendre la place dudit sultan, Au milieu
de 1855, les deux écrivains soumirent le manuscrit aux Folies-Nou-

velles, théâtre qui venait de s'ouvrir avec une salle nouvellement construite et qui, sous la direction de MM Huart et Altaroche, se spécialisait dans les opérettes et les pantomimes. Au cours de l'été, Huart s'excusa auprès de Flaubert d'avoir tardé à lui donner une décision définitive: 'Le premier acte de votre pantomime est bon, mais il faudrait changer le reste de la pièce' (*Corr.*, t. II, p. 1277), et l'invita à aller discuter avec son co-directeur Altaroche les changements qui s'imposaient. Les deux amis crurent que ce message était bon signe, et Flaubert, qui se trouvait à Croisset, pressait Bouilhet d'aller voir au théâtre ce qui se passait. Quand enfin la direction des Folies-Nouvelles cessa de s'intéresser à *Pierrot au sérail*, Flaubert en conclut, on ne sait pourquoi, que quelqu'un les avait desservis auprès des directeurs et même qu'il y avait un complot pour les priver du bénéfice de la pantomime: 'Tu verras qu'on finira par nous voler *Pierrot*. Il faudra ravoir le *ms.*' (*Corr.*, t. II, p. 596). Nous ignorons comment l'affaire s'est terminée: le manuscrit complet de la pantomime est perdu et on ne le connaît que par le scénario[70]. Il est surprenant que Flaubert ait interrompu son travail sur *Madame Bovary*, et Bouilhet le sien sur *Madame de Montarcy* pour s'occuper d'une pièce aussi légère. Peut-être ont-ils pensé que le rôle de Colombine pourrait convenir à Béatrix Person ou à Marie Durey. Mais il est plus probable que Flaubert voulait surtout faire gagner quelque argent à Bouilhet, et une pantomime jouée dans un théâtre qui jouissait d'une vogue pour ce genre de spectacle aurait pu être une affaire très rentable. Mais il convient de rappeler que, malgré tout son élitisme, Flaubert ne dédaignait nullement certaines formes de spectacles populaires, comme nous le verrons en étudiant *Le Château des cœurs*. D'ailleurs, Pierrot a attiré de nombreux autres écrivains au dix-neuvième siècle, qui voulaient profiter de la mode créée par le célèbre mime Deburau. On pense par exemple à Champfleury, auteur de *Pierrot valet de la mort* en 1846 et *Pierrot pendu* en 1847, à Banville (*Le Baiser* en 1877), et à Paul Margueritte (*Pierrot assassin de sa femme* en 1882). Le personnage fait son apparition dans la poésie lyrique, notamment chez

---

70 Flaubert semble avoir cru que la réception de la pantomime était imminente, et en février ou mars 1855 a écrit à Alfred Baudry: 'Quant au *Pierrot*, vous ne savez donc pas qu'il a été reçu à *condition*, mais ce [ne] sera que pour cet été si nous voulons y faire des changements, ce dont je ne me soucie guère' (*Corr.*, t. II, p. 572). On ignore si cette prétendue réception conditionnelle se rapporte aux Folies-Nouvelles ou à un autre théâtre.

Verlaine et chez Laforgue, aussi bien que sur la scène, de sorte que Flaubert était loin d'être le seul à penser que Pierrot pouvait se prêter à des développements artistiques.

Mais à mesure qu'il s'approchait de la fin de ses travaux sur *Madame Bovary*, l'attitude de Flaubert envers le théâtre semble avoir changé considérablement. D'un côté, il avait gardé son enthousiasme pour le théâtre idéal, le théâtre tel qu'il devrait être et tel qu'il pourrait être, mais, d'un autre côté, le fait de s'être approché, pour rendre service à Bouilhet, du théâtre tel qu'il était l'avait rempli de dégoût pour son mercantilisme, son philistinisme, ses intrigues et sa mesquinerie. Ces deux émotions se font clairement jour dans une lettre à Charles d'Osmoy en 1857: 'je n'entends goutte au théâtre, bien que j'y rêvasse de temps à autre. C'est une méchanique qui me fait grand-peur, – et pourtant, c'est beau, nom d'un petit bonhomme! C'est beau! Quel maître art!' (*Corr.*, t. II, p. 746). Cette ambivalence apparaît la même année dans une lettre à Mlle Leroyer de Chantepie: 'Je me suis autrefois fort occupé de théâtre. J'y reviendrai dans quelques semaines. Je veux mettre fin à deux ou trois idées qui me tourmentent. Il y a de grandes choses à faire de ce côté; mais c'est une affreuse galère que le théâtre! Il faut pour cela des qualités toutes spéciales que je n'ai pas peut-être' (*Corr.*, t. III, p. 762). La mauvaise impression qu'il avait eue de ceux avec qui il avait pris contact pour aider Bouilhet l'avait même découragé d'aller au théâtre aussi souvent qu'autrefois. 'J'ai été peu au théâtre. J'en avais bien assez, des théâtres! quel monde! Miséricorde! quelle société de crapules et quel enchevêtrement de canailleries' (*Corr.*, t. II, p. 798), et en janvier 1858 il devait avouer à Mlle Leroyer de Chantepie: 'Voilà quatre ans que je n'ai mis le pied à l'Opéra. J'avais l'année dernière mes entrées à l'Opéra-Comique où je n'ai pas été une seule fois. La même faveur m'est accordée cet hiver à la Porte Saint-Martin et je n'ai pas encore usé de la permission' (*Corr.*, t. II, p. 795). Malgré la répugnance que lui inspirait le monde du journalisme, celui du théâtre l'offensait encore plus: comme il l'écrit à Feydeau: 'tu parles des canailleries des journaux? si tu avais mis le pied dans un théâtre!' (*Corr.*, t. II, p. 819).

Après le gros succès de scandale de *Madame Bovary*, il est naturel qu'on ait eu envie de l'adapter pour la scène. Un des premiers à demander la permission fut Henry Monnier, dont le Joseph Prudhomme avait certainement donné beaucoup de traits de caractère à Homais. Monnier s'était aussitôt reconnu dans le personnage du pharmacien et écrivit à Flaubert pour lui demander l'autorisation de l'incarner sur scène: 'J'ai témoigné à beaucoup de nos amis mon admiration de *Madame Bovary;* beaucoup d'auteurs, la plupart, m'ont vu dans le pharmacien, puis on m'a fait écrire la pièce, et une fois écrite, je l'ai présentée à un directeur qui l'a reçue et je la répète, le tout sans votre permission. Je pars dans deux heures pour Reims où je vais donner plusieurs représentations. Veuillez, Monsieur, me faire savoir si votre intention est de faire jouer *Madame Bovary* et si vous me jugez capable de jouer le pharmacien'[71]. Flaubert aurait pu être tenté de voir Monnier, qui était un acteur en renom, jouer le rôle de Homais, pour qui Prudhomme avait été un des modèles. Mais il a pu aussi penser que si le public voyait Monnier dans le rôle de Homais, les origines du personnage dans l'archétype du bourgeois chez Monnier auraient été trop clairement dévoilées.

De toute façon, Flaubert refusait en principe toutes les demandes d'adaptation de son roman pour la scène. A un des demandeurs, il a écrit 'Je vous dirai que si mon roman n'a pas été mis sur la scène, c'est que je m'y suis opposé formellement. Plusieurs théâtres en voulaient. Ç'a été une manie pendant un instant' (*Corr.*, t. II, p. 806). A Mlle Leroyer de Chantepie, il a confié: 'J'avais été dans les premiers temps de mon arrivée à Paris sottement occupé par des affaires de théâtre. On voulait faire une pièce avec la *Bovary*' (*Corr.*, t. II, p. 794), ou à un de ses amis rouennais: 'J'ai été occupé à mon arrivée par des affaires de théâtre; on voulait (c'était une tocade universelle) mettre la *Bovary* sur les planches' (*Corr.*, t. II, p. 797). Il prétend même qu'un de ses refus lui avait coûté 30000 francs. Ces protestations paraissent sincères et fondées sur des principes de conscience artistique, mais en fait nous savons que sans l'intervention de Bouilhet et malgré la répugnance que lui avait inspirée sa collaboration sur *Madame de Montarcy*, Flaubert aurait sans doute accepté l'une ou l'autre de ces propositions, car en 1860 il a écrit à Bouilhet: 'je te garde une gratitude éternelle pour m'avoir empêché de consentir à ce qu'on fît une pièce avec la *Bovary*' (*Corr.*, t. III, p. 79). Quelques années plus tard, il fut question de convertir *Salammbô* en opéra, et Flaubert se tourna de nouveau vers son ami qui, cette fois, ne souleva aucune objection (nous reviendrons plus loin sur la question de *Salammbô* opéra): 'Je n'ai pas à t'opposer les mêmes raisons artistiques que lorsqu'il s'agissait de mettre *Madame Bovary* en pièce de boulevard' (*Corr.*, t. III, p. 952). Flaubert avait peut-être gardé suffisamment de ses illusions d'autrefois pour être sensible à l'idée du gain et des applaudissements d'un grand triom-

---

71 En partie dans *Corr.*, t. II, p. 1418 et en partie dans *Madame Bovary*, Conard, 1930, p. 524.

phe au théâtre, mais Bouilhet a dû attirer son attention sur les inconvénients et les dangers de la chose. L'expression dédaigneuse 'pièce de boulevard' indique sa crainte que la pièce eût été quelque chose de trivial, d'où auraient disparu toutes les qualités littéraires du roman. L'orgueil devait jouer aussi, étant donné que l'adaptation aurait été confiée à quelque faiseur que Flaubert méprisait et que les critiques adverses auraient fatalement atteint l'écrivain lui-même. Deux fois dans ses lettres, il utilise la même image pour exprimer son sentiment sur une collaboration éventuelle avec quelque fabricant de drames populaires: 'Quand je ferai du théâtre, j'y entrerai par la grande porte, autrement non' (*Corr.*, t. II, p. 794); 'comme j'ai l'habitude d'entrer dans les choses par la grande porte, il m'a semblé honteux de commencer ma *carrière dramatique* par une collaboration quelconque' (*Corr.*, t. II, p. 797). En outre, l'adaptation risquait d'être mal faite: 'On eût fait bâcler la chose par un faiseur en renom, Dennery ou quelque autre' (*Corr.*, t. II, p. 794); 'Dennery devait faire cette ordure' (*Corr.*, t. II, p. 794). Puis il redoutait de voir sa dignité d'artiste compromise: 'ce tripotage d'art et d'écus me semble peu convenable' (*Corr.*, t. II, p. 794). Mais il y avait probablement des raisons plus profondes qu'on entrevoit dans une lettre à son vieil ami le comte Charles d'Osmoy. Celui-ci avait eu la velléité de transformer *Madame Bovary* en drame, puis y avait renoncé, et Flaubert lui a écrit qu'il lui en aurait accordé la permission (ce qui n'était peut-être qu'une simple politesse, puisque d'Osmoy n'en voulait plus): 'mais la permission vient trop tard, puisque vous y avez renoncé, et franchement, mon bon, je crois que vous avez bien fait. La chose me semble, à moi, impossible' (*Corr.*, t. II, p. 746). Bien des années plus tard, Flaubert a résumé son objection fondamentale: 'Il m'est impossible, monsieur, de vous accorder la permission que vous me demandez, parce que j'ai, plusieurs fois déjà, refusé de laisser mettre *Madame Bovary* sur la scène. Je crois, d'ailleurs, l'idée malencontreuse. *Madame Bovary* n'est pas un sujet théâtral' (*Corr.*, t. II, p. 806).

Il n'est pas difficile de deviner ce qui fait que *Madame Bovary*, contrairement à *Salammbô*, n'est pas un sujet théâtral. Le roman raconte moins ce qui arrive à Emma que ce qui se passe dans ses émotions à mesure qu'elle évolue depuis un idéalisme naïf jusqu'à la désillusion et le suicide. Une grande partie du texte traduit ce qu'elle ressent ou ce qu'elle pense, et la proportion du dialogue est assez réduite. Certaines scènes se prêteraient bien à la perspective théâtrale: la conversation lorsque les Bovary arrivent à l'auberge de Yonville, la séduction verbale d'Emma aux Comices, ses tentatives pour trouver de l'argent quand Lheureux exige d'être payé, mais une bonne partie du reste serait perdue dans une adaptation scénique ou au cinéma. Surtout, la beauté de la langue qui pour Flaubert était l'essentiel disparaîtrait, puisqu'elle ne réside guère dans le discours direct. Flaubert avait fermement appuyé le désir de Bouilhet de restaurer sur la scène le lyrisme des grands drames romantiques. Comme Catulle Mendès l'écrit à propos de *Madame de Montarcy*: 'Ce fut comme un son de cloche d'or, éveilleur de brutes ou d'ivrognes. On s'étonna, on s'éprit, on s'enthousiasma de cette *Madame de Montarcy* qui rallumait les soirs illustres du romantisme'[72], et après la mort de Bouilhet, Flaubert a commenté ainsi la réaction du public devant la pièce: 'on eut quelque chose des émotions de 1830' (CHH, t. XII, p. 42). On imagine facilement que d'entendre à la scène les échanges banalement domestiques entre Emma et Charles ou les prétentieuses idées reçues de Homais n'aurait eu pour lui rien de réjouissant. On peut donc estimer que Flaubert avait raison de déclarer que *Madame Bovary* n'était pas un sujet théâtral, opinion qui d'ailleurs semble avoir été confirmée par les échecs réitérés des diverses tentatives, si honorables qu'elles soient, pour transporter *Madame Bovary* sur la scène ou à l'écran.

Nous examinerons plus loin l'important rôle joué par le théâtre dans les romans de Flaubert, y compris *Madame Bovary*. Mais nous devons dès à présent étudier un problème particulier qu'il a rencontré pour la première fois en écrivant *Madame Bovary*, et qui est lié à son expérience antérieure de la pratique du drame. Nous voulons parler de la question du dialogue. Bien entendu, ses drames de jeunesse lui avaient donné une certaine habitude de la confection du dialogue, habitude visible non seulement dans la quantité des dialogues dans des formes hybrides comme *La Danse des morts*, *Smarh* et *La Tentation*, mais aussi dans les premiers contes et romans depuis *Un Parfum à sentir* jusqu'à *L'Education sentimentale* de 1845. Mais si dans ces œuvres Flaubert avait pu utiliser des dialogues dans des scènes dramatiques ou comiques à peu près comme il l'avait fait dans des pièces de théâtre (dont l'exemple le plus frappant est naturellement le Chapitre XXIII de la première *Education*), la nouvelle esthétique qui résultait de ses méditations sur les critiques formulées par Du Camp et Bouilhet à l'encontre de *La Tentation* lui avait fait voir les choses d'un œil différent. Maintenant qu'il avait opté pour un

---

72 Mendès, Catulle: *Rapport sur le mouvement poétique français de 1867 à 1900*, Imprimerie Nationale, 1903, p. 106.

sujet terre-à-terre afin de décourager ces envolées lyriques qui, selon ses amis, avaient été le grand défaut de *La Tentation*, les personnages ne pouvaient être doués d'une grande puissance d'éloquence. Il pouvait être légitime pour Flaubert de donner au discours du narrateur 'une forme profondément littéraire' (*Corr.*, t. II, p. 156), mais il aurait été contradictoire d'attribuer les mêmes qualités aux conversations des personnages. Par conséquent, la composition du roman est constamment ponctuée par les plaintes les plus véhémentes sur la difficulté d'écrire des dialogues qui ne jureraient pas avec la qualité du discours narratorial, tout en respectant la banalité et l'inexpressivité de la conversation normale. Cette prise de conscience a été riche de conséquences pour l'art de Flaubert. C'est en écrivant à son ami Ernest Feydeau en décembre 1858 pour le féliciter de son roman *Daniel* que Flaubert a exposé le plus complètement ses idées sur le fonctionnement du dialogue romanesque. Ces paragraphes sont très révélateurs non seulement de la façon dont Flaubert concevait la contruction du dialogue dans le roman mais aussi des raisons pour lesquelles il réussissait moins bien dans le dialogue au théâtre:

> La partie faible du style, c'est le dialogue, *quand il n'est pas important du fond*. Tu ignores l'art de mettre dans une conversation les choses nécessaires en *relief*, en passant lestement sur ce qui les amène. Je trouve cette observation très importante. Un dialogue, dans un livre, ne représente pas plus la *vérité vraie* (absolue) que tout le reste; il faut choisir et y mettre des plans successifs, des gradations et des demi-teintes comme dans une description. Voilà qui fait que les belles choses de tes dialogues (et il y en a) sont perdues, ne font pas l'effet qu'elles feraient, une fois débarrassées de leur entourage.
>
> Je ne dis pas de retrancher les idées, mais d'adoucir comme ton celles qui sont secondaires, Pour cela, il faut les reculer, c'est-à-dire les rendre plus courtes et les écrire au style indirect (*Corr.*, t. II, p. 852).

C'est afin d'atteindre cet effet que les scènes de conversation dans les romans de Flaubert consistent invariablement en un mélange de discours direct, de résumés, de style indirect, et de style indirect libre. Dans une pièce de théâtre, ce mélange est naturellement interdit, et tout est sur le même plan. Ce que Flaubert reproche aux dialogues de *Daniel* s'applique parfaitement à ses propres œuvres théâtrales: les belles choses de leurs dialogues (et il y en a) sont perdues parce qu'elles ne se détachent pas suffisamment des banalités qui les entourent.

Donc, il a considérablement réduit la quantité de dialogues dans *Madame Bovary* relativement à ce qu'on trouvait dans les romans d'un prédécesseur comme Balzac, pour ne nommer que lui. Puis, il a pris l'habitude de mélanger, souvent de façon inextricable, les dialogues directement rapportés, la narration et le style indirect libre. Le mélange est quelquefois d'une très grande complexité, comme l'a démontré Marie-Thérèse Mathet[73] entre autres. Une autre conséquence est la diminution dans le texte imprimé, relativement aux brouillons, de notations des particularités de la langue parlée. Claudine Gothot-Mersch[74] et Stirling Haig[75] ont tous les deux relevé le même exemple caractéristique: dans le brouillon de la scène où Charles arrive pour la première fois à la ferme des Bertaux, le jeune paysan qui doit lui montrer le chemin demande: 'C'est-y vous qu'est le médecin?', alors que dans le texte définitif, il dit, plus correctement mais avec moins de pittoresque: 'Etes-vous le médecin?' (CHH, t. I, p. 61). Aux yeux de Flaubert, la perte de couleur locale est apparemment compensée par la diminution de la disparate entre le langage des personnages et celui du narrateur. On ne trouve presque jamais ces tentatives pour reproduire les singularités de la prononciation qui abondent dans les romans de Balzac. Quand on se rappelle combien Flaubert aimait imiter la façon de parler des autres, comme par exemple Marie Dorval, on se rend compte qu'il a dû s'imposer une discipline très stricte à cet égard, car il est certain que, dans le gueuloir, il a dû prendre plaisir à contrefaire les particularités du langage oral de tous ses personnages.

Chose curieuse, on constate que Flaubert a éprouvé le même genre de scrupules relativement à la reproduction des erreurs de la langue écrites commises par une personne sans éducation. A propos de la lettre que le vieux Rouault envoie à sa fille et son gendre, Flaubert précise que: 'Les fautes d'orthographe s'y enlaçaient les unes aux autres'. (CHH, t. I., p. 204). Pourtant, si le texte de la lettre tel qu'il est reproduit comporte des normandismes et est composé dans un style simple et fruste, il ne contient aucune faute d'orthographe. Balzac n'a pas eu cette répugnance: dans *Ferragus,* quand il cite une lettre d'Ida Gruget, il reproduit toutes les fautes d'orthographe et de grammaire qu'il attribue à cette femme du peuple.

73 Mathet, Marie-Thérèse: *Le Dialogue romanesque chez Flaubert,* Aux Amateurs de Livres, 1988.
74 Gothot-Mersch, Claudine: 'De *Madame Bovary* à *Bouvard et Pécuchet:* la parole des personnages dans les romans de Flaubert', *Revue d'Histoire littéraire de la France,* juillet-octobre 1981.
75 Haig, Stirling: *Flaubert and the gift of speech: dialogue and discourse in four 'modern' novels,* Cambridge, Cambridge University Press, 1986, p. 41.

Ces techniques en vue d'harmoniser la reproduction du dialogue et la langue de la narration et de la description ont été élaborées afin de résoudre les nouveaux problèmes posés par *Madame Bovary*, mais elles sont conservées et raffinées dans les romans ultérieurs, notamment *Salammbô*, où les difficultés s'accroissent du fait que les personnages sont censés parler une langue inconnue de Flaubert aussi bien que de ses lecteurs. Comme il l'a écrit à Mlle Leroyer de Chantepie en décembre 1857: 'Je *sens* que je suis dans le faux, comprenez-vous? et que mes personnages n'ont pas dû parler comme ça. Ce n'est pas une petite ambition que de vouloir entrer dans le cœur des hommes quand ces hommes vivaient il y a plus de deux mille ans, et dans une civilisation qui n'a rien d'analogue avec la nôtre. J'entrevois la vérité, mais elle ne me pénètre pas, l'émotion me manque' (*Corr.*, t. II, p. 301). Afin de minimiser cette difficulté, Flaubert a encore diminué la proportion des dialogues directement rapportés dans *Salammbô*, où elle atteint à peine la moitié de ce qu'on trouve dans les romans situés dans les temps modernes. On peut noter aussi qu'à part une poignée de termes rares, Flaubert n'a pas cherché à donner à ses dialogues une tonalité spécifiquement carthaginoise, sans doute parce que lui-même et ses lecteurs ignoraient en quoi aurait consisté une telle tonalité. De même, dans *La Légende de saint Julien l'Hospitalier*, il évite de donner aux rares dialogues une couleur particulièrement médiévale: Gisèle Vanhese[76], qui a étudié les archaïsmes de syntaxe, de vocabulaire et d'expression dans *La Légende*, fait remarquer que les dialogues sont complètement exempts de ces archaïsmes. De toute évidence, Flaubert a fait d'énormes progrès depuis l'époque où, avec une insistance maladroite, il lardait les dialogues de *Loys XI* d'exclamations médiévales ou pseudo-médiévales telles que 'Pasquedieu', 'Corbleu' et ainsi de suite, allant même jusqu'à singer l'orthographe médiévale ('vrayment').

Cette évolution montre que, dans les scènes dialoguées de ses romans, Flaubert s'est éloigné de tout modèle théâtral. Tandis que dans le Chapitre XXIII de la première *Education*, il avait si bien dans la tête un précédent théâtral qu'il a même adopté la disposition typographique d'une scène de drame, à partir de *Madame Bovary*, le dialogue devient, comme l'a démontré Claudine Gothot-Mersch, 'un élément architectural' parmi d'autres; 'le dialogue n'existe plus – ou

---

76 Vanhese, Gisèle: 'Archaïsme et histoire dans *La Légende de saint Julien l'Hospitalier*', *Micromégas*, IX, 3, septembre-dicembre 1982.

guère – à l'état pur'[77], ou, pour employer les termes mêmes du romancier: 'J'arrive au dramatique rien que par l'entrelacement du dialogue et les oppositions de caractère' (Corr., t. I, p. 449). Il se peut qu'en abandonnant l'individualisme pittoresque de la diction des personnages qu'il avait visé dans ses premiers écrits, Flaubert ait perdu une partie de cette couleur si vivante qui frappe dans les scènes dialoguées chez Balzac, mais il a conservé l'art d'écrire des dialogues qui sont en même temps naturels et convaincants: telle est du moins l'opinion de Claude Chabrol après avoir écrit le scénario du film de *Madame Bovary:* 'Mais, vous savez, on avait une chance inouïe, c'est d'avoir les dialogues écrits par Flaubert. Tout avait été passé au 'gueuloir' par le vieux Gustave, et ça se sent quand il s'agit de dire les répliques. Ça vient tout seul. C'est logique, exact, et ça se dit naturellement'[78].

Il est donc clair que la technique du dialogue dans les romans de la maturité est radicalement différente des procédés qu'il avait adoptés dans les drames et les contes de la jeunesse. Mais ce n'est pas à dire que la longue pratique du dialogue dans les œuvres de jeunesse ait été inutile. Il a renoncé au langage incorrect et familier, aux accents et aux expressions locaux, mais il a conservé le don de produire des dialogues vivants et vraisemblables.

77 Gothot-Mersch, Claudine: 'Le Dialogue dans l'œuvre de Flaubert', *Europe*, septembre-octobre-novembre 1969.
78 *Autour d'Emma. 'Madame Bovary', un film de Claude Chabrol avec Isabelle Huppert*, Hatier, 1991, p. 94.

Depuis *Madame Bovary* jusqu'à la mort de Bouilhet

Le succès de *Madame de Montarcy* ayant encouragé Bouilhet à croire que, malgré sa préférence pour la poésie lyrique, il avait du talent pour le théâtre, il se consacra de plus en plus à écrire pour la scène. Cette décision eut pour résultat de maintenir Flaubert en contact permanent avec le théâtre pendant toutes les années 1860. Dans ses rencontres régulières avec Bouilhet, les deux hommes durent constamment discuter les projets dramatiques, d'autant plus que Flaubert eut souvent à conseiller son ami sur le genre de pièces qui aurait le plus de chances de réussir, sur les théâtres les plus susceptibles de les accueillir favorablement, sur les conditions financières qu'il fallait demander et ainsi de suite. D'ailleurs, comme Flaubert considérait que son ami manquait d'initiative et de fermeté, il le remplaçait souvent pour négocier avec les directeurs de théâtre et pour parlementer avec les journalistes, les acteurs et les fonctionnaires qui pouvaient être en mesure de favoriser sa carrière. Chaque fois qu'une des pièces de Bouilhet devait être créée, c'était Flaubert qui dirigeait au moins une partie des répétitions. Il se jeta donc dans un tourbillon d'activités, envoyant des invitations pour la création, traversant et retraversant Paris en fiacre pour des courses, s'occupant fiévreusement des décors, des costumes, de la diction et des mouvements des acteurs. Si la carrière théâtrale de Bouilhet a été un succès, Flaubert en est au moins partiellement responsable.

L'aide qu'il lui apportait n'était pas bornée aux pièces qui ont été jouées. Dans la dernière décennie de sa vie, Bouilhet écrivit plusieurs pièces qui ne furent jamais représentées. Il en est ainsi du *Cœur à droite* que Bouilhet, comme nous l'avons vu, a présenté en vain à la *Revue de Paris* de Maxime Du Camp; puis, sur le conseil de Flaubert, à *La Revue*, que venait de fonder Eugène Crépet, un ami du romancier. Après l'échec de cette tentative, Flaubert essaya de convaincre *La Presse* de prendre la petite comédie, mais toujours sans succès. En fin de compte, une petite revue juridique intitulée *L'Audience* accepta de la publier en feuilleton en 1859. En 1858, Bouilhet lui-même décida de garder *Sous peine de mort* dans ses tiroirs, quand il s'aperçut que d'autres avaient déjà traité le même thème. Il y eut aussi de nombreux projets qui ne sont pas allés au-delà d'un scénario et de quelques brouillons de scènes, souvent suggérés par Flaubert, parce que Bouilhet n'arrêtait pas de l'implorer de lui trouver des idées.

Parmi les pièces qui ont été représentées, la première après *Madame de Montarcy* fut *Hélène Peyron*, une comédie située à l'époque contemporaine, que Flaubert, non sans mal, l'avait incité à écrire. La Rounat, directeur de l'Odéon, demanda à la créer, et Bouilhet commença par donner son accord, puis se ravisa et la proposa au Théâtre Français, puis, après un échec de ce côté-là, au Théâtre de la Porte Saint-Martin. Mais là aussi la pièce fut refusée, de sorte qu'il se vit contraint de retourner à l'Odéon. C'est ainsi que, le 25 février 1858, après avoir passé deux mois à essayer de débrouiller la confusion contractuelle dans laquelle Bouilhet s'était imprudemment engagé, Flaubert, 'mandataire de M. L. Bouilhet', livra à l'Odéon le manuscrit enfin achevé. Puis, au début de novembre 1858, il se rendit spécialement à Paris pour remplacer Bouilhet à la tête des répétitions. S'il faut en croire Du Camp (mais on le soupçonne de vouloir toujours démontrer le peu de jugement de Flaubert), ces répétitions ont de nouveau témoigné de l'exaltation de Flaubert quand il se trouvait mêlé à un événement théâtral et aussi de sa surestimation du génie de Bouilhet auteur dramatique: 'A une répétition d'*Hélène Peyron*, je l'ai entendu s'écrier 'C'est plus beau qu'Eschyle'. Un vieil ami, nommé Clogenson, venu exprès de Rouen, lui dit: 'Ne répétez pas cela le jour de la première représentation, vous feriez tort à Bouilhet''[79]. En l'occurrence, la création, le 11 novembre, fut un triomphe, suivie de 79 représentations. Puis Bouilhet composa une nouvelle comédie moderne en vers, *L'Oncle Million*, dont le sujet, les malheurs d'un jeune poète méconnu dans une famille bourgeoise, selon son biographe Léon Letellier, lui aurait été soufflé par Flaubert[80]. Quoi qu'il en soit, c'est une pièce que Flaubert a particulièrement appréciée, l'appelant en 1872 'la mieux écrite peut-être de toutes ses pièces' (CHH, t. XII, p. 47).

De nouveau, il fut intimement mêlé aux préparatifs, et s'excusa de n'avoir pu contacter un ami parce qu'il était 'dans un tourbillon d'affaires pour la dernière pièce de Bouilhet, *L'Oncle Million*' (*Corr.*, t. III, p. 137). Mais, lors de la création en novembre 1860, la comédie tomba à plat, à la grande déception des deux amis. Pour la pièce

---

79 *Souvenirs littéraires*, t. II, p. 330. Le Clogenson en question est Jean Clogenson, avocat et poète rouennais. Bouilhet lui a dédié un des poèmes de *Festons et astragales*.

80 *Louis Bouilhet…*, p. 280.

suivante, *Dolorès*, Bouilhet revint au drame historique, situé cette fois en Espagne. Le Théâtre Français l'accepta en mai 1861 et la création eut lieu en septembre 1862, quand Flaubert écrivit à sa nièce Caroline: '*Dolorès* sera joué au milieu de la semaine prochaine [...]. Tu dois penser si nous sommes occupés' (*Corr.*, t. III, p. 248). Malheureusement, là aussi, l'accueil fut froid.

Bouilhet se consacra alors à une vaste évocation de la Rome antique dans *Faustine*. Flaubert se livra à toutes sortes de manœuvres secrètes, probablement avec l'aide de la princesse Mathilde et de ses amis politiques, pour faire accepter cette œuvre spectaculaire au Théâtre de la Porte Saint-Martin, en février 1864. Comme il l'a écrit à Caroline: 'Pour te raconter toute l'histoire de *Faustine*, il me faudrait un volume. Apprends seulement que c'est maintenant *une affaire impériale*. Elle sera jouée du 10 au 15 février avec un luxe inouï. Toute la Cour y assistera, etc., etc. [...] Bref, tout va admirablement et ton vieux ganachon d'oncle est content. J'étais né, peut-être, pour les intrigues politiques, car toutes les fois que je m'en suis mêlé, j'ai réussi'[81] (*Corr.*, t. III, p. 374). Comme d'habitude, il assuma une grande partie de la responsabilité des répétitions, à la demande du directeur du théâtre aussi bien que de Bouilhet: 'J'assiste à toutes les répétitions, ce qui m'amuse et me tourmente tout à la fois. C'est non seulement Bouilhet *mais Fournier* qui m'a prié de venir à trois reprises différentes. Je ne crois pas leur être inutile, soit dit sans vanité' (*Corr.*, t. III, p. 376). Le drame remporta de grands éloges, notamment de la part de Théophile Gautier, et plut à l'Empereur et à l'Impératrice: 'Bref, je suis payé de mes peines qui n'ont pas été médiocres' (*Corr.*, t. III, p. 380), s'est exclamé Flaubert. Enfin, au début de 1866, Bouilhet termina un nouveau drame historique, *La Conjuration d'Amboise*, qui, lors de sa création en octobre 1866, fut un succès triomphal. Comme l'a écrit Flaubert en faisant allusion aux échecs précédents: '*La Conjuration d'Amboise* fut une revanche qui dura tout un hiver' (CHH, t. XII, p. 42). Quelquefois, Bouilhet et Flaubert furent mêlés à des représentations en province: par exemple, quand on a joué *Madame de Montarcy* à Rouen en 1858, Flaubert a écrit à un ami: 'Nos scénarios particuliers et les répétitions au Théâtre des Arts (!) m'ont enlevé tout loisir, il y a quelques jours' (*Corr.*, t. II, p. 820).

---

81 Flaubert pense apparemment au rôle qu'il a joué en assurant la nomination de son frère Achille à la succession de son père comme chirurgien-en-chef à l'Hôtel-Dieu de Rouen.

Quand on pense à toutes ces activités, on se rend compte que pendant plus de dix ans Flaubert a été en contact régulier avec le monde du théâtre. Etant donné, d'un côté, sa fascination pour la scène, et de l'autre, sa détestation de tout ce qui concernait l'argent et les affaires, il est facile de comprendre le mélange d'émotions que ces contacts ont dû susciter en lui, d'autant plus qu'il savait que du succès des drames dépendaient non seulement les moyens d'existence mais aussi l'équilibre mental de son meilleur ami. Il a certainement éprouvé en même temps l'exaltation et l'angoisse, mais peut-être surtout le dégoût du milieu théâtral en général. La mauvaise impression reçue à l'époque de *Madame de Montarcy* a été confirmée et intensifiée par la suite, et il a résumé son mépris dans sa préface aux *Dernières Chansons* de Bouilhet, où il fait allusion à l'effet produit sur Bouilhet par l'expérience du théâtre, notamment à sa 'lassitude causée par les caprices des directeurs, les chicanes de la censure, l'ajournement des rendez-vous, le temps perdu – ne comprenant pas que l'Art dans les questions d'art pût tenir si peu de place' (CHH, t. XII, p. 42). Dans les brouillons de la préface, il s'était étendu davantage dans sa critique du mercantilisme du théâtre:

> Tout s'y trouve subordonné à une seule question qui domine tellement, celle du Succès et du Succès immédiat quand même! Aussi rien de plus curieux à voir que le cabinet d'un directeur après une première représentation qui s'est passée sans enthousiasme ni orage. On s'inquiète d'un murmure aux troisièmes galeries, d'un chut au parterre, on fait la chasse aux mots à double entente, aux syllabes obscènes, on coupe, on remanie, on va jusqu'à changer le dénouement, *cette* partie capitale où toutes les autres convergent. Aussi voilà une œuvre qui est bien la vôtre, que vous devez avoir considérée sous tous ses aspects, méditée longuement, travaillée avec amour, qui sort du profond de votre tête et de votre cœur et que vous bouleverserez tout de suite afin d'être un peu plus applaudi. Mais l'humilité, cette vertu chrétienne, n'est dans les manifestations de l'esprit qu'une bassesse impudente. Si vous ne vous croyez pas supérieur à la foule, pourquoi lui parlez-vous? Si c'est dans le seul but de gagner de l'argent, allez, passez-en par toutes les concessions qu'elle demande ou que ceux qui prétendent la connaître réclament en son nom – flattez-la! courbez-vous. Exaltez la jeunesse à l'Odéon, le peuple sur le boulevard, le notariat aux Français, mais devenez millionnaire, sinon vous n'êtes qu'un spéculateur fourvoyé[82].

---

82 *Pour Louis Bouilhet*, pp. 77-78.

Ce qui indigne spécialement Flaubert, c'est l'idée que les directeurs de théâtre prétendent imposer leur volonté aux auteurs, sous prétexte qu'ils comprennent mieux ce que veut le public: 'les plus expérimentés se trompent – ne pouvant suivre assez promptement les variations de la mode' (CHH, t. XII, p. 47). Dans les brouillons, son récit satirique de l'évolution du goût dans le théâtre est encore plus acerbe que dans le texte imprimé:

> Autrefois on allait au spectacle pour entendre de nobles pensées en beau langage. Puis vers 1830 on a aimé la passion à l'état fixe – plus tard, un tissu de péripéties tellement rapides qu'il ne restait plus de place pour les paroles. Plus il y avait de portes se fermant et s'ouvrant vite, plus c'était beau. Ensuite, ç'a été la thèse, le but social qu'on aurait atteint plus directement en mettant une chaire à prêcher en plein théâtre. On a voulu prouver, comme si, quand on faisait des drames, on pouvait induire une règle. C'est ainsi que nous avons eu des pièces pour ou contre le mariage, d'autres à la plus grande gloire des manufactures, l'école polytechnique, les chemins vicinaux, ou pour l'assainissement des filles de joie, ou la réhabilitation des épiciers. Puis la rage de faire les *mots*, tout le monde avait de l'esprit. Maintenant on aime l'observation réaliste, et je ne parle pas de ces *grandes machines*, quand on a des trucs anglais, de jolies jambes, de la lumière électrique, la pièce est faite, c'est-à-dire qu'il ne reste plus qu'à l'imaginer et qu'à l'écrire, turpitude qui fait regretter le récit de Théramène, déclamé dans une grange, entre quatre chandelles.[83]

Selon cette conception élitiste, l'auteur doit être seul juge de ce qui convient, et les directeurs qui exigent des changements ne sont que des parasites ignares. Flaubert va même jusqu'à 'établir qu'il ne faut presque jamais faire les corrections qu'on vous demande'[84] et déclare que les plus grands succès de Bouilhet ont été pour des pièces qu'on avait jouées telles qu'il les avait écrites, et que celles qui avaient échoué étaient celles qui avaient subi le plus de changements à la demande des directeurs. Même si Flaubert ne pratique pas toujours cette intransigeance, elle devait certainement le desservir quand son *Candidat* a affronté les feux de la rampe en 1874.

Avec ce dédain du goût du public et du théâtre qui cherchait à le flatter, il n'est pas étonnant que Flaubert semble être allé de moins en moins souvent au théâtre pendant cette période. En 1860, les Goncourt ont été frappés par la vie de reclus qu'il menait: 'Il dit sa vie retirée, même à Paris. Détestant le théâtre, point d'autre distraction

---

83 Ibid., pp. 78-79.
84 Ibid., p. 79.

que le dimanche, au dîner de Mme Sabatier'[85]. Ses lettres ne mentionnent certainement pas toutes ses visites au théâtre, mais on a l'impression qu'il fallait maintenant une raison particulière pour l'inciter à y aller. Le plus souvent, cette raison était fournie par l'amitié: Flaubert tenait toujours à donner son appui lors de la création d'une pièce due à la plume d'un de ses amis. C'est ainsi qu'il a assisté à la première représentation du *Marquis de Villemer* de George Sand en février 1864, des *Don Juan de village* du même auteur en août 1866, à celle de son *Mont-Revêche* en décembre de la même année, à celle de son *Cadio* en octobre 1868, à celle d'une adaptation de *La Petite Fadette* l'année suivante, et à celle de *L'Autre* en 1870. En août 1860, il a été présent à la création de *L'Africaine* de son ami le journaliste Charles-Edmond Chojecki. Mais ces visites inspirées par l'amitié lui ont donné l'occasion de réfléchir sur les caprices du public: les raisons du succès d'une des pièces de George Sand et de la chute d'une autre l'ont laissé perplexe: 'Je ne comprends pas un mot aux choses de théâtre. Pourquoi tant d'enthousiasme au *Marquis de Villemer*, et tant de froideur aux *Don Juan?* Problème!' (*Corr.*, t. III, p. 514), ou, quelques jours plus tard: 'Le public m'échappe de plus en plus. Pourquoi hurlait-on d'enthousiasme au *Marquis de Villemer* et bâillait-on d'ennui aux *Don Juan?* Tout cela me semble, à moi, absolument de même calibre' (*Corr.*, t. III, p. 518). A part ces cas où il obéissait aux exigences de l'amitié, il semble être rarement allé au théâtre pour son plaisir. En mars 1860 il a écrit à Mlle Leroyer de Chantepie: 'Je n'ai été cet hiver que deux fois au spectacle, deux fois pour entendre Mme Viardot dans *Orphée*' (*Corr.*, t. III, p. 84). En 1863 il est allé voir *Le Fils de Giboyer* d'Emile Augier. Il est plus surprenant de le voir en 1866 recommander à Caroline un spectacle d'un genre tout à fait différent: 'Dès que tu seras à Paris, je t'engage à aller voir Batty, le dompteur de lions. C'est le seul spectacle où j'ai été. Et où, probablement, j'irai' (*Corr.*, t. III, p. 480). Il était d'ailleurs pessimiste quant à l'avenir du théâtre en France, comme il l'a expliqué à Mlle Leroyer de Chantepie:

> Je crois (je vous le répète) que le théâtre et les théâtres touchent à leur dernier moment, et qu'il faudrait pour y porter remède une révolution radicale. Ceux des provinces ne *peuvent vivre*. Tous les directeurs, les uns après les autres, font faillite; cela est un fait incontestable! On aura beau prodiguer les subventions, le goût public manque; or un théâtre ne peut vivre que par le public (*Corr.*, t. III, p. 784).

85 *Journal*, t. I, p. 685.

Mais des considérations personnelles ont pu jouer aussi dans l'attitude de Flaubert envers le théâtre. C'est le fait que Flaubert a été l'ami (pour dire le moins) de diverses petites actrices. On ne sait pas grand'chose de ces associations. Certaines ont pu être des amitiés plus ou moins intimes; d'autres étaient peut-être des liaisons sexuelles. Parmi les actrices qui ont joué un rôle dans la vie de Flaubert, la plus connue est sans doute Suzanne Lagier, comédienne, chanteuse et parfois compositrice, dont les habitudes sans gêne et la conversation débridée l'ont beaucoup diverti. On connaît aussi Gisette Desgranges, maîtresse puis épouse de l'auteur dramatique Adolphe Dennery, dont les réminiscences sont à la base de certains épisodes de *L'Education sentimentale*. Puis il y a eu une certaine Ramelli, pour qui il a essayé de trouver des rôles dans les pièces de Bouilhet. Aucune de ces associations ne semble avoir engagé les émotions de Flaubert, et elles n'ont sans doute pas changé ses opinions sur les mœurs et le caractère des gens de théâtre. Quand vers la fin des années 1860 George Sand lui a appris son intention d'écrire un roman sur le monde du théâtre, Flaubert a aussitôt craint qu'elle ne fasse preuve d'une indulgence excessive. Au début, il a été enthousiaste: 'Ah! que ce serait beau un livre *vrai* sur les gens de théâtre!' (*Corr.*, t. III, p. 801), mais bientôt il s'est laissé aller à de graves avertissements: 'Je me méfie de votre roman sur le théâtre? Vous les aimez trop, ces gens-là! En avez-vous beaucoup connu qui aiment leur art? Quelle quantité d'artistes qui ne sont que des bourgeois dévoyés!' (*Corr.*, t. III, p. 805), et: 'Je ne redoute qu'une chose pour le livre, c'est votre indulgence. Car enfin, ces gredins-là n'aiment pas l'art' (CHH, t. XIV, p. 476)

Avec tant de révulsion devant ce qu'il avait vu en aidant à la création de *Madame de Montarcy* et avec tant de pessimisme sur l'état présent et l'avenir du théâtre, il n'est pas surprenant qu'après s'être enfin débarrassé de *Madame Bovary*, Flaubert ne se soit pas hâté d'entreprendre l'un ou l'autre des projets théâtraux qui lui avaient traversé l'esprit. D'ailleurs, après le succès de son premier roman il était impératif de se consacrer à un second, afin d'asseoir solidement sa réputation et de profiter de tout ce qu'il avait appris sur l'art narratif pendant qu'il rédigeait *Madame Bovary*. Il a donc commencé *Salammbô*, tout en se promettant qu'après ce roman il se tournerait vers le théâtre. En juillet 1859, Bouilhet lui a écrit dans ces termes: 'Ton idée de théâtre ne me paraît point du tout une idée malheureuse. A ta place, j'y songerais sérieusement après *Carthage*. Nous en reparlerons' (*Corr.*, t. III, p. 893). Un an plus tard, en septembre 1860, analysant avec perspicacité le caractère de son ami, Bouilhet était toujours en train de l'encourager: 'Tu as raison de rêver théâtre. Je suis persuadé que tu t'y amuserais beaucoup plus que moi, car tu es né cabotin, ô Karaphon!' (*Corr.*, t. III, p. 910). On ne sait rien sur la nature de ces rêves théâtraux, et il a fallu encore quelques années avant qu'ils ne commencent à se concrétiser.

Mais longtemps avant de pouvoir songer à un travail sérieux pour le théâtre, Flaubert et Bouilhet, à l'époque où la rédaction de *Salammbô* touchait à sa fin, s'embarquèrent dans un curieux projet, d'un genre très léger. Il s'agit d'une comédie-farce en cinq actes intitulée *La Queue de la poire de la boule de Monseigneur*. Cette œuvre est mentionnée pour la première fois dans une lettre de Bouilhet à Flaubert en décembre 1861, où il lui écrit: 'Plus je réfléchis à la *Queue de la poire*, plus je trouve le sujet fécond' (*Corr.*, t. III, p. 934) et donne des conseils pour le nom d'un des personnages. Flaubert a dû y travailler entre cette époque et juillet 1862, quand nous trouvons une allusion (la seule) dans sa correspondance, inspirée par le fait qu'il venait de découvrir l'existence d'un prêtre portant le même nom qu'un prêtre de la pièce: 'J'ai découvert un abbé Pruneau. Ainsi s'appelle le grand vicaire *actuel* de l'évêque de Meaux' (*Corr.*, t. III, p. 231). La comédie n'a jamais été terminée, mais les cinq actes, avec plusieurs scènes presque entièrement rédigées, ont été esquissés, de la main de Flaubert, avec quelques interventions de Bouilhet. C'est une farce loufoque, située dans le palais d'un archevêque où l'on est en train de préparer un banquet pour sa fête – non sans mal parce que c'est un jour maigre; les ecclésiastiques cherchent divers subterfuges pour résoudre le problème, essayant par exemple d'effrayer des canards domestiques pour les rendre sauvages, auquel cas ils deviendraient un mets permis. Enfin, on improvise un banquet, au cours duquel par mégarde l'archevêque avale la queue d'une poire dans une pâtisserie, ce qui fait qu'ils doivent trouver moyen de la faire sortir. Toute l'action de la pièce dépend de la gloutonnerie et de l'hypocrisie des hommes d'église, avec tout un imbroglio d'intrigues et de tromperies parmi les dignitaires de la cathédrale et les fonctionnaires ecclésiastiques. La pièce est moins obscène que *Jenner;* elle n'en est pas moins remplie de grosses plaisanteries d'un genre physiologique, et on suppose que les co-auteurs l'ont écrite pour s'amuser et pour amuser leurs amis intimes, comme cela a été le cas pour *Jenner.* L'idée d'une représentation publique est impensable, et on peut penser que Flaubert et Bouilhet ont fini par trouver que la bouffonnerie faisait long feu et l'ont abandonnée. Il y a une allusion possible à la pièce en 1866, quand Flaubert semble croire qu'elle conviendrait au petit théâtre de société chez George Sand à Nohant: 'Bouilhet et moi nous avons fait le scénario d'une comédie *farce*, qui serait bien belle sur le théâtre de Nohant. Reste, il est vrai, à l'écrire, ce qui n'est pas une petite besogne' (*Corr.*, t. III, p. 668). Mais il n'en a rien été, et le manuscrit n'a été mis au jour qu'en 1958[86].

Mais l'épisode le plus remarquable de ces années est sans aucun doute le début de la longue saga de *Salammbô* opéra. Etant donné la fermeté du refus que Flaubert a opposé à toutes les demandes d'adaptation scénique de *Madame Bovary*, on pourrait croire qu'il serait tout aussi hostile à l'idée de *Salammbô* au théâtre. Il n'en est pourtant rien. En juin 1862, alors qu'il mettait la dernière main au roman, il rencontra le compositeur Ernest Reyer, qu'il connaissait depuis plusieurs années, et lui suggéra que *Salammbô* pourrait contenir la matière d'un bon opéra. Selon Flaubert, Reyer se montra 'affriandé' par l'idée (*Corr.*, t. III, p. 668), et ils pensèrent même vaguement qu'un opéra tiré de *Salammbô* pourrait servir à inaugurer la nouvelle Salle de l'Opéra, alors en construction (et qui finalement ne fut achevée qu'en 1875). Donc, Reyer lut le roman dès sa publication en novembre 1862 et écrivit aussitôt à Flaubert pour lui exprimer son enthousiasme: 'Votre livre est un événement – pour moi il y aura un double attrait car j'espère bien y trouver, comme vous me l'avez fait pressentir, un beau sujet d'opéra [...]. Quant à faire un opéra avec ce chef-d'œuvre, je n'y vois qu'un inconvénient – c'est de mettre en vers médiocres votre magnifique prose. Et puis il y a le danger de voir la partition écrasée par le livre'[87]. Flaubert avait apparemment parlé à Théophile Gautier de la possibilité d'un livret fondé sur *Salammbô* (on s'étonne qu'il ait pensé à Gautier plutôt qu'à Bouilhet, mais peut-être a-t-il été influencé par le plus grand prestige de Gautier et par le fait que celui-ci avait composé plusieurs livrets de ballets; il est d'ailleurs possible, selon ce que raconte Arsène Houssaye dans ses mémoires[88], que ce soit Gautier qui ait donné à Flaubert la première idée de son roman carthaginois). Quoi qu'il en soit, les deux écrivains allèrent discuter leur projet avec Paul Dalloz, directeur du *Moniteur universel* (on ignore pourquoi ce personnage a été intéressé à l'affaire), et après cette conversation Flaubert demanda un rendez-vous avec le directeur de l'Opéra, Emile Perrin, qui était Rouennais

86 Edité par Artine Artinian, chez Nizet.
87 Goubault, Christian: 'Flaubert et la musique', *Les Amis de Flaubert*, 51, 1977.
88 Houssaye, Arsène: *Confessions*, t. VI, Dentu, 1891, p. 96.

comme lui. L'entretien eut lieu le 30 décembre, et Flaubert informa aussitôt Dalloz du résultat: 'Perrin me paraît avoir envie de *Salammbô* sur son théâtre [...]. Quant au musicien il a nommé d'emblée *Verdi* [...]. L'affaire a l'air de bien commencer' (*Corr.*, t. III, pp. 286-287). Il est compréhensible que Perrin ait eu envie d'avoir Verdi, alors au zénith de sa popularité, pour la musique, et au printemps 1863, les journaux de Paris et de Rouen annonçaient la préparation d'un opéra fondé sur *Salammbô*, paroles de Flaubert et Gautier, musique de Verdi, Reyer ayant été momentanément écarté. Seulement, lorsqu'en avril 1863 Perrin prit contact avec Verdi, le compositeur répondit qu'il ne voulait pas entreprendre un nouveau travail[89], et Flaubert se tourna de nouveau vers Reyer. Entretemps, Bouilhet avait donné son aval au projet: 'Si Théo trouve un opéra dans *Salammbô*, et si ça botte le directeur de l'opéra – très bien – il faut pousser la chose; je n'y vois pas d'inconvénient. Je n'ai pas à t'opposer les mêmes raisons artistiques que quand il s'agissait de mettre *Madame Bovary* en pièce de boulevard' (Corr., t. III, p. 952). Seulement, il s'est demandé s'il était prudent de confier le livret à Gautier plutôt qu'à quelque 'faiseur rompu aux difficultés du métier' (*Corr.*, t. III, p. 952).

En effet, les doutes de Bouilhet s'avérèrent être plus que justifiés, et quatre ans plus tard, étant sans nouvelles, Flaubert écrivit au jeune Toto Gautier pour savoir si son père avait toujours l'intention de faire le livret. Le 3 avril 1866, Toto lui envoya cette réponse: 'Mon père est toujours disposé à faire l'opéra de *Salammbô*; fournissez-lui le scénario en prose, il est tout prêt à le mettre en vers' (*Corr.*, t. III, p. 1380). Effectivement, Flaubert a composé un scénario détaillé, qu'il a envoyé à Gautier dans les premiers jours de mai (*Corr.*, t. III, pp. 492-495). Le problème, comme Perrin l'avait vu en 1862, était 'de trouver là-dedans un drame suivi et serré' (*Corr.*, t. III, p. 286), et Flaubert a essayé de résoudre cette difficulté en mettant en relief le côté émotif et personnel de l'action et en réduisant la part de la politique et des opérations militaires. Les personnages de Hannon et de Giscon disparaissent, et Taanach tombe amoureuse de Mâtho, de sorte que l'œuvre se dénoue quand Taanach, folle de jalousie, poignarde Mâtho. Mais Flaubert n'a pas encore trouvé tous les ressorts de l'action: au quatrième acte, Taanach offre de sauver Mâtho prisonnier des Carthaginois, et Flaubert en est réduit à noter: '*Trouver quel est le moyen que Taanach aurait de sauver Mâtho*' (*Corr.*, t. III, p. 495). Mais à

---

89 Je suis très reconnaissant à M. Roger Parker, de St. Hugh's College, Oxford, d'avoir bien voulu me fournir ce renseignement.

part des détails de ce genre, on voit que Flaubert n'a pas hésité à s'improviser auteur de livrets pour composer ce scénario, même s'il se savait incapable de le mettre en vers. Le scénario est d'ailleurs incontestablement ingénieux et compétent, plein de confrontations passionnées et se prêtant à des envolées de lyrisme, même si certaines des grandes scènes du roman sont sacrifiées: on ne voit ni Salammbô caressant son serpent ni le massacre des enfants, par exemple. Visiblement, Flaubert s'est beaucoup plus préoccupé de l'effet dramatique à produire que d'une fidélité littérale au texte du roman.

Mais même cet aiguillon ne stimula pas Gautier. Accablé de ses problèmes domestiques, de sa mauvaise santé, de ses voyages, de son journalisme et de sa propre littérature, il remit de jour en jour, et même d'année en année, de se mettre au travail sur *Salammbô*, et quand il mourut en 1872, les choses en étaient toujours au même point. Ce dut être alors que Flaubert décida de confier la tâche de fabriquer le livret à Catulle Mendès, époux notoirement infidèle de Judith Gautier, fille de Théophile; Flaubert ne l'aurait jamais fait du vivant du poète, sachant combien celui-ci détestait son gendre. Mais à l'époque, Flaubert était relativement en bons termes avec Mendès, ayant assisté à la création de deux de ses pièces en 1872 et 1873 et l'ayant autorisé à publier dans le premier numéro de sa *République des lettres* un extrait de son *Château des cœurs*, alors inédit. Mais en 1874 Mendès faillit renoncer à sa tâche, pensant que Flaubert ne voudrait plus travailler avec lui, maintenant qu'il venait de quitter son épouse pour vivre avec la musicienne Augusta Holmès[90]. Trois ans plus tard, Flaubert s'impatientait et lui écrivit sur un ton péremptoire: 'Eh bien! et *Salammbô* opéra? vous y mettez-vous enfin?' (CHH, t. XV, p. 557). Ceci s'est passé en avril 1877, et en décembre Mendès lui envoya des excuses, prétextant que le retard était dû à la modestie qui le décourageait à l'idée d'arranger la prose d'un grand écrivain, à des différends avec Reyer et au nombre de ses autres occupations: il affirmait cependant que, si Reyer voulait toujours de lui, 'je suis prêt à travailler vigoureusement' et offrant de lui apporter bientôt 'le plan général, écrit, de notre drame lyrique'[91]. Mais ces promesses se révélèrent illusoires, et en juin 1879 Flaubert en eut assez et informa Mendès qu'il n'avait plus besoin de ses services. Pour le remplacer, Reyer pensa d'abord à Jules Barbier, co-auteur du livret de *Faust* de Gounod et un des 'faiseurs' que Bouilhet avait suggérés

90   Selon une lettre citée par Joanna Richardson, *Judith Gautier*, Londres, Quartet Books, 1986, p. 112.
91   Goubault, Christian: art.cit.

en 1863. Seulement, Barbier prit peur à l'idée de servir d'intermédiaire entre deux personnalités aussi tranchées que Flaubert et Reyer, et déclina l'invitation. Puis le compositeur jeta son dévolu sur Camille Du Locle, ancien directeur de l'Opéra-Comique, avec qui il collaborait depuis quelque temps sur *Sigurd*, son opéra nordique. Flaubert lui envoya un nouveau scénario pour l'opéra, plus sommaire que celui qu'il avait établi pour Gautier treize ans plus tôt et quelque peu différent, puisque le personnage d'Hannon est rétabli et qu'il y a tout un acte consacré à une réunion du Sénat, absent de l'esquisse de 1866. Flaubert a voulu aussi augmenter le côté spectaculaire de l'œuvre, et, sans trop se soucier de ce qui était praticable sur la scène, a noté, à propos de l'acte qui devait représenter 'Le Défilé de la Hache': 'Le 4e doit, peut-être, être divisé en deux tableaux – pour qu'il y ait une bataille des éléphants armés en guerre – et le crucifiement d'Hannon'[92]. En fin de compte, Du Locle adopta la majorité des suggestions de Flaubert, mais pas toutes, et quand Flaubert mourut subitement en mai 1880, Reyer décida de terminer *Sigurd* d'abord et de remettre *Salammbô* à plus tard. Par conséquent, la création de *Salammbô* eut lieu en 1890 seulement, au Théâtre de la Monnaie à Bruxelles, avant d'être joué à l'Opéra de Paris en 1892. L'opéra remporta un grand succès dans les deux capitales et resta au répertoire pendant une cinquantaine d'années.

Flaubert a donc pris l'initiative en faisant adapter *Salammbô* pour la scène, il y a collaboré activement, et pendant dix-huit ans a fait son possible pour mener l'entreprise à bien: moins d'un an avant sa mort, il a soupiré: 'Ah! si l'on faisait un bel opéra avec *Salammbô* [...]!' (CHH, t. XVI, p. 223). Pourquoi donc a-t-il eu tellement envie de voir *Salammbô* au théâtre, alors qu'il s'était opposé avec tant de fermeté à toute adaptation de *Madame Bovary*? La raison tient sans doute à la différence entre les deux romans. *Madame Bovary* raconte surtout ce qui se passe dans la tête et dans le cœur d'Emma: c'est un roman où l'action et le dialogue sont rares; certaines scènes se seraient prêtées à la perspective de la scène, mais une grande partie du reste n'est guère dramatique, et Flaubert avait raison de déclarer: '*Madame Bovary* n'est pas un sujet théâtral'. Le cas de *Salammbô* est entièrement différent. En partie en réaction contre la banalité du sujet de *Madame Bovary*, Flaubert a choisi un spectacle exotique et grandiose, plein de conflits et de mouvement, et peuplé de personnages entourés de tous les prestiges de l'épopée. On y trouve beaucoup

---

92 Prod'homme, J.G.: 'Un Scénario inédit de Flaubert pour l'opéra de *Salammbô*', *Mercure de France*, 795, 1er avril 1931.

plus d'action externe et beaucoup moins d'analyse psychologique que dans le premier roman, et on comprend que Reyer ait affirmé que l'œuvre 'se prête si merveilleusement à ce luxe de décor et de mise en scène indispensable aujourd'hui au succès d'une grande œuvre lyrique'[93]. Flaubert lui-même l'a appelé 'un sujet splendide et loin du monde moderne' (*Corr.*, t. II., p. 822) et a espéré qu'il ferait 'rêver à de grandes choses' (*Corr.*, t. III, p. 177). Il était si loin de répudier l'analogie avec l'opéra qu'en répondant aux critiques de Sainte-Beuve, il a écrit ceci, en utilisant une formule qui, malgré les guillemets, est la sienne propre et non une citation de Sainte-Beuve: 'Quant à ce goût 'd'opéra, de pompe et d'emphase', pourquoi donc voulez-vous que les choses n'aient pas été ainsi, puisqu'elles sont telles maintenant?' (*Corr.*, t. III, p. 279). D'ailleurs, en 1884, Maupassant, bien placé pour connaître les intentions de Flaubert, a posé cette question à propos de *Salammbô*: 'Est-ce là un roman? n'est-ce pas plutôt un opéra en prose?'[94] Il vaut la peine de rappeler que Flaubert admirait beaucoup certains opéras: il a défini le *Don Juan* de Mozart, *Hamlet* et la mer comme 'les trois plus belles choses que Dieu ait faites' (*Corr.*, t. I, p. 373) et a appelé l'*Orphée* de Gluck 'une des plus grandes choses que je connaisse' (*Corr.*, t. III, p. 84).

D'ailleurs, *Salammbô* se prêtait si évidemment à la conversion en opéra qu'après avoir confié le travail à Reyer, Flaubert s'est vu contraint de rejeter des propositions des compositeurs Samuel David en 1870 et Victor Massé en 1872, de l'auteur de livrets Hector Crémieux en 1870, apparemment d'un Portugais non identifié en 1866 et même de Saint-Saëns à une date inconnue. Après sa mort, le musicien belge Auguste Gevaert a fait une démarche auprès de son héritière Caroline Commanville, et des opéras ont été composés ou ébauchés par Fornari, Morawski, Navratil, Hauer et Casarola. A cela il convient d'ajouter les esquisses de Moussorgski, qui a écrit son propre livret et composé quelques scènes de la partition en 1863 et 1864: il y a aussi une importante musique d'accompagnement composée en 1925 par Florent Schmitt pour le film de Pierre Maradon[95].

Mais à peu près en même temps que Flaubert essayait de faire en sorte que *Salammbô* soit transformé en opéra, il commençait à devenir obsédé par un autre projet, presque aussi ambitieux, qui devait

---

93 Goubault, Christian: art.cit.
94 *Pour Gustave Flaubert*, p. 53.
95 Je remercie mon collègue et ami M. Nicholas Cronk, de St. Edmund Hall, Oxford, d'avoir bien voulu attirer mon attention sur ce film et sa musique.

l'inciter à composer la première grande pièce de sa maturité, *Le Château des cœurs*, que nous examinerons en détail dans le chapitre suivant. Ce projet était censé donner une nouvelle vie à un genre ancien et discrédité, la 'féerie'. En tant que genre dramatique, la féerie datait du début du dix-neuvième siècle, mais sa popularité s'est prolongée jusqu'aux années 1860, quand les pièces sont devenues encore plus spectaculaires, avec des décors encore plus somptueux et des effets scéniques encore plus mirobolants. La formule de la féerie était tout à fait stéréotypée: inspirée de quelque conte de fées, elle racontait la lutte des fées bienfaisantes contre des gnomes malfaisants, elle mettait en scène les mêmes personnages de carton-pâte, l'ingénue, son jeune amoureux, un serviteur comique et un rival grotesque, et elle devait se terminer par une apothéose sous forme de ballet aérien. Il va sans dire que les textes des féeries étaient totalement dénués de mérite littéraire; ce qui comptait par-dessus tout était le spectacle pour les yeux. Il est surprenant que le très sceptique Flaubert se soit intéressé à un genre dont tous les hommes de lettres de l'époque se sont moqués impitoyablement. En 1868, Zola a exhalé son mépris de 'ces misérables pièces qui sont en train de tuer chez nous l'art dramatique'[96], et dans *L'Education sentimentale*, Frédéric Moreau assiste à une méchante féerie, qui est censée symboliser la décadence du théâtre vers 1845.

Il faut donc se demander pourquoi Flaubert s'est senti tellement attiré par un genre qui, aux yeux des écrivains sérieux, était typique du malaise qui menaçait le théâtre français de stérilité et de trivialité. Il est en tout cas certain que ce qui intéressait Flaubert était le genre en tant que tel et non pas tel sujet en particulier, puisqu'il a passé des mois entiers à essayer diverses idées, avant d'opter pour celle qui a donné lieu au *Château des cœurs*. Dans ses lettres, il reste dans le vague quand il s'agit d'expliquer à des amis pourquoi il tient tant à composer une féerie. Lorsqu'il écrit à Jules Duplan: 'je persiste à soutenir plus que jamais qu'il y a là-dedans quelque chose à faire' (*Corr.*, t. III, p. 220), cette déclaration souligne le paradoxe plutôt qu'elle ne l'éclaire. Mais on peut peut-être trouver quelques indications dans un article publié par Zola en 1876, où lui aussi prétend que, théoriquement au moins, la féerie est susceptible de devenir un genre riche et artiste. Il est tout à fait possible que, dans cet article, on entende des échos des conversations que Zola a certainement eues avec Flaubert au sujet du *Château des cœurs*. En tout cas, il est légiti-

---

96   Cité par Carter, Lawson A.: *Zola and the theater*, New Haven, Yale University Press, Paris, P.U.F., 1963, p. 31.

me de croire que Flaubert aurait souscrit aux arguments mis en avant par Zola, et pour cette raison il vaut la peine de les citer *in extenso* malgré leur longueur:

La féerie, telle qu'elle est comprise aujourd'hui, n'est plus qu'un spectacle pour les yeux. Il y a quelque cinquante ans, lors de la vogue du *Pied de mouton* et des *Pilules du diable*, une féerie ressemblait à un grand vaudeville mêlé de couplets, dans lequel les trucs jouaient la partie comique. Au lieu du palais ruisselant d'or et de pierreries, au lieu d'apothéoses balançant des femmes à demi nues dans des clartés de paradis, on voyait des hommes se changer en seringues gigantesques, des canards rôtis s'envoler sous la fourchette d'un affamé, des branches d'arbre donner des soufflets aux passants.

Même ce genre de plaisanteries s'est démodé, l'ancienne féerie a semblé vieillotte et trop naïve. Alors, sans songer un instant à renouveler le genre par le dialogue, le mérite littéraire du texte, on a, au contraire, diminué de plus en plus le dialogue, réduit la pièce à être uniquement un prétexte aux splendeurs de la mise en scène. Rien de plus banal qu'un sujet de féerie. Il existe un plan accepté par tous les auteurs; deux amoureux dont l'amour est contrarié, qui ont pour eux un bon génie et contre eux un mauvais génie, et qu'on marie quand même au dénouement, après les voyages les plus extravagants dans tous les pays imaginables. Ces voyages, en somme, sont la grande affaire, car ils permettent au décorateur de nous promener au fond de forêts enchantées, dans les grottes nacrées de la mer, à travers les royaumes inconnus et merveilleux des oiseaux, des poissons et des reptiles. Quand les acteurs disent quelque chose, c'est uniquement pour donner le temps aux machinistes de poser un vaste décor derrière la toile de fond.

J'avoue, pourtant, n'avoir pas la force de me fâcher. S'il est bien entendu que toute prétention de littérature dramatique est absente, il y a là un véritable émerveillement. Les acteurs ne sont plus que des personnages muets et riches, perdus au milieu d'une prodigieuse vision. Au fond de sa stalle, on peut se croire endormi, rêvant d'or et de lumière, et même les mots bêtes qu'on entend, malgré soi, par moments, sont comme ces trous d'ombre qui gâtent les plus heureux sommeils. Les ballets sont charmants, car les danseuses n'ont rien à dire. Il y a toujours bien deux ou trois actrices jolies, montrant le plus possible de leur peau blanche. On a chaud, on digère, on regarde, sans avoir la peine de penser, bercé par une musique aimable. Et après tout, quand on va se coucher, on a passé une agréable soirée.

Certes, au théâtre, il faut laisser un vaste cadre à l'admirable école buissonnière de l'imagination. La féerie est le cadre tout trouvé de cette débauche exquise. Je veux dire quelle serait la féerie que je souhaite. Le plus grand de nos poètes lyriques aurait écrit les vers; le plus illustre de nos musiciens en composerait la musique. Je confierais les décors aux peintres qui sont la gloire de notre école, et j'appellerais les premiers entre nos sculpteurs pour indiquer des groupes et veiller à la perfection de la plastique. Ce n'est pas tout, il faudrait, pour jouer ce chef-d'œuvre, des femmes belles, des hommes forts, les acteurs célèbres dans le drame et dans la comédie. Ainsi, l'art humain tout entier, la poésie, la musique, la peinture, la sculpture, le génie dramatique, et encore la beauté et la force, se joindraient, s'emploieraient à une unique merveille, à un spectacle qui prendrait la foule par tous les sens et lui donnerait le plaisir aigu d'une jouissance décuplée[97].

Cette vision d'une féerie idéalisée comme l'union de tous les arts, faisant appel à toutes sortes de spectateurs ayant le sens de l'enchantement semble bien avoir été celle de Flaubert aussi bien que de Zola. D'ailleurs, elle a pu être celle d'un certain nombre de contemporains si l'on en juge par l'article 'féerie' dans l'édition du Grand Larousse publiée au début du vingtième siècle, où, tout en reconnaissant la décadence du genre, l'auteur ne le rapproche pas moins de *La Tempête* et du *Songe d'une nuit d'été* de Shakespeare, des opéras des dix-septième et dix-huitième siècles et des drames musicaux de Wagner; on pourrait ajouter qu'il n'est pas sans analogie avec certaines tentatives symbolistes, tel *L'Oiseau bleu* de Maeterlinck. On ne risque guère de se tromper en supposant que Flaubert aussi a nourri le rêve d'une féerie renouvelée qui redonnerait au théâtre cette atmosphère de transformations magiques qui l'avait fasciné dans sa jeunesse et qui rassemblerait tous les arts dans une harmonie semblable à celle que visait Wagner dans son 'œuvre d'art totale'. Il est vrai que Flaubert ne s'est jamais intéressé aux opéras ni aux théories du compositeur allemand, mais nous avons vu qu'il considérait le *Don Juan* de Mozart et l'*Orphée* de Gluck comme des chefs-d'œuvre et qu'il a fait son possible pour que *Salammbô* soit converti en opéra. C'est comme si Flaubert voyait toujours le théâtre comme un lieu enchanté, un spectacle fantastique, où le genre démodé et trivial de la féerie offrirait la meilleure possibilité de réaliser des métamorphoses extraordinaires. Il peut paraître invraisemblable que cet artiste hautain se soit tourné vers une forme populaire et discréditée pour réaliser une de ses ambitions. Cependant, on doit penser qu'à la même époque le plus abstrus des poètes français, Stéphane Mallarmé, pensait faire quelque chose d'analogue avec un autre genre discrédité, le mélodrame. En février 1876, il a confié à Arthur O'Shaughnessy: 'je suis en train de fabriquer le scénario d'un très gros mélodrame populaire'[98], et au même correspondant

---

97 Zola, Emile: *Le Naturalisme au théâtre*, Charpentier, 1895, pp. 354-356.
98 Mallarmé, Stéphane: *Correspondance générale*, éd. Henri Mondor et Lloyd James Austin, t. II, 1965, p. 103.

vers la fin de 1877: 'j'étudie partout les fragments d'un Théâtre nouveau qui se prépare en France et que je prépare de mon côté; quelque chose qui éblouisse le peuple souverain comme ne le fut jamais empereur de Rome ou prince d'Asie. Tel est est le but; c'est roide; il faut le temps. Vous rappelez-vous Léona Dare (aux Folies-Bergère)? Elle a sa place dans ce vaste spectacle'[99]. Flaubert n'était donc pas le seul à croire qu'on pouvait régénérer le théâtre français en ayant recours à des formes populaires, à condition de les doter de qualités littéraires et poétiques.

C'est dans une lettre de Bouilhet en novembre 1861 qu'il est question pour la première fois de l'intérêt que Flaubert porte à la féerie: Bouilhet y fait allusion au fait que leur ami Charles d'Osmoy a 'parlé vaguement de vos travaux féeriques' (*Corr.*, t. III, p. 933). Quelques jours plus tard, le projet s'est précisé, puisque Bouilhet dit que, selon d'Osmoy, 'vous avez pioché la féerie' (*Corr.*, t. III, p. 933). En réalité, à cette époque, Flaubert était encore à la recherche d'un sujet et avait résolu de lire toutes les féeries qu'il pouvait trouver, dans l'espoir d'y découvrir des idées. En janvier 1862, il a donc demandé à Alfred Baudry de s'informer des féeries que possédait la Bibliothèque Municipale de Rouen: 'Pour m'épargner une course vaine dans la patrie de Corneille, vous devriez bien me faire le plaisir de voir un peu à la bibliothèque ce qu'il y a en fait de merveilleux théâtral' (*Corr.*, t. III, p. 197). Quelques mois après, il pressait son ami Jules Duplan de chercher 'la collection de féeries qu'on a jouées depuis une trentaine d'années. Tâche de me la faire faire dans *Le Magasin théâtral* et dans *Le Monde dramatique*' (*Corr.*, t. III, p. 220). Le 10 juin 1862, il a affirmé: 'J'ai déjà avalé 4 féeries. C'est une lourde lecture' (*Corr.*, t. III, p. 220). Cinq jours plus tard, le nombre s'était considérablement accru: '14 féeries; jamais plus lourd *pensum* ne m'a pesé. Nom d'un nom! est-ce bête?' (*Corr.*, t. III, p. 224). Mais il a tâché d'expliquer à Duplan que ce qu'il avait en tête n'était pas une féerie conventionnelle: 'Mais ce n'est pas une féerie que je veux faire – Non! non! je rêvasse une pièce passionnée où le fantastique soit au bout; il faut sortir des vieux cadres et des vieilles rengaines, et commencer par mettre dehors la lâche venette dont sont imbibés *tous ceux* qui font ou veulent faire du théâtre. Le domaine de la fantaisie est assez large pour qu'on y trouve une place propre. Voilà tout ce que je veux dire' (*Corr.*, t. III, p. 224). Malheureusement, cette décla-

---

99   Ibid, p. 159.

ration ne définit pas en quoi sa conception de ce qu'il entendait faire diffère de la féerie traditionnelle. Cependant il a poursuivi ses lectures pendant l'été, trente-trois féeries en tout, selon ce qu'il a affirmé aux Goncourt: 'Quel pensum! C'est avec saint Augustin et le cochon de lait ce que je connais de plus lourd. On n'a pas l'idée du poids de ces fantaisies' (*Corr.*, t. III, p. 230). Cette façon de préparer son œuvre a beaucoup étonné les Goncourt, et on les comprend: 'il veut faire une féerie et avant de la faire, il lira toutes les féeries faites jusqu'à lui. Le singulier procédé d'imagination'[100].

En fait, la fertilité de l'imagination de Flaubert lui inspirait à cette époque quantité de projets de féeries, qu'on peut lire dans le fameux Carnet 19, qui jette tant de lumière sur la genèse de *L'Education sentimentale* et de *Bouvard et Pécuchet*. Parmi les idées qu'il a considérées, puis abandonnées, figure celle d'une *Ile des locutions*, où des expressions consacrées auraient présenté un sens littéral (et visuel). Voici par exemple quelques notes à ce sujet:

> Avoir un oncle d'Amérique. Prendre la lune avec ses dents. Habiter des châteaux en Espagne. Etre toujours aimé. – Voyager au pays des chimères. – (Un comique qui cherche midi à quatorze heures) – faire de Midi et de 14 heures deux personnages. Un monsieur qui souhaite avoir un cachet tout particulier – et un immense cachet, un disque particulier se colle sur lui. Il ne sort plus que la tête et les pieds[101].

Confondant ce sujet avec celui du *Château des cœurs*, Maxime Du Camp écrit:

> Il ne me parlait que de la Féerie, m'en racontait les scènes, m'en expliquait le mécanisme et n'arrivait pas à me convaincre qu'il ne perdît pas son temps. Au lieu des vieux trucs des théâtres populaires, au lieu des tables qui deviennent des fauteuils et des lits qui se changent en nacelles, il avait inventé un nouveau système qui seul condamnait sa pièce à n'être jamais représentée, car la mise en scène eût ruiné la direction. C'était l'image même contenue dans le dialogue qui devenait visible et se formulait matériellement aux yeux des spectateurs. Ainsi, un père cherche son fils, le trouve dans un café, buvant et fumant; il s'irrite et lui dit: 'Tu n'es qu'un pilier d'estaminet'; à l'instant le jeune homme devient un pilier et forme un des linteaux de la porte. L'idée en elle-même était ingénieuse, mais elle bouleversait tellement les habitudes théâtrales qui, en pareille matière, tiennent médiocre compte du dialogue et le subordon-

---

100 *Journal*, t. I, p. 1024.
101 Flaubert: *Carnets de travail*, éd. Pierre-Marc de Biasi, Balland, 1988, p. 260.

ne aux effets de mise en scène qu'elle devait être considérée comme une innovation trop coûteuse et par conséquent inadmissible[102].

Il est vrai que certaines des transformations du *Château des cœurs* sont tout aussi fantastiques, mais l'idée maîtresse de *L'Île des locutions* ne comprenait pas le moindre germe d'action dramatique, et c'est sans doute pour cette raison que Flaubert l'a laissé tomber. Il y aurait eu, peut-être, des possibilités plus pratiques dans un autre projet, qui aurait eu pour titre *Les Trois Epiciers* ou *La Fille du voisin*, et qui aurait raconté l'histoire de trois frères, chacun poursuivant une illusion différente, avec quelques effets de mise en scène fondés sur la même donnée que *L'Île des locutions*. Il a pensé aussi à une histoire d'animaux microscopiques devenant immenses et dévorant le savant qui les étudiait. Puis, en juin 1863, il a suggéré à Bouilhet un sujet au titre balzacien, *La Paix du ménage*, où un mari représentant les vices physiques se serait spiritualisé, tandis que sa femme, plus idéaliste que lui, serait devenue matérialiste et désillusionnée dans la compagnie de gens vertueux. Mais le sujet qui a été le plus près de prendre forme est *Le Rêve et la vie*, qu'il a ébauché en juin 1863.

Katherine Singer Kovács, qui a procuré une excellente édition de ces fragments, définit ainsi l'œuvre:

> *Le Rêve et la vie* devait être une pièce mettant en scène un 'pauvre diable' nommé Anir, qui cherche à s'évader, au moyen du rêve, des misères de son existence quotidienne. Au début, il utilise les drogues et l'alcool pour stimuler son imagination. Au cours de ses rêves, il devient riche, puissant et irrésistible aux belles femmes. En fin de compte, Anir s'adonne si complètement aux rêves qu'il devient incapable d'action dans le monde réel. Les autres le considèrent comme fou. A la fin de la pièce, il perd son corps et passe dans un autre domaine de l'existence[103].

Ce sujet est analogue au plan pour un roman intitulé *La Spirale*, esquissé à une époque inconnue, qui aurait été le récit d'un artiste qui sombre peu à peu dans la folie; il y a aussi des parallèles avec le *Conte oriental* auquel Flaubert a travaillé avant et après *Madame Bovary*. Mais si le sujet est cher au cœur de Flaubert, les difficultés de le transposer dans une action scénique semblent avoir fini par le décourager.

Pendant toute cette période, et bien qu'il eût plus de quarante ans, Flaubert continua à divertir ses amis par des mimes ou des imitations, comme il aimait à le faire depuis son enfance. Voici par ex-

---

102 *Souvenirs littéraires*, t. II, p. 321-322.
103 *Le Rêve et la vie*, p. 17. Je traduis de l'anglais.

emple une anecdote rapportée par les Goncourt en 1862: 'L'on demande à Flaubert de danser l'Idiot des salons. Il demande l'habit de Gautier, il relève son faux-col, je ne sais pas ce qu'il fait de ses cheveux, mais le voilà tout à coup transformé en une formidable caricature de l'hébètement'[104]. Comme il a fait ceci en réponse à une invitation, il faut croire que l'Idiot des salons était une représentation comique qu'il donnait de temps en temps. Mais l'Idiot des salons était loin d'être le seul personnage qu'il se plaisait à contrefaire. Maupassant se souvient de l'avoir vu avec Bouilhet, à la Foire Saint-Romain à Rouen, en train d'imiter d'un couple de vieux paysans normands, Bouilhet faisant l'époux et Flaubert l'épouse; 'Bouilhet parlait comme l'homme et Flaubert comme la femme, avec des expressions normandes, l'accent traînard et l'air toujours étonné des gens de ce pays'[105]. Aux alentours de 1860, il fréquentait assidûment les dîners dominicaux offerts par Apollonie Sabatier, 'la Présidente', maîtresse du banquier Mosselman et un des modèles de Rosanette dans L'Education sentimentale. Il se vantait d'y rivaliser tous les dimanches de stupidités avec Henry Monnier (Corr., t. III, p. 17), ce qui voulait dire sans doute que chacun à tour de rôle faisait semblant d'être Joseph Prudhomme. Flaubert prenait ces drôleries suffisamment au sérieux pour s'exercer à perfectionner son jeu, comme nous le révèlent les Goncourt: 'Il est pataud, excessif et sans légèreté en toutes choses, dans la plaisanterie, dans la charge, dans l'imitation des imitations de Monnier, qu'il travaille rudement en ce moment. Le charme manque à ses gaietés de bœuf'[106]. En plus de Prudhomme et de l'Idiot des salons, Flaubert avait inventé d'autres rôles pour lui-même, notamment le Scheik, un vieux retraité, indolent et bête. Puis il y avait toujours des lectures pour ses amis. Quelquefois, ces lectures prenaient le caractère d'une récitation organisée, comme le prouve cette invitation envoyée aux frères Goncourt au printemps de 1861, quand il rédigeait Salammbô: 'C'est lundi qu'aura lieu la solennité. Grippe ou non, tant pis! Merde! [...] Voici le programme; 1° Je commencerai à hurler à 4 heures juste. – Donc venez vers 3. / 2° A 7 heures, dîner oriental [...]. 3° Après le café, reprise de la gueulade punique jusqu'à la crevaison des auditeurs' (Corr., t. III, p. 152). Les mots 'hurler' et 'gueulade' donnent une idée de ce que devaient être ces lectures.

104 Journal, t. I, p. 1048.
105 Chroniques, Etudes. Correspondance de Guy de Maupassant, éd. René Dumesnil, Gründ, 1938.
106 Journal, t. I, p. 722.

Le Chateau des cœurs

Au milieu du mois de juin 1863, quand Flaubert hésitait sur le choix d'un sujet pour la féerie qu'il voulait écrire, Bouilhet lui envoya un embryon de scénario, précédé d'un avertissement amical: 'Il faut, je pense, partir d'un principe féerique: bien établir, comme une religion indubitable, que nous sommes entourés d'êtres invisibles, plus forts que nous; lesquels êtres se manifestent quand bon leur semble, et dans les siècles qui leur conviennent le mieux' (*Corr.*, t. III, p. 959). Mais si l'imagination poétique de Bouilhet était capable d'un tel effort, le scepticisme inné de Flaubert faisait qu'il lui était pratiquement impossible de faire semblant d'adopter une croyance de ce genre. L'idée de Bouilhet était de commencer par les fées dans une vaste plaine couverte de bruyère, au clair de lune, se préparant à chercher un couple d'amants parfaits qui pourraient assurer aux fées mille ans de domination sur les méchants gnomes. Suivrait une série de tableaux montrant les deux jeunes gens, accompagnés d'un domestique plein de tous les vices, traversant diverses aventures jusqu'à ce qu'on reconnaisse la perfection de leur amour, ce qui permettrait de rendre aux fées un talisman représentant les cœurs perdus de l'humanité. Pour des raisons difficiles à deviner, ce scénario plut immédiatement à Flaubert, et, abandonnant ses idées pour *Le Rêve et la vie* ou *La Paix du ménage*, il se mit au travail, conseillé et aidé par Bouilhet et Charles d'Osmoy, qui était écrivain aussi bien qu'homme politique et qui était réputé avoir eu quelques modestes succès au théâtre à Paris[107].

On comprend que Flaubert, pour sa première tentative sérieuse de drame depuis *Loys XI*, ait éprouvé le besoin d'avoir des collaborateurs plus habitués que lui aux choses de théâtre. Maxime Du Camp a laissé, des circonstances de cette collaboration, un récit peu charitable mais probablement véridique dans ses grandes lignes:

107 Le catalogue de la Bibliothèque Nationale mentionne seulement trois ouvrages de d'Osmoy, dont aucun n'est une pièce de théâtre. Il y a, en 1845, *Un Second Souvenir de jeunesse à ses parents*, en 1846, *Les Douleurs maternelles, élégie sur la mort de Mademoiselle de B****, et en 1867 *Considérations pratiques sur le pilotage des chalands remorqués, présentées au nom des pilotes de Quillebœuf*. Mais il a pu écrire et publier des pièces de théâtre sous un nom de plume. Il a été un des commanditaires dont la générosité a permis la création du *Nouveau Monde* de Villiers de l'Isle-Adam au Théâtre des Nations en février 1883.

Seul, Flaubert n'était pas capable d'agencer une pièce, d'en supprimer les développements littéraires auxquels il excellait et que repousse l'objectif dramatique. Il savait qu'il existe un art singulier, l'art des combinaisons: il avait entendu un de nos camarades, qui eut quelques succès au Vaudeville et aux Variétés, dire: 'Je prouverai, quand on voudra, que Shakespeare n'a jamais su faire un drame'; il savait que, pour mouvoir les personnages dans des conditions acceptables, il faut ce qu'on nomme des *ficelles:* mais cet art, il l'ignorait, ces *ficelles,* il ne les connaissait pas. Il s'adressa à un de ses amis, au comte X+++ [d'Osmoy], dont quelques œuvres avaient réussi au théâtre. En outre, dans une féerie, les couplets, pour me servir du vieux mot, étaient de rigueur, et j'ai déjà dit que Flaubert n'avait jamais pu mettre un alexandrin sur ses pieds; toutes les fois qu'il avait voulu s'essayer à la poésie, il avait fait de la prose cadencée, mais de vers point. Il avait donc besoin d'un poète. Naturellement il choisit Louis Bouilhet. Tous trois se mirent à l'œuvre. Flaubert seul y avait de l'ardeur; Bouilhet rêvassait à autre chose; le comte X+++ cherchait à fuir[108].

En réalité, la part de Bouilhet dans l'élaboration du *Château des cœurs* était bien plus importante que d'être le fournisseur des rares chansons qui en ponctuent le texte. Au moment où Flaubert avait écrit quatre tableaux, il précise que Bouilhet en avait préparé neuf (*Corr.,* t. III, p. 345): donc, en plus d'avoir inventé l'idée qui était à l'origine de la pièce, il ébauchait le mouvement de diverses scènes, de sorte que Flaubert n'avait qu'à écrire les dialogues. La contribution de d'Osmoy à l'entreprise est plus obscure. De temps à autre, il rendait visite à Flaubert pour parler du travail, mais les lettres de Flaubert sont remplies de plaintes sur ses habitudes dilatoires, sur son manque de ponctualité, et sur son peu d'enthousiasme. Même s'il exagère, Du Camp a probablement raison de décrire ainsi la marche de la collaboration:

Quand il s'agissait de littérature, Flaubert n'entendait pas raillerie et il traitait ses collaborateurs avec quelque sans façon. Il leur envoyait des ordres de service comme pour une répétition théâtrale et n'était point satisfait lorsqu'on arrivait en retard. Bouilhet, assez soumis, ne se faisait pas trop attendre. Il n'en était pas de même du comte X+++ que ce genre de travail passionnait peu et qui imaginait toute sorte de subterfuges pour s'y soustraire. Un jour, il se présenta, la tête embobelinée d'une marmotte, un gros paquet de coton sur la joue, gémissant et abattu par une rage de dents. Flaubert, irrité à la fois et attendri, leva la consigne et lui permit de s'en aller. Le comte X+++ ne se le fit pas répéter: il partit; mais, dès qu'il eut dépassé la porte, il mit sa marmotte dans sa poche et

108 *Souvenirs littéraires,* t. II, p. 322.

alla se promener. C'était un effet de scène, comme on eût dit dans la féerie. Flaubert avait le travail tyrannique; ce travail, il l'imposait aux autres avec une insistance qui n'était, en somme, que l'effet de la domination qu'il ressentait lui-même. Il était homme à enfermer un collaborateur et à le maintenir sous clef, jusqu'à ce que la tâche fût achevée. Il ne ménageait les autres pas plus qu'il ne se ménageait lui-même[109].

Mais, pour son propre compte, Flaubert a adopté une méthode de travail radicalement différente de celle qu'il avait développée pour *Madame Bovary* et *Salammbô*. Non seulement il ne semble pas avoir établi un plan très précis pour l'action de la pièce (le nombre des tableaux a beaucoup varié), mais sa façon d'écrire ne ressemblait en rien au labeur lent et pénible de l'élaboration des brouillons successifs des romans, où il formulait et reformulait chaque phrase avant de l'intégrer à l'ensemble. Au contraire, il a adopté un procédé qu'il a explicité plus tard: 'Je crois, du reste, qu'une pièce de théâtre (une fois que le plan est bien arrêté) doit s'écrire avec une sorte de fièvre. Ça presse davantage le mouvement; on corrige ensuite' (CHH, t. XV, p. 347). C'est ainsi qu'une première version du *Château des cœurs* était achevée à peine trois mois après le début de la rédaction, même s'il a continué à la réviser pendant longtemps encore. Comparé aux cinq années de travail sur *Madame Bovary* et au même temps consacré à *Salammbô*, le contraste est extraordinaire et aide à comprendre pourquoi peu de lecteurs décèlent dans la prose du *Château des cœurs* les qualités qui caractérisent le style des grands romans. Cet abandon des principes qui guidaient la composition des romans dérive peut-être d'un certain mépris du genre théâtral en général, dont nous allons voir beaucoup d'exemples. Bouilhet lui-même a pu l'encourager dans ce mépris: en août 1858, il lui a écrit:

Ce qu'il y a d'ennuyeux au théâtre, c'est qu'on ne peut guère montrer ces développements-là de face et en plein (à cause de l'unité de lieu, entre autres choses). On les donne forcément de profil, on les raconte, et ça perd. Voilà en quoi le roman est plus heureux, comme locomotion. Décidément, malgré ses difficultés, le théâtre est un genre secondaire, en littérature (*Corr*, t. II, p. 1004).

En fin de compte, Flaubert lui-même a avoué qu'il avait des doutes sur la langue du *Château des cœurs:* quand un directeur de théâtre a refusé la pièce en disant qu'il en trouvait le style 'mou', Flaubert a gémi: 'Peut-être a-t-il raison?' (*Corr.*, t. III, p. 347). De toute façon, Flaubert

109 Ibid., p. 323..

est resté convaincu que, si le roman nécessitait un long et lent travail du style, une pièce de théâtre devait s'écrire à toute vitesse.

Le Château des cœurs ayant subi de nombreuses révisions entre 1863 et sa publication en 1880, on ne peut pas savoir exactement en quoi consistait la première version. Mais à en juger par le scénario proposé par Bouilhet, la structure de l'œuvre n'a pas beaucoup varié, à part l'adjonction ou l'omission d'un tableau par ci par là. En tout cas, certaines conventions du genre ont toujours été observées. Les fées choisissent Paul et Jeanne pour être éventuellement le couple idéal dont l'amour parfait pourrait assurer la défaite des gnomes et permettre aux fées de rendre aux humains leurs cœurs que les gnomes ont volés et conservés dans un château magique. Paul est ruiné et décide de partir pour Paris, afin de chercher secours auprès de ses amis. Il est accompagné de Dominique, le frère paresseux et glouton de sa chère Jeanne. Dans le deuxième tableau, à une auberge sur le chemin de Paris, un inconnu leur paie à boire et donne à Paul des conseils cyniques sur le moyen de parvenir, tout en prédisant les malheurs qui vont s'abattre sur lui. En réalité, l'inconnu est le roi des gnomes. Dans le troisième tableau, nous sommes à une réception chez le riche banquier Kloekher, un ancien ami du père de Paul. Kloekher cependant refuse d'aider Paul, mais lui propose un emploi d'une honnêteté douteuse, que Paul rejette avec indignation. Puis l'épouse du banquier lui fait des avances, ce qui lui confère un certain prestige auprès des autres invités. Seulement, Paul entend Madame Kloekher se vanter de la puissance qu'elle a sur lui, et la repousse. Un des invités lui dit que c'est Kloekher qui a été responsable de la ruine de son père: Paul répond en lui jetant son gant à la face, à la grande satisfaction des fées. Le quatrième tableau montre un taudis, où Dominique attend le retour de Paul. Celui-ci se lance dans un monologue où il se plaint de l'ingratitude et de la cruauté des hommes. Ce monologue est interrompu par la découverte d'une lettre, où les fées l'engagent à aller libérer les cœurs retenus dans le château des gnomes. Jeanne fait son apparition, habillée en laitière, mais Paul ne veut pas d'elle, ce qui réjouit le roi des gnomes. Le cinquième tableau, qui porte un sous-titre, 'L'Ile de la toilette', est une satire de la mode. La mode sur l'île est commandée par le roi Couturin (en réalité le roi des gnomes), sa reine et sa Cour. Ils revêtent Jeanne des robes les plus élégantes, et elle pense qu'ainsi habillée elle se fera aimer par Paul. Mais lorsqu'il arrive avec Dominique, elle essaie de le servir en demoiselle de magasin, sans qu'il la reconnaisse: il s'en va et Couturin se dispose à transformer Jeanne en ménagère bourgeoise. Ceci mène au sixième tableau, 'Le Royaume du Pot-au-feu', où le Grand Pontife (encore une incarnation du roi des gnomes) harangue les bourgeois et présente Jeanne à leurs enfants. De nouveau, quand Paul arrive, il ne la reconnaît pas: de son côté, elle suit les ordres du Grand Pontife et lui vante les avantages de la vie bourgeoise. Au début, Paul est attiré par cette perspective jusqu'à ce que les bourgeois le félicitent, ce qui le dégoûte. Les bourgeois arrêtent donc Paul et Dominique, qui doivent subir un long discours du Grand Pontife. Cependant, Jeanne prie pour leur délivrance, et devant un gigantesque pot-au-feu ils réussissent à s'évader. 'Les Etats de Pipempohé', le tableau suivant, est une satire de la puissance. Jeanne règne sur Pipempohé avec le roi des gnomes comme son premier ministre. On amène Paul et Dominique devant elle, enchaînés, parce qu'ils sont entrés dans le pays sans autorisation. Jeanne leur pardonne et tâche de les convaincre de rester, mais Paul décide de poursuivre sa mission de libérer les cœurs. Jeanne semble mourir, mais la reine des fées la ressuscite. Dans le huitième tableau, 'La Forêt périlleuse', Paul et Dominique se rapprochent du château des gnomes, mais ceux-ci, avec leur roi, transforment Dominique en arbre et Paul en statue. Ce tableau est suivi du Grand Banquet dans le château, où les gnomes fêtent leur victoire et se moquent de Paul. Jeanne arrive et lui avoue les différents déguisements qu'elle a dû adopter. Les deux jeunes gens déclarent leur amour et la reine des fées leur donne sa bénédiction. Paul et Dominique peuvent reprendre leur forme humaine et décampent en emmenant les cœurs. Le dixième et dernier tableau, 'La Fête du pays', nous ramène à la maison des Kloekher, où le banquier et ses invités sont en train de se plaindre du bruit fait par une fête populaire, où il se trouve que des cœurs sont à vendre. Paul et Dominique distribuent les cœurs aux invités, qui les mangent et deviennent vertueux, de sorte que Kloekher veut rendre à Paul sa fortune paternelle. Paul craint d'avoir perdu Jeanne, mais elle arrive avec la reine des fées. Dominique est métamorphosé en cœur et la pièce se termine quand on déplie une banderole portant les mots: 'La vertu étant récompensée, on n'a rien à dire' (CHH, t. VII, p. 175).

Même un simple résumé permet d'identifier quelques-uns des défauts de cette pièce. D'abord, le caractère épisodique de l'intrigue rend impossible toute évolution cohérente dans l'action. Le nombre de tableaux est arbitraire, et pourrait être augmenté ou diminué à volonté: d'ailleurs, nous savons que Flaubert avait envisagé une 'Cuisine des gnomes' (CHH, t. VII, p. 32) et un 'tableau des courses', et il appert des lettres de Bouilhet qu'en 1863 les deux collaborateurs projetaient seize ou dix-sept tableaux (*Corr.*, t. III, p. 962). Il existe dans le manuscrit un tableau supplémentaire mais entièrement écrit qui ne figure pas dans le texte imprimé; il porte le titre 'Le Pays de l'innocence' (CHH, t. VII, pp. 577-589). Cette incertitude sur le nombre de tableaux est aggravée par le manque de logique dans leur succession. On voit très bien pourquoi il doit y avoir deux scènes chez les Kloekher, l'une près du début et l'autre au dénouement, et la place des scènes à l'approche du château et dans le château lui-même est tout indiqué d'avance. Mais on pourrait changer l'ordre des autres sans rien perdre ou gagner. Le résultat est un mouvement tout à fait heurté et décousu, sans rien qui fasse vraiment avancer l'action. De même, il n'y a aucune évolution dans les caractères, et la psychologie est tout au plus rudimentaire. Les seuls personnages présents du début à la fin sont les jeunes amoureux et le serviteur comique, avec le roi des gnomes et la reine des fées, et ce sont des figures purement conventionnelles, dénuées de toute profondeur. Ils n'ont pas de conflits intérieurs, ils ne changent pas, et leurs relations sont postulées au début et ne varient pas. Quant aux Kloekher et leurs invités, ils ne reparaissent qu'après une longue absence et on n'a pas le temps de s'intéresser à eux. En outre, les éléments réalistes et les éléments fantastiques ne sont pas vraiment unifiés, danger que Bouilhet avait bien vu dès le principe:

> Tu parais choqué du féerique hantant à chaque pas le réel. C'est, quant à moi, la seule chose qui me charme dans ce travail. Tu veux faire une comédie humaine, et le surnaturel, éloigné, séparé, abstrait. Non, je ne vois pas la chose comme cela, j'aimerais mieux alors faire simplement une comédie d'intrigue, sans aucune fée. Mais du moment que tu les admets, il faut, comme Hoffmann dans *Le Pot d'or*, les mêler à chaque acte de la vie, à chaque minute de l'existence [...]. Sais-tu à quoi tu t'exposes avec ton fantastique d'un côté et le réel de l'autre: *ce que tu étais sur le point* de commettre pour le discours des *comices* dans *Madame Bovary*[110]. Ce n'est qu'en mêlant le comique au sérieux que tu es arrivé à faire une scène légitime et amusante, surtout (*Corr.*, t. III p. 960).

Flaubert a tenu compte de ce conseil dans la mesure où chaque scène comporte des éléments fantastiques, mais trop souvent la reine

---

110 Il semble s'ensuivre de cette phrase que l'idée d'entrecouper le discours de Lieuvain aux Comices par les flatteries séductrices de Rodolphe provient de Bouilhet, et que, sans son intervention, Flaubert aurait écrit cette scène célèbre d'une façon différente (et, sans doute, moins efficace et moins originale).

des fées et le roi des gnomes font des apparitions subites que rien ne prépare ni ne motive. Le réel et le fantastique sont ainsi juxtaposés seulement, d'autant plus que Flaubert n'a rien fait pour nous intéresser à eux, comme Shakespeare l'a fait si merveilleusement pour le monde féerique du *Songe d'une nuit d'été*. Dans *Le Château des cœurs*, on a l'impression que le côté féerique sert simplement de prétexte à une satire sociale d'un type plutôt banal: la tyrannie de la mode dans 'L'Ile de la toilette', le matérialisme égoïste de la bourgeoisie dans 'Le Royaume du pot-au-feu', l'hypocrisie et l'immoralité de la haute société dans les scènes chez Kloekher et ainsi de suite. Maurice Bardèche n'avait pas tort d'écrire: 'Tous ces grands projets n'avaient abouti qu'à insérer, dans un grand déploiement de machineries et d'extravagances, une satire sociale caricaturale et sommaire' (*CHH*, t. VII, p. 21) Enfin, la donnée dont tout dépend, le vol des cœurs, n'est qu'une manifestation assez simplette de la misanthropie de Flaubert. Le message de la pièce peut se résumer ainsi: de nos jours, les gens n'ont plus de cœur, et le 'happy end' très factice n'a rien à voir avec ce message.

Certains de ces défauts sont sans doute inséparables de la décision de composer une féerie, mais d'autres sont le fait de Flaubert lui-même. En discutant les possibilités de l'action de la pièce en 1863, Bouilhet avait écrit à son ami: 'nous ne serons pas longs si nous sommes amusants' (*Corr.*, t. III, p. 961), mais le défaut le plus évident du *Château des cœurs* est justement de ne pas être très amusant. Flaubert, seul responsable des dialogues, n'était pas doué pour les mots d'esprit, pour les répliques brèves et percutantes. Son humour, pourtant très visible dans les romans, ne s'exprimait pas facilement dans les conversations ou le dialogue: le comique des romans réside surtout dans les situations, dans les sous-entendus, dans les clins d'œil, et très peu dans la dextérité verbale. Dans *Le Château des cœurs*, les personnages étant en carton-pâte et l'action purement conventionnelle, pour amuser il aurait fallu des formules spirituelles et inattendues, des échanges divertissants, et il y en a très peu. En général, les dialogues sont aussi prévisibles que l'action. Et le langage de la pièce varie entre des conventions sans unité; comme l'écrit Jean Canu: 'le style participe à l'équivoque de l'ensemble: il est chargé d'expressions trop précieuses pour n'être pas ironiques, à tel point que l'on se demande si l'auteur croit ou ne croit pas à sa féerie'[111]. En outre, Flaubert abuse des procédés artificiels comme les apartés et les mono-

111 Canu, Jean: *Flaubert auteur dramatique*, Les Ecrits de France, 1946, p. 64.

logues, et l'intercalation de chansons et même d'un ballet dans 'L'Ile de la toilette' ne fait rien pour l'unité de ton de l'ensemble.

Quelques-uns des amis de Flaubert ont donc cru que *Le Château des cœurs* n'avait rien pour le recommander. Du Camp l'insinue en écrivant: 'il avait imaginé d'écrire une féerie: *Le Château des cœurs*, qui est une assez étrange conception, où il croyait avoir déployé un comique inconnu jusqu'ici'[112]. Emile Zola déplore l'indulgence que Flaubert montrait pour certaines scènes de la féerie: 'Il disait toujours qu'il voulait, avant de mourir, voir à la scène les tableaux du Cabaret et du Royaume du Pot-au-feu. Il ne les y a pas vus, et ses amis pensent que cela vaut mieux'[113]. Edmond et Jules de Goncourt sont catégoriques: 'Il nous lit la féerie qu'il vient de finir, *Le chateau des cœurs*, une œuvre dont, dans mon estime pour lui, je le croyais incapable. Avoir lu toutes les féeries pour arriver à faire la plus vulgaire de toutes!'[114] Même la bienveillance habituelle de George Sand n'est pas sans réserves: 'Gustave me lit ensuite la féerie. C'est plein de choses admirables et charmantes, trop long, trop riche, trop plein', et elle ajoute que l'œuvre 'n'est pas destinée à réussir'[115]. Des commentateurs plus récents ne sont pas plus tendres: beaucoup préfèrent passer sous silence une pièce qui les gêne; d'autres, comme Enid Starkie, consacrent quelques lignes à sa mauvaise qualité, sans chercher à comprendre ce qu'elle signifiait pour Flaubert: '*Le Château des cœurs* n'est certainement pas une bonne pièce, car il renferme trop d'actions divergentes. De plus, cette atmosphère féerique exige un style très spécial, tel qu'on le trouve chez Musset et chez Shakespeare, une qualité aérienne que Flaubert et Bouilhet étaient incapables de fournir'[116]. Il est certainement impossible de réfuter ces critiques et de réhabiliter *Le Château des cœurs*, mais il n'en vaut pas moins la peine d'essayer de voir pourquoi Flaubert y a consacré tant d'efforts et de travail, et pourquoi il y attachait de l'importance.

Pour le faire, il est nécessaire de commencer par examiner ce qui est arrivé au *Château des cœurs* après que Flaubert l'a terminé en 1863. Même avant de l'avoir achevé, il a soumis à Marc Fournier, di-

---

112 *Souvenirs littéraires*, t. II, p. 321.
113 *Les Romanciers naturalistes*, p. 296.
114 *Journal*, t. I, p. 1347.
115 *Correspondance Flaubert-Sand*, éd. Alphonse Jacobs, Flammarion, 1981, pp. 82 et 263.
116 Starkie, Enid: *Flaubert the Master*, Londres, Weidenfeld & Nicolson, 1971, p. 103. Je traduis de l'anglais.

recteur du Théâtre de la Porte Saint-Martin, un plan de l'œuvre avec quelques tableaux rédigés. La première réaction de Fournier semble avoir été encourageante, mais quand il a lu le manuscrit il a changé d'avis; selon Flaubert, il a approuvé le scénario de la féerie mais a trouvé que le langage était 'mou' (*Corr.*, t. III, p. 347); de son côté, Bouilhet pensait qu'il en avait assez des féeries et estimait que leur vogue était sur le point de prendre fin (*Corr.*, t. III, p. 965). Malgré cet échec, les collaborateurs persistèrent et en décembre 1863 proposèrent le texte complet à Hippolyte Hostein, directeur du Châtelet, par l'intermédiaire de Louis Pagnerre, ancien camarade de collège de Flaubert. Mais Pagnerre rapporta à Flaubert l'insuccès de sa tentative: 'je me suis approché d'Hostein et lui ai parlé du *Château des cœurs.* Il s'en est ouvert franchement avec moi et m'a dit qu'il n'oserait jamais jouer la pièce, parce qu'il la trouve trop en dehors des traditions de la féerie. Il ne croit même pas que tu trouves aucun directeur à Paris capable de ce coup d'audace. Il en est résulté de ma consultation que tu n'aurais pas à compter sur le Châtelet, pour le *Château des cœurs*' (*Corr.*, t. III, p. 1306). Ayant entendu dire que la pièce pourrait convenir au Théâtre des Variétés, Flaubert l'a offert à Jules Noriac, qui en était le directeur. Peu de temps après la mort de Flaubert, Noriac a raconté ce qui s'est passé; son récit est intéressant parce qu'il est sans doute typique de la réaction des hommes de théâtre devant cette féerie. Noriac venait d'assumer la direction des Variétés en collaboration avec Hippolyte Cogniard, quand le journaliste Gustave Claudin, qui avait connu Flaubert à Rouen, vint le voir et lui suggéra d'inaugurer sa direction avec *Le Château des cœurs.* Noriac fut si enthousiasmé par cette idée qu'il voulut tout de suite prendre le train de Rouen, et n'en fut dissuadé que quand Claudin lui dit que Flaubert devait bientôt venir à Paris. Quelques jours plus tard, Bouilhet et d'Osmoy vinrent le voir au théâtre, mais sans le manuscrit, disant que Flaubert était tellement fanatique de la perfection qu'il ne pouvait pas se résigner à communiquer le texte de la pièce. Cependant, ils se faisaient forts de le convaincre de le faire. Peu de temps après, les quatre hommes dînèrent ensemble au Grand Véfour, où, selon Noriac, la conversation s'est déroulée de la façon suivante:

Flaubert – Vous allez donc jouer ma pièce?
Noriac – Avec une joie et un empressement que vous ne sauriez concevoir.
Flaubert – Si, on m'a parlé de ça. Mais, dites-moi, vous avez un associé?
Noriac – Oui.
Flaubert – Cogniard; mais il a fait des féeries dans le temps?

Noriac – En effet, la *Biche au bois*, la *Chatte blanche* et mille autres.
Flaubert – Cela ne le contrarierait-il pas de jouer la mienne?
Noriac – Il n'y a aucun rapport…
J'aime à le penser, fit Flaubert avec majesté.
Noriac – Du reste, j'ai carte blanche, et je suis prêt à vous signer un traité en blanc, mon cher maître; vous n'aurez qu'à l'emplir.
Mais non, faisait Bouilhet.
Nous avons le temps, disait le comte d'Osmoy.
Votre parole me suffit, reprit Flaubert; d'abord parce que je sais que vous êtes un galant homme, et puis, comme vous pensez bien, je ne suis pas embarrassé de ma pièce; peut-être serait-elle mieux à la Porte Saint-Martin, à la Gaieté ou au Châtelet. Je ne vous cache pas que si je vous donne la préférence, c'est pour faire plaisir à Claudin[117].

Le même soir, Noriac lut la pièce et en fut fort déçu: 'peu importait, selon moi, que la pièce de Flaubert fût bonne ou mauvaise: c'était une pièce de Flaubert, et voilà tout; le public en ferait des choux ou des raves, cela le regardait'. Mais l'opinion de Cogniard était encore plus défavorable: 'Comme prose, cela peut valoir quelque chose: comme théâtre, ce n'est rien, moins que rien'. Au désespoir, Noriac lui avoua qu'il avait déjà donné à Flaubert sa parole de créer la pièce. Cogniard lui répondit qu'il n'y avait pas lieu de s'inquiéter, parce qu'une représentation durerait sept heures, ou neuf en comptant les entractes, et que Flaubert ne consentirait jamais à des coupures. Noriac consulta les deux associés de Flaubert, mais si D'Osmoy pensait qu'il serait possible de convaincre l'écrivain de la nécessité d'abréger considérablement la pièce, Bouilhet était pessimiste: 'Il ne coupera rien', ajoutant: 'Ce n'est pas par vanité. C'est par conviction'.

La pièce n'a donc pas été jouée aux Variétés, Noriac ayant prétexté, selon Flaubert, que sa scène n'était pas assez grande. Il est fort probable que des scènes analogues ont dû se produire quand Flaubert présentait *Le Château des cœurs* à d'autres directeurs: au début, fol enthousiasme à l'idée de créer la première pièce du grand romancier, suivi de désillusion devant la mauvaise qualité de l'œuvre et l'arrogance de l'auteur. Pendant deux ans, la pièce resta dans les tiroirs de Flaubert; puis en septembre 1866, un ami de Flaubert, le journaliste et photographe Etienne Carjat entendit dire que le célèbre acteur et directeur Dumaine cherchait 'une féerie en dehors des conditions ordinaires' (*Corr.*, t. III, p. 528) et lui recommanda chaleureusement *Le*

---

117 Noriac, Jules: 'Sur *Le Château des cœurs*', Les Amis de Flaubert, 52, mai 1978.

Château des cœurs. Seulement, quand Flaubert se rendit à Paris pour présenter la pièce à Dumaine, il eut vite fait de comprendre que le directeur ne s'y intéressait pas réellement: 'Bref, j'ai parfaitement vu qu'il *avait peur* de ma littérature et ne se souciait guère de l'entendre' (*Corr.*, t. III, p. 528). En juin 1867, Chilly, directeur de l'Odéon, lut la pièce, mais lui aussi la refusa. Puis, après la mort de Bouilhet en 1869, Flaubert et D'Osmoy revinrent à la charge dans l'espoir de faire gagner de l'argent à Philippe Leparfait, fils adoptif du poète, et après une révision supplémentaire, Flaubert lut la féerie à Michel Lévy, son éditeur, et à Raphaël Félix, directeur de la Porte Saint-Martin, très lié avec Lévy. La réaction immédiate fut enthousiaste et un contrat faillit être signé sur le champ, mais quelques jours plus tard, Félix informa Flaubert que les représentations coûteraient trop cher (CHH, t. XIV, p. 536). Ensuite, en février, le directeur de la Gaieté contacta Flaubert en vue de la création de la pièce, mais après avoir écouté une lecture de Flaubert, il la refusa. Une nouvelle pause intervint jusqu'en 1872, quand Flaubert entendit dire que Boulet, le nouveau directeur de la Gaieté, pouvait être intéressé: nouvelle déception. Une autre tentative auprès de la Gaieté n'est connue que par la lettre de refus envoyée à Flaubert par Jacques Offenbach, qui a brièvement assumé la direction du théâtre en 1873 et 1874; voici cette lettre non datée:

> Théâtre de la Gaité, cabinet du directeur.
> Mon cher confrère,
> J'ai lu avec un véritable intérêt votre féerie. C'est une très bonne chose, vraiment littéraire, mais, hélas! n'offrant pas assez de développement, au point de vue musical.
> Or, vous savez qu'à la Gaieté, surtout sous ma direction, la partie lyrique doit prendre une grande importance. Je vous renvoie donc votre poème, à mon regret, et j'espère bien, mon cher confrère, vous prouver un jour combien j'aime votre si grand talent.
> Recevez les compliments empressés de votre
> Jacques Offenbach[118].

On se demande ce qu'aurait pu être une pièce de théâtre produite en collaboration par Offenbach et Flaubert.

Cependant, Flaubert n'avait pas abandonné tout espoir de voir la création sur scène de sa féerie. En attendant, en 1875, il en offrit des extraits à Catulle Mendès pour la revue qu'il venait de fonder, *La République des Lettres*, qui publia dans son premier numéro, le 20 dé-

118 Goubault, Christian: art.cit.

cembre 1875, trois pages de 'Conseils d'un gnome' et en mars de l'année suivante 'Le Royaume du Pot-au-feu' avec le sous-titre 'Fragment de féerie'. Puis en 1878 il échoua dans une nouvelle tentative de création auprès de Ritt et Emile Weinschenk qui venaient d'assumer conjointement la direction de la Gaieté. Il a demanda aussi l'appui de son vieil ami l'homme politique Agénor Bardoux, qu'on avait nommé à un poste ministériel lui donnant la responsabilité des théâtres nationaux. Emile Bergerat est amèrement sarcastique au sujet de l'inactivité de Bardoux dans l'affaire du *Château des cœurs*:

> Un ministre même, un ministre de l'Instruction publique et des Beaux-Arts, qui passait pour lettré et libéral, n'a pas trouvé, en onze mois, le temps ni le courage d'intervenir, dans un pareil scandale, de donner cette modeste satisfaction à un grand homme, à un bon homme, à un ami, à un vieillard presque ruiné, et de soulager notre conscience nationale de cette honte! Une féerie! Ah! grand Dieu! par le temps d'exhibitions infâmes, d'une bêtise à guillotiner, qui courait alors, qui court encore, une féerie de Gustave Flaubert refusée par tous ces planteurs, fouailleurs de nègres quand ils ne sont pas négriers, qu'on appelle des directeurs, et rendue à l'auteur de *Salammbô* 'sous des prétextes littéraires'. Et M. Bardoux n'a rien pu contre ces marchands de bamboulas![119]

Pourtant, s'il est facile de critiquer Bardoux parce qu'il n'a rien fait pour *Le Château des cœurs*, surtout que la situation financière de Flaubert était très précaire après qu'il avait sacrifié sa fortune pour sa nièce en 1876, il est probable qu'il savait que la pièce ne valait pas grand'chose et serait sûrement un échec coûteux.

Au bout de ces quinze ans de vains efforts, Flaubert dut commencer à comprendre qu'il avait fort peu de chances de trouver un directeur qui oserait se risquer à monter sa pièce, et il se décida, à contre-cœur, qu'il pouvait au moins gagner un peu d'argent en la publiant. Mais même cette idée s'avéra difficile à réaliser. Il proposa d'abord l'œuvre à *La Réforme*, puis la retira quand il apprit que le journal ne payait que trente centimes la ligne (CHH, t. XVI, p. 91). Puis il se tourna vers la *Revue française* que dirigeait Paul Dalloz, un ami de longue date. Mais après avoir gardé le manuscrit pendant plusieurs mois, Dalloz conclut qu'il serait dangereux de le publier. Flaubert a compris que ce n'était qu'un prétexte: 'Découverte: je sais pertinemment que Dalloz n'a même pas lu mon manuscrit; il l'a fait lire

---

119 Bergerat, Emile: *Souvenirs d'un enfant de Paris*, Charpentier 1920, t. II, p. 148.

par son secrétaire, lequel lui a déclaré 'que c'était tellement ennuyeux que la publication était impossible" (CHH, t. XVI, p. 109).

En désespoir de cause, Flaubert fit appel à Charpentier, devenu son éditeur après la grande querelle avec Michel Lévy en 1872. Charpentier était propriétaire d'une revue luxueuse intitulée *La Vie moderne*, et, non sans hésitation, accepta de publier la féerie en feuilleton, sous les noms des trois co-auteurs. A contre-cœur, Flaubert concéda le principe que l'œuvre pourrait être illustrée, ce qui était tout à fait contraire à ses idées normales: 'Jamais, moi vivant, on ne m'illustrera' (*Corr.*, t. III, p. 221). En l'occurrence, il dérogea à ses principes parce que les illustrations pouvaient remplacer les décors de théâtre. Lorsque le feuilleton commença à paraître en janvier 1880, sa première impression fut bonne: 'la féerie a bonne mine et, ainsi publiée, elle me plaît' (CHH, t. XVI, p. 300). Mais cette satisfaction se tourna bientôt en fureur contre Bergerat, directeur de la revue: 'Les illustrations de *La Vie moderne* sont pitoyables et c'est publié d'une manière stupide; on coupe ma prose avec de petits bonshommes imbéciles: je *rage* contre Bergerat' (CHH, t. XVI, p. 319). Au mois de mai, son ressentiment contre Charpentier et Bergerat avait atteint des proportions phobiques, et il envoya à Charpentier une lettre qui dépasse en violence même sa véhémence habituelle:

Enfin je regarde cette publication comme une cochonnerie que vous m'avez faite, à moi, ce qui n'est pas bien de la part d'un ami. Je m'étais fié à vous deux. Vous m'avez trompé, voilà tout. Je n'ai pas voulu vous en parler quand vous êtes venu à Pâques, pour ne point gâter 'cette petite fête de famille'!

Mais la chose me reste sur le cœur. De toutes les avanies que j'ai endurées pour *Le Château des cœurs* celle-là est la plus forte. On rejetait mon manuscrit, on ne chiait pas dessus!

Vous me *paierez* cela, je vous en préviens.

Attendez-vous donc, la semaine prochaine, à me voir dans des dispositions peu commodes. Puisque j'ai eu la bêtise de consentir à des illustrations (chose anti-littéraire) il faut maintenant les recommencer pour le volume, pas une n'ayant de rapport avec le texte. C'est donc une autre publication à faire. (CHH, t. XVI, p. 360).

Puis Flaubert mourut subitement, et Charpentier laissa tomber l'idée de la publication en volume, de sorte que c'est seulement en 1885, dans le sixième volume des œuvres complètes de Flaubert chez Quantin, que *Le Château des cœurs* parut enfin en librairie.

Et pourtant, malgré les quinze ans d'efforts et d'échecs, au moment même où il négociait avec *La Vie moderne*, Flaubert conservait le vague espoir que le Théâtre des Nations pourrait avoir envie de monter la féerie. En fait, son attitude envers sa pièce était curieusement ambivalente. D'un côté, il était convaincu de la folie et de l'aveuglement des directeurs de théâtre qui l'avaient refusée. Voici par exemple l'histoire des mésaventures de la féerie telle qu'il l'a racontée dans un document communiqué à Emile Bergerat:

1° Marc Fournier refusa d'entendre le scénario du *Château des cœurs* prétendant que 'nous étions incapables', moi et Bouilhet, de faire une féerie.
2° Gustave Claudin nous demande la pièce pour M. Noriac, directeur des Variétés. Enthousiasme dudit Noriac qui voulait supprimer trois rangs de fauteuils d'orchestre, machiner son théâtre, etc., et commencer les répétitions tout de suite. Après quoi silence absolu pendant six mois. Et le *ms* ne me fut rendu qu'après des instances brutales de ma part.
3°. La pièce fut portée à Hostein, directeur du Châtelet, et quarante-huit heures après me fut rapportée par son *domestique* qui proféra ces mots: 'M. Hostein m'a chargé de dire à M. Flaubert que 'ce n'est pas du tout ce que Monsieur désire" (*Sic*).
J'en oublie quelques-uns:
4° Un directeur de la Gaîté (ancien directeur d'une troupe italienne à Nantes) a entendu la féerie chez moi, rue Murillo, – et puis pas de nouvelles, après avoir témoigné beaucoup d'admiration bien entendu.
5° Carjat demande à Bouilhet la féerie pour Dumaine et Rosewil (?), directeurs de la Gaîté. Le manuscrit fut gardé trois mois et rendu à moi avec dédain par M. Dumaine.
6° Raphaël Félix en entendit la lecture (avec Michel Lévy) et s'apprêtait séance tenante à 'faire le traité', quand il se ravisa tout à coup, parce qu'il voulait remonter *Lucrèce Borgia*.
7° L'année dernière, Weinschenck [sic], directeur de la Gaîté, garde le manuscrit huit jours. Même réponse que ses confrères.
8° Cet hiver, au mois de décembre, Dalloz a refusé de le faire paraître dans la *Revue Française*[120].

Les exagérations et les inexactitudes de ce document révèlent combien Flaubert chérissait sa pièce et combien il dédaignait les soi-disant spécialistes qui estimaient qu'elle n'était pas viable. Comme il l'a écrit en 1874: 'Une des choses les plus comiques de ce temps, c'est l'arcane théâtral. On dirait que l'art du théâtre dépasse les bornes de l'intelligence humaine, et que c'est un mystère réservé à ceux qui écrivent comme des cochers de fiacre' (CHH, t. XV, p. 295-296). Flaubert n'a apparemment jamais compris que l'admiration que certains ont exprimée pour sa féerie n'était qu'une simple politesse, et, jusqu'à la

120 Ibid., p. 150.

fin de sa vie, il a persisté à croire qu'elle pourrait fort bien réussir sur la scène 'je doute du succès de moins en moins' (1863: *Corr.*, t. III, p. 359); 'elle sera jouée un jour ou l'autre et elle aura un grand succès' (1870: CHH, t. XIV, p. 548); 'œuvre que je trouve, moi, très remarquable, quoi qu'on die' (1878: CHH, t. XVI, p. 107). Mais à d'autres moments il a avoué lui-même ses doutes, et dans beaucoup de lettres, il dénigre sévèrement *Le Château des cœurs:* 'J'en suis hon-teux. Ça me semble une immonde turpitude' (*Corr.*, t. III, p. 351; aux frères Goncourt en septembre 1863); 'j'en suis honteux, cela me semble immonde, c'est-à-dire léger, *petiot*' (*Corr.*, t. III, p. 354; à Amélie Bos-quet, en octobre 1863); 'franchement, je suis dégoûté de la féerie' (*Corr.*, t. III, p. 359; à sa nièce Caroline, en novembre 1863); 'Je le crois un tantinet faible' (*Corr.*, t. III, p. 531; à George Sand, en sept-embre 1863). Chose paradoxale, ces expressions de dédain se lisent souvent dans les lettres prédisant le succès.

L'explication de ces contradictions réside sans doute dans l'opinion de Flaubert sur les conditions du succès dans le théâtre de son temps. Deux fois il emploie les mêmes termes pour rendre compte des senti-ments de malaise que lui inspirait sa pièce: 'le manque radical de distinction (chose indispensable au théâtre) en est peut-être la cause' (*Corr.*, t. III, p. 352), 'le manque absolu de distinction, chose indis-pensable à la scène, est peut-être la cause de cette lamentable impres-sion' (*Corr.*, t. III, p. 354). Il voulait apparemment dire par là que, si une pièce devait réussir, elle ne pouvait pas se permettre de montrer le moindre signe de distinction, autrement dit, d'excellence littéraire. C'est ainsi que, dans ses romans, Flaubert s'adressait à une élite arti-stique, seule capable de discerner une beauté à peine perceptible au commun des mortels, alors que, dans *Le Château des cœurs*, il s'adressait à un public inférieur, insensible aux nuances, aux intentions subtiles, à la finesse du style. Pour cette raison, quand il se disposait à présenter sa pièce au Châtelet, il l'a essayée, non sur une pléiade d'hommes de lettres, mais sur un groupe très divers de non-spécialistes:

> A 1 heure précise je vais tantôt la lire à MM. Durandeau, l'auteur du
> *Petit Léon*, qui doit faire les dessins des décors et des costumes, Duplan,
> de Beaulieu (un ami de d'Osmoy), le frère dudit d'Osmoy, Lemarie, un
> ami de Bouilhet, Alfred Guérard, Rohaut, un ami de Monseigneur qui
> écrit dans les petits journaux. – Nous avons voulu avoir un public de
> bourgeois pour juger de l'effet naïf de l'œuvre (Corr., t. III, p. 362).

Que le bourgeoisophobe Flaubert ait voulu soumettre sa féerie à un jury de bourgeois montre combien profond était son mépris du succès au théâtre et du public dont il dépendait. Par conséquent, quand à sa prédiction: 'je doute du succès de moins en moins', il ajoute: 'Mais rien de ce que j'aime dans la littérature ne s'y trouvera' (*Corr.*, t. III, p. 359), les deux déclarations se complètent logiquement. Le rapport est encore plus explicite dans une lettre écrite à Amélie Bosquet en octobre 1863: 'La pièce n'est pas mal faite, mais comme c'est vide! Tout cela ne m'ôte nullement l'espoir de la réussite; au contraire, c'est une raison pour y croire. Mais je suis humilié, intérieurement; j'ai fait quelque chose de médiocre, d'inférieur' (*Corr.*, t. III, p. 354). Il peut sembler extraordinaire que ce maître-artisan ait visé si bas dans *Le Château des cœurs*, mais c'est peut-être là le grand défaut dans sa conception du théâtre; il pense que, comme c'est un genre commercial, le théâtre devrait flatter les goûts les moins relevés du public, de sorte que ceux qui écrivent pour la scène sont condamnés à l'échec s'ils essaient de plaire aux facultés supérieures.

Peut-être est-ce là un des aspects de la féerie qui attiraient Flaubert. C'était un genre qui ne pouvait prétendre au sérieux du grand art et qui ne visait qu'à divertir; le succès devait donc être facile. Flaubert n'était ni aussi riche ni aussi indifférent au gain qu'on l'a quelquefois prétendu, et certainement il pensait qu'une féerie pouvait être une affaire très rentable pour lui-même, pour Bouilhet, toujours à court d'argent, et pour Philippe Leparfait, l'héritier de Bouilhet. Il a d'ailleurs avoué franchement à George Sand son dilemme: 'je suis partagé entre le désir de gagner quelques piastres et la honte d'exhiber une niaiserie' (*Corr.*, t. III, p. 531). Pour réussir, ce devait être une 'niaiserie', mais présenter délibérément au public une niaiserie était indigne d'un artiste aussi consciencieux et aussi orgueilleux. Il n'était pourtant pas forcément insincère en prétendant qu'on pouvait faire de la féerie quelque chose de valable; nous avons vu quelques-unes des raisons qui auraient pu le persuader qu'il en était ainsi. Mais on regrette qu'il n'ait pas donné suite à son idée de s'expliquer là-dessus dans la préface qu'en 1863 et de nouveau en 1879 il se proposait d'écrire pour sa pièce. 'J'écris une forte Préface (une Préface à idées)' (*Corr.*, t. III, p. 346), déclare-t-il à Jules Duplan en 1863, et à Mlle Leroyer de Chantepie un mois plus tard: 'Je la ferai précéder d'une préface, plus importante pour moi que la pièce. Je veux seulement attirer l'attention publique sur une forme dramatique splendide et large et qui ne sert jusqu'à présent qu'à des choses fort médiocres' (*Corr.*, t. III, p. 352). Pendant quelque temps, il a attaché une certaine importance à cette préface, assurant Amélie Bosquet que ce serait 'un travail plus sérieux' (*Corr.*, t. III, p. 354) que la pièce elle-même, et déclarant en novembre à Jules Duplan que: 'je m'occupe de lectures relatives à la préface' (*Corr.*, t. III, p. 356). A mesure qu'il devenait évident que les espoirs de représentation et de publication immédiates s'éloignaient, il s'est désintéressé de l'idée, mais à la fin de sa vie, il a annoncé à Charpentier, qui devait publier l'œuvre en librairie, qu'il allait la faire précéder d''un petite préface' (CHH, t. XVI, p. 229). Seulement, comme il ne l'a pas écrite, nous ne pouvons pas deviner ce qu'il aurait dit; en tout cas, cela n'aurait guère suffi à changer notre opinion de la pièce en tant que telle.

En somme, *Le Château des cœurs* reste une expérience ratée, mais l'œuvre n'en jette pas moins une lumière révélatrice sur les intentions et les imaginations de Flaubert. Maurice Bardèche a ingénieusement soutenu que le véritable genre pour *Le Château des cœurs* aurait été le cinéma: 'Au fond, Flaubert n'avait pas la vocation du théâtre, mais celle du cinéma. C'est un admirable créateur visuel auquel l'instrument a manqué' (CHH, t. VII, p. 21). Il est vrai que le cinéma aurait pu mieux réussir que le théâtre toutes les transformations fantastiques de la féerie, mais rien n'aurait pu compenser le peu de profondeur de la psychologie, l'action arbitraire et décousue, et le malencontreux contraste entre la convention quasi-enfantine des gnomes et des fées et la satire mordante du monde moderne qui fait l'objet de la plupart des tableaux. *Le Château des cœurs* a beaucoup de points communs avec *La Tentation de saint Antoine:* une imagination extraordinairement fertile, une structure décousue, une grande intensité visuelle. Mais *La Tentation* brille par une éloquence et une virtuosité stylistique qui font défaut au *Château des cœurs* et il faut bien dire que, si Flaubert a cru produire une œuvre viable en greffant sur un genre populaire consacré quelques-uns des traits spectaculaires et fantastiques de *La Tentation*, il s'est trompé.

Après la mort de Bouilhet

La mort subite de Louis Bouilhet en juillet 1869 porta un coup terrible à Flaubert et changea complètement sa vie. Il avait non seulement perdu l'homme qui depuis près d'un quart de siècle avait été son ami le plus intime, il avait aussi perdu un collaborateur en qui il avait une confiance totale, son 'accoucheur' (CHH, t. XIV, p,544), sa 'boussole' (CHH, t. XIV, p. 498), sa 'conscience littéraire' (CHH, t. XIV, p. 498). En plus de tout ce qu'il devait à Bouilhet, qu'il regardait comme un grand poète emporté dans la fleur de l'âge, il sentait une grande responsabilité envers Léonie Leparfait, la compagne de Bouilhet depuis une vingtaine d'années, et Philippe Leparfait, son fils naturel, que Bouilhet avait adopté. Comme ni l'une ni l'autre n'avait de compétence littéraire et comme Bouilhet n'était pas riche, Flaubert crut devoir leur faire gagner le plus possible d'argent en exploitant les œuvres publiées ou inédites de Bouilhet. Bouilhet avait demandé à Flaubert, D'Osmoy, Du Camp et un ami nommé Caudron d'être ses exécuteurs littéraires, mais en fait Flaubert seul se chargea de tout, conduisant le deuil à l'enterrement, aidant Leparfait à résister aux importunités des deux sœurs de Bouilhet, deux vieilles filles confites en dévotion qui désapprouvaient l'irréligion de Bouilhet et qui étaient venues le harceler sur son lit de mort dans l'espoir de le convertir. Après avoir pris connaissance des papiers posthumes de Bouilhet, Flaubert conçut trois projets littéraires: le premier était la compilation d'un recueil de vers, le second était la représentation et la publication de *Mademoiselle Aïssé*, le drame que Bouilhet avait achevé deux mois avant de mourir, et le troisième était de trouver un théâtre pour *Le Cœur à droite*, la petite comédie qui avait paru dans une revue éphémère en 1859 mais qui n'avait jamais été représentée. En outre, Flaubert fut nommé président d'une commission constituée en vue de recueillir des fonds pour un buste et une fontaine commémoratifs à Rouen, ce qui allait l'engager pendant de longues années dans une violente querelle avec le conseil municipal de Rouen. Toutes ces activités pour honorer et perpétuer la mémoire de son ami allaient le préoccuper pour le restant de ses jours.

Il avait déjà colporté *Le Cœur à droite* de théâtre en théâtre et de revue en revue douze ans plus tôt mais semble avoir cru qu'il aurait plus de succès après la publicité faite autour de la mort du poète.

116

Dès septembre 1869, il pensait qu'il allait convaincre le Théâtre de Cluny de l'accepter, et le mois suivant, il la présenta à l'Odéon. Il négociait de nouveau avec Cluny en février 1872, mais en vain, et, découragé peut-être par ces échecs réitérés, il abandonna ses efforts, et *Le Cœur à droite* n'est plus jamais mentionné dans ses lettres.

Le cas de *Mademoiselle Aïssé* était très différent. Loin d'être une modeste comédie en prose, il s'agit d'un drame historique en vers, fondée sur une histoire véridique, celle d'Aïssé, une princesse circassienne achetée, toute petite, à Constantinople, par l'ambassadeur de France au début du dix-huitième siècle, élevée à Paris par sa belle-sœur, et qui a fait des ravages à la Cour du Régent, où elle est tombée amoureuse du chevalier d'Aydie à qui elle a donné un enfant, avant de l'abandonner dans une crise religieuse et de mourir en 1733. Comme *La Conjuration d'Amboise*, le dernier des drames historiques de Bouilhet à être joué son vivant, avait remporté un grand succès, Flaubert était persuadé que le même triomphe serait accordé à *Mademoiselle Aïssé*, et il présenta aussitôt le manuscrit à l'Odéon, où, dès le mois d'août 1869, la direction accepta de créer la pièce en novembre. Bien entendu, la guerre et la Commune ruinèrent ces projets, et au cours de l'été 1871 il fallut rouvrir les négociations, non sans mal, puisqu'en août de cette année Flaubert se plaignait d'être 'empêtré dans des affaires théâtrales fort compliquées' (CHH, t. XV, p. 30), et prétendait qu'il était obligé de passer huit heures par jour à faire des courses en fiacre (CHH, t. XV, p. 30). Le texte était complet et le théâtre l'avait reçu sans demander des changements, mais Flaubert estima que le mouvement du second acte était un peu lent et passa quelque temps à essayer de le rendre plus rapide en l'abrégeant. Les répétitions commencèrent vers la fin de novembre, sous la direction de Flaubert, cette fois tout seul, ce qui lui donnait une fort sentiment d'angoisse: 'les répétitions d'*Aïssé* me distrairont en me tapant sur les nerfs' (CHH., t. XV, p. 58): 'mais j'ai eu du mal! et une belle peur!' (CHH, t. XV, p. 64). Il se rendit même au Cabinet des Estampes à la Bibliothèque Nationale pour vérifier l'exactitude des décors et des costumes. Les notes qu'il a prises à cette occasion existent toujours et montrent avec quel soin méticuleux il a travaillé: il enregistre des détails d'ameublement, de costumes, de fard et de coiffures, en consultant des tableaux et des gravures de Watteau et de Lancret entre autres, en lisant des lettres de l'époque et en étudiant des ouvrages d'histoire[121]. De toute

---

121 Bosquet, Gaston: 'Gustave Flaubert metteur en scène de *Mademoiselle Aïssé*', *Les Amis de Flaubert*, 16, 1960.

évidence, il ne craignait pas plus sa peine en faisant des recherches pour le drame de Bouilhet que quand il s'agissait d'un de ses propres romans. Il se jeta dans sa tâche de metteur en scène avec une telle ardeur qu'un jour il faillit s'évanouir en pleine répétition: 'J'en pourrai crever, mais ça va!' (CHH, t. XV, p. 76). En plus, il lui fallait écrire une dizaine de lettres d'affaires tous les jours, mais il était soutenu par la conviction que la pièce ne pouvait pas manquer de réussir.

Mais en janvier 1872 il entra en fureur en apprenant que le Conseil Municipal de Rouen avait refusé d'accorder un emplacement pour la fontaine et le buste de Bouilhet, en partie parce que les conseillers estimaient que si *Aïssé* tombait, l'honneur d'un monument à Bouilhet serait excessif. Dans la lettre ouverte où il protestait contre ce refus, il est allé jusqu'à proclamer qu'*Aïssé* serait non seulement une réussite triomphale mais qu'on continuerait peut-être à le jouer dans cent ans et au-delà (CHH, t. XII, p. 58). En l'occurrence, la création en janvier fut accueillie poliment mais sans enthousiasme, peut-être, comme le pense Edmond de Goncourt, à cause du respect du public 'pour les hexamètres d'un mort'[122]. Mais les représentations suivantes furent reçues avec froideur et la plupart des comptes rendus furent hostiles. Même Flaubert eut du mal à expliquer cet échec, bien qu'il eût cherché à en rendre la direction du théâtre au moins partiellement responsable: 'La direction de l'Odéon n'a *rien* fait pour la pièce. Au contraire! Le jour de la première, c'est moi qui ai apporté de mes mains les accessoires du premier acte. Et à la troisième représentation, je conduisais les figurants' (CHH, t. XV, p. 92).

Sur ces entrefaites, Flaubert s'était entendu avec Michel Lévy pour la publication du texte de la pièce. Pour cette publication, il a adopté une tactique extrêmement bizarre, annexant à la pièce une Note sur les opinions de la critique. Là, il commence par dire que cela pourra être utile pour l'histoire littéraire de connaître les jugements émis en 1872 sur le drame. Mais au lieu de reproduire les comptes rendus favorables, il se contente d'en dresser la liste, puis passe à la citation de larges extraits des éreintements les plus féroces[123]. Visiblement, il ne pouvait accepter le verdict général et croyait que la postérité lui opposerait un démenti éclatant, alors que la postérité a plutôt ratifié l'opinion de ceux qui ont condamné *Aïssé*, de sorte que la pièce n'a jamais été réimprimée, encore moins rejouée. La note de Flau-

---

122 *Journal*, t. II, p. 861.
123 *Pour Louis Bouilhet*, pp. 39-43.

bert fait honneur à sa loyauté dans l'amitié, mais autrement ne fait que confirmer son manque d'objectivité quant aux mérites des œuvres de Bouilhet. Un certain passage de la pièce avait spécialement offensé une partie du public: c'était une tirade où l'un des personnages prédisait qu'un jour le peuple ferait irruption dans le palais royal pour se venger sur la Cour. Peu de mois après la grande peur de la Commune, cette tirade a paru inflammatoire, et quelques critiques ont insinué que les exécuteurs testamentaires de Bouilhet l'avaient insérée pour faire allusion aux récents événements. Indigné par cette accusation, Flaubert a écrit à la revue *L'Autographe*, qui était spécialisée dans la reproduction de documents contemporains pour demander l'insertion d'un fac-similé d'une page du manuscrit de Bouilhet pour prouver que la tirade avait été rédigée au moins deux ans avant la Commune. Croyant avoir ainsi établi la vérité sur le prestige littéraire de Bouilhet et sur sa propre honnêteté, Flaubert semble s'être désintéressé de *Mademoiselle Aïssé* et n'en a plus parlé.

Mais bientôt une autre pièce de Bouilhet allait occuper Flaubert pendant plus longtemps encore que *Mademoiselle Aïssé* et lui donner encore plus de mal. Il s'agit d'une comédie en cinq actes et en prose intitulée *Le Sexe faible*. Le statut exact de cette pièce est assez mystérieux. Elle figure dans les éditions des œuvres complètes de Flaubert, et certains commentateurs, notamment Canu[124], Bardèche (CHH, t. VII, pp. 31-32) et Masson[125], semblent croire que Flaubert a écrit l'œuvre en se fondant sur un scénario trouvé dans les papiers de Bouilhet. Mais les lettres de Bouilhet à Flaubert démentent cette version de la genèse de la pièce. Selon ces lettres, le poète a conçu l'idée de la comédie en 1864: 'Je pense à ce titre: *Le Sexe faible*, et je montrerais, là-dedans, toutes les lâchetés que nous font commettre les femmes, et la puissance terrible qu'elles usurpent, de jour en jour, dans les affaires les plus importantes du monde. Je crois que c'est là 'le signe du temps" (*Corr.*, t. III, p. 973). En octobre 1864, il avait écrit un scénario complet qu'il a montré à Flaubert, et au milieu de décembre, deux actes étaient terminés. Le pièce tout entière semble avoir été achevée en février ou mars 1865. Bouilhet l'a alors proposée au Gymnase et au Vaudeville, mais avant le milieu du mois de mai les deux théâtres l'avaient refusée. Ce que Flaubert a découvert dans les papiers de Bouilhet était donc bien autre chose qu'un simple scénario, et en juillet 1870 il a informé sa nièce que D'Osmoy et lui 'avons

---

124 *Flaubert auteur dramatique*, p. 71.
125 Flaubert: *Œuvres complètes*, Seuil, 1964, t. II, p. 315.

rarrangé ensemble une comédie de mon pauvre Bouilhet, c'est-à-dire que nous avons amélioré (je crois) la conduite de la pièce' (CHH, t. XIV, p. 573). Pendant deux ans encore, Flaubert a continué à y travailler par intervalles, mais les allusions dans ses lettres ne sont pas toutes concordantes quand il s'agit de savoir exactement en quoi consistait ce travail. En juillet 1872, il emploie les termes 'retravailler' (CHH, t. XV, p. 140) et 'rarranger' (CHH, t. XV, p. 145), mais en septembre de la même année, il parle à George Sand d'une comédie en prose de Bouilhet, que j'ai un peu retouchée' (CHH, t. XV, p. 160). En octobre, il a dit à un ami qu'il y avait 'de grands changements à faire dans la pièce' (CHH, t. XV, p. 174), et en juin 1873 il a prétendu avoir écrit 'la valeur d'à peu près trois actes' (CHH, t. XV, p. 224); le mois suivant, il déclare avoir changé 'complètement le premier et le troisième acte' (CHH, t. XV, p. 228). Il est difficile d'interpréter ces indications contradictoires, mais on ne risque guère de se tromper en supposant que la structure de la pièce a été fixée par Bouilhet et que le travail de Flaubert s'est borné à une révision des premier et troisième actes. S'il en est ainsi, et il semble difficile d'attribuer à Flaubert une part plus grande dans l'élaboration de la pièce, il serait injuste de souscrire à l'opinion de Maurice Bardèche: 'S'alignant sur un répertoire traditionnel en utilisant des personnages et des recettes également traditionnels, Flaubert ne peut se dispenser d'avoir du 'métier' et sa pièce prouve qu'il n'en a pas. Elle est une pièce d'écrivain' (CHH, t. VII, p. 33). Egalement, s'il est injuste de reprocher à Flaubert les défauts de la pièce, il serait déraisonnable de le complimenter sur ses qualités. Essentiellement, il faut considérer Le Sexe faible comme une œuvre de Bouilhet avec quelques interventions non identifiées de Flaubert.

En fait, Le Sexe faible est plus solidement charpenté que Le Château des cœurs ou Le Candidat, et si les circonstances avaient été autres, la pièce aurait pu être représentée avec succès à l'époque. Maurice Bardèche a parfaitement raison de l'appeler 'une honnête comédie de boulevard qui n'était pas de nature à dépayser un directeur' (CHH, t. VII, p. 32), même si cette description contredit le jugement négatif que nous avons cité plus haut. Cette opinion est amplement confirmée par les réactions de Carvalho, directeur du Vaudeville, lorsque Flaubert lui a présenté la pièce: 'Carvalho m'a l'air de plus en plus convaincu du succès, et j'ai maintenant sa promesse écrite d'être joué l'hiver prochain' (CHH, t. XV, p. 215; mai 1873); 'enthousiasme et réception immédiate!' (CHH, t. XV, p. 228; juillet 1873); 'Carvalho est enthousiasmé (sic) des changements que j'ai faits au scénario et 'est sûr' d'un grand succès pour l'hiver prochain' (CHH, t. XV, p. 228; juillet 1873). George Sand a été témoin de la joie de Flaubert devant l'enthousiasme de Carvalho, et malgré son amitié pour Bouilhet, ne résiste pas à la tentation de se moquer gentiment du culte du romancier pour son ami décédé:

> Flaubert dit qu'il n'en peut plus, qu'il est mort, qu'il a lu une pièce à Carvalho de 2 à 5h. du matin, qu'elle est acceptée avec transport, qu'il va retourner à Croisset pour la récrire pendant 6 *mois* et qu'il reviendra passer *tout l'hiver* à Paris pour la faire jouer, que ça l'ennuie à mort, mais que c'est pour la mémoire de Bouilhet, ça devient pour lui comme la décoration pour la mère de Marchal. Au demeurant, il beugle de joie, il est enchanté, il n'y a plus que ça dans l'univers. Il n'a pas déparlé et n'a pas laissé placer un mot à Tourgueneff, à Goncourt encore moins[126].

Nous sommes bien loin des hésitations et des faux-fuyants qu'il a rencontrés pour *Le Château de cœurs*, et si Flaubert, pour les raisons que nous verrons plus loin, n'avait pas négligé de profiter de ces bonnes dispositions, la pièce aurait certainement été représentée et aurait peut-être plu au public.

Le personnage central est Paul, un jeune boulevardier, qui épouse Valentine, dont la mère vient habiter chez les jeunes mariés. Quelques mois plus tard, fatigué de Valentine, qui est très dispendieuse et qui s'intéresse plus à son bébé qu'à son mari, Paul commence à trouver Victoire, la bonne, plus attrayante que son épouse. Au quatrième acte, Paul a quitté sa femme et installé Victoire dans un appartement à elle, avec des domestiques en livrée. Un vieil ami de la famille, le général Varin des Ilots, dont la gouvernante Gertrude vient de mourir, cherche à persuader Paul de retourner à Valentine, en promettant de s'acquitter de ses dettes s'il accepte de le faire, mais, avant la fin de l'acte, Victoire a si bien embobeliné le général qu'il l'invite à prendre la place de Gertrude. Au dernier acte, la mère et la belle-mère de Paul offrent de payer ses dettes à condition qu'il réintègre le domicile conjugal, qu'il prenne un poste dans un bureau et qu'il les invite toutes deux à vivre chez lui. Paul refuse à cause de la promesse du général. Puis le général arrive et annonce que la promesse ne tient plus parce qu'il va épouser Victoire. Paul est donc forcé d'accepter les propositions de sa mère et sa belle-mère, et la pièce

---

126 *Correspondance Flaubert-Sand*, pp. 431-432. Charles Marchal était un peintre ami de George Sand, qui a été fort peu apprécié de son vivant et qui a fini par se suicider en 1877.

se termine sur une question de Paul, qui demande le chemin du bureau où il doit prendre du travail. Autour de cette action principale se développent diverses actions secondaires concernant le désir de Paul d'avoir dans un ministère une sinécure lucrative que doit lui procurer l'influence de sa mère mais qui finalement échoit à son cousin Amédée, un vieux célibataire endurci qui accepte docilement d'épouser Thérèse, la sœur de Valentine.

La pièce est sans profondeur, mais l'action est rapide, avec de nombreuses surprises et retournements, et certaines scènes sont vraiment drôles, notamment celle où Victoire séduit le général qui était venu pour lui faire la morale. Les personnages sont bien plus vivants que ceux du *Château des cœurs*, même si les changements dans la conduite de Paul sont trop brusques pour être convaincants. Si cette comédie a un défaut, c'est que tout est trop visiblement agencé pour proclamer le message misogyne qui l'informe. Chose curieuse, dans une lettre à Flaubert, son ami le poète et critique Théodore de Banville essaie de le convaincre qu'il n'a pas présenté ce message avec suffisamment de clarté:

> L'idée de la pièce est celle-ci: la tyrannie de la femme est violente, écrasante, tracassière, etc. A la bonne heure, mais il faudrait que, dès le commencement, dès les premières lignes de la pièce, un personnage formulât cet *argument* pour le public et lui dît: voilà ce que nous allons vous montrer! Il vaudrait mieux que, tout le long de la pièce, il fût là pour redire: vous voyez que, comme nous vous l'avions annoncé, la tyrannie de la femme, etc. (CHH, t. VII, p. 33).

Chose encore plus curieuse, Maurice Bardèche semble croire que ce reproche n'est pas dénué de fondement, alors que c'est plutôt le contraire qu'on pourrait critiquer[127]. Après le titre ironique, divers personnages répètent très explicitement ce message. Le ministre le proclame d'une manière sentencieuse au premier acte:

---

127 Banville a soulevé une autre objection, qui semble aussi mal fondée que la première. 'Votre dénouement… vous l'avez exprimé par un seul mot: 'Voulez-vous me dire où est ce bureau, madame?' C'est mettre tous ses œufs dans un panier et confier ce panier aux flots irrités. Car, supposez que votre acteur ait une hésitation dans la voix, supposez qu'à ce moment-là on remue un petit banc ou ferme une porte de loge, on n'entend pas le mot, et alors vous n'avez pas de dénouement'. Mais un metteur en scène tant soit peu compétent n'aurait aucun mal à fixer l'attention du public sur la réplique de Paul.

Le mal de ce temps, le voilà, Messieurs, la femme! son influence nous étouffe, on la sent partout épandue, c'est le grand filet où se prennent les âmes! L'homme libre y laisse sa force, et le penseur sa conscience! [...] Eve, Circé, Dalilah, Hélène, Cléopâtre, Dubarry prouvent assez que, depuis le commencement du monde, elles sont faites pour combattre l'idéal, humilier les hommes et perdre les empires! (CHH, t. VII, p. 194).

Et pour le cas où les spectateurs seraient assez obtus pour ne pas comprendre, d'autres personnages rappellent constamment cette même idée: Paul s'exclame: 'quelles lâchetés les femmes vous font commettre!' (CHH, t. VII, p. 214), ou, en regardant Amédée se laissant séduire par les ruses des femmes: 'Oh! sexe faible!' (CHH, t. VII, p. 271), ou encore: 'Pas un homme! pas un pan d'habit où m'accrocher!... et toutes ces crinolines amoncelées autour de moi comme des vagues!' (CHH, t. VII, p. 265). Le fait est que la thèse de la pièce, qui est d'ailleurs simpliste (et très sexiste) est illustrée trop copieusement et avec trop d'insistance: comme le fait observer Jean Canu: 'Jamais, en effet, ne vit-on pareille réunion d'hommes dominés par la toute-puissance féminine'[128].

Bouilhet et Flaubert ont peut-être cru au sérieux de cette leçon: les lettres de Flaubert sont pleines de doléances sur l'influence néfaste des femmes sur l'époque, et selon le témoignage de Maupassant, il répétait 'souvent la phrase de Proudhon: 'La femme est la désolation du juste''[129]. Mais nous aurions tort d'attacher trop d'importance à ce qui n'est, après tout, qu'une comédie légère. Flaubert y a travaillé avec acharnement (en 1873, il s'est vanté d'y avoir passé dix-huit heures en une seule journée: CHH, t. XV, p. 217), mais on peut le croire sur parole quand il affirme qu'en comparaison de *Bouvard et Pécuchet*, la pièce compte à peine pour lui: en mai 1873, il se décrit comme 'ayant hâte d'en finir avec cette besogne pour en prendre une autre, selon moi plus sérieuse' (CHH, t. XV, p. 221), et le mois suivant, il dit: 'Littérairement, j'y attache peu d'importance ou du moins une importance très secondaire' (CHH, t. XV, p. 222), ou encore: 'je n'attache pas une grande importance à cette œuvre. Je la juge 'convenable', mais rien de plus, et je ne souhaite son succès que pour deux raisons: 1° gagner quelques mille francs, 2° contrarier quelques imbéciles' (CHH, t. XV, p. 224). En réalité, les bénéfices auraient été partagés avec l'héritier de Bouilhet, puisqu'il aurait fallu nommer les deux auteurs. Il est impossible de savoir si l'adjonction du nom de Flaubert est responsable de l'alacrité avec laquelle la pièce a été reçue

128 *Flaubert auteur dramatique*, p. 79.
129 *Pour Gustave Flaubert*, p. 109.

en 1873, alors qu'elle avait été refusée deux fois du vivant de Bouilhet, ou bien si l'adaptation effectuée par Flaubert l'avait réellement
améliorée à un tel point. Pour le lecteur de nos jours, la pièce paraît
tout à fait unifiée, et Flaubert a réussi à intégrer parfaitement son style
à celui de Bouilhet. Il a expliqué le but qu'il visait dans l'écriture de
la comédie: 'Je vise comme style à l'idéal de la conversation naturelle, ce qui n'est pas très commode quand on veut donner au langage
de la fermeté et du rythme' (CHH, t. XV, p. 216), et dans l'ensemble
ce but est atteint: en tout cas, il n'y a pas de ces soudains changements de registre qui déparent *Le Château des cœurs*. Mais Flaubert
n'en a pas moins été très content quand il a terminé son travail de
ré-écriture et qu'il a cru, d'ailleurs à tort, qu'il allait pouvoir se consacrer exclusivement à *Bouvard et Pécuchet*: en juin 1873, il a déclaré
avec satisfaction: 'J'en ai fini (je l'espère du moins) avec l'art dramatique' (CHH, t. XV, p. 227) et, le mois suivant: 'J'en ai fini avec l'art
dramatique' (CHH, t. XV, p. 229).

Mais, lorsque, pour les raisons que nous verrons dans le chapitre
suivant, la création du *Sexe faible* n'a pas eu lieu au Vaudeville, Flaubert a vite fait de proposer la pièce au Théâtre Français, mais Perrin,
le directeur, l'a refusée parce qu'une nourrice figure parmi les personnages: 'Mettre un berceau et une nourrice sur la scène des Français! Y pensez-vous?' (CHH, t. XV, p. 301). En juin 1874, Flaubert a
essayé l'Odéon, mais après quelques jours le manuscrit lui a été ren-
voyé par la poste. Sur ce, Flaubert s'est résigné à l'offrir à Emile Weinschenk, qui dirigeait un théâtre bien plus modeste, le Théâtre de
Cluny. Weinschenk l'a accepté avec enthousiasme, mais les déceptions avaient rendu Flaubert sceptique:

> Le directeur du théâtre de Cluny, à qui j'ai porté *Le Sexe faible* m'a écrit
> une lettre admirative et se dispose à jouer cette pièce au mois d'octobre.
> Il compte 'sur un grand succès d'argent'. Ainsi soit-il! Mais je me sou-
> viens de l'enthousiasme de Carvalho, suivi d'un refroidissement absolu;
> et tout cela augmente mon mépris pour les soi-disant malins qui préten-
> dent s'y connaître. Car, enfin, voilà une œuvre dramatique déclarée par
> les directeurs du Vaudeville et de Cluny 'parfaite', par celui des Français
> 'injouable' et par celui de l'Odéon 'à refaire d'un bout à l'autre'. Tirez
> une conclusion maintenant et écoutez leurs avis! n'importe! comme ces
> quatre messieurs sont les maîtres de vos destinées, et qu'ils ont plus
> d'esprit que vous, n'ayant jamais écrit une ligne, il faut les en croire et
> se soumettre (CHH, t. XV, pp. 323-324).

En fait, plusieurs amis de Flaubert ont critiqué son choix de théâtre.
Après avoir assisté à une répétition à Cluny d'une des pièces de Zola,

Edmond de Goncourt a noté avec aigreur: 'une salle de spectacle qui, en plein de Paris, trouve le moyen de ressembler à une salle de province, comme peut-être, par exemple, la salle de Sarreguemines [...]. Et je ne pense pas sans tristesse à Flaubert dont le tour va venir dans un mois'[130]. Caroline,la nièce de Flaubert, a apparemment eu des doutes aussi, puisque son oncle lui a écrit le 13 septembre: 'Malgré tes répugnances et ton sinistre pressentiment, je crois que *Le Sexe faible* peut réussir' (CHH, t. XV, p. 340). Ces réticences ont bientôt commencé à inquiéter l'auteur aussi: 'Il va sans dire que tout le monde me blâme de me faire jouer dans un pareil bouisbouis. Mais puisque les autres ne veulent pas de cette pièce, et que je tiens à ce qu'elle soit représentée pour faire gagner à l'héritier de Bouilhet quelques sous, je suis bien obligé de passer par là' (CHH, t. XV, p. 345). Puis il s'est ému des difficultés que pouvait susciter la censure: 'Weinschenk a peur pour le *ministre*, mais si on supprime *ministre*, le rôle n'existe plus et la pièce devient incompréhensible. Le général peut être un général suisse (suisse – oh très bien!) mais ministre est irréductible' (CHH, t. XV, p. 359). Pour comble de malheur, l'engagement des comédiens posait des problèmes: 'mes quatre ou cinq personnages principaux me manquent, rien que ça' (CHH, t. XV, p. 358). Enfin, il y a eu la question des costumes. A cette époque, il était normal que les actrices s'habillent à leurs propres frais, et celles de Cluny n'étaient pas assez bien rétribuées pour payer des robes de la qualité voulue.

Donc, deux ou trois semaines avant la création, Flaubert a décidé de retirer la pièce, écrivant à son ami Laporte: 'Quant au *Sexe faible*, mon bon, je l'ai retiré de Cluny. La pièce eût été pitoyablement jouée, et j'aurais eu un échec phénoménal, sans compter que les artistes de ladite boîte ne sont pas assez riches pour avoir les robes qu'il fallait' (CHH, t. XV, p. 360). Quelques jours plus tard, Edmond de Goncourt a fait semblant d'être choqué par le raisonnement de Flaubert:

Ce soir, chez la princesse [Mathilde], en mangeant ma soupe, je dis à Flaubert placé près de moi: 'Je vous fais mon compliment d'avoir retiré votre pièce. Quand on a eu un échec, comme nous en avons eu tous les deux, il faut, pour la revanche, être joué par de vrais acteurs'. Il me paraît un peu embarrassé; puis, après un silence, il accouche de 'Je suis au Gymnase maintenant… Ce n'est pas moi, c'est Peragallo qui a voulu le présenter'. Et il ajoute: 'Il y a cinq robes dans ma pièce et là, les femmes peuvent en acheter…' *Il y a cinq robes dans ma pièce*… Flaubert dit cela![131].

130 *Journal*, t. II, p. 1001.
131 Ibid., p. 1025.

Cependant, Zola a laissé, des raisons qui ont amené Flaubert à retirer la comédie, un récit différent. Selon ce qu'il raconte dans *Les Romanciers naturalistes*:

> Plus tard, il nous lut *Le Sexe faible*, qu'il allait faire jouer au Théâtre Cluny. L'idée était ingénieuse, il y avait d'excellentes scènes; mais l'agencement général nous parut très faible, et devant notre silence embarrassé, il comprit et retira la pièce. Je n'assurerais pas qu'il ne perdît pas, ce jour-là, une illusion encore chère; car pendant les répétitions du *Candidat*, il nous parlait de cinq ou six sujets de pièces qui lui étaient venues et qu'il voulait mettre à la scène, si le public mordait. Il ne nous en a jamais reparlé, il avait renoncé au théâtre[132].

Mais si Flaubert aurait certainement été blessé si *Le Sexe faible* avait échoué, il est douteux que le manque d'enthousiasme de Zola et ses amis aurait à lui seul suffi à le faire renoncer à la représentation. Après tout, la pièce était surtout l'œuvre de Bouilhet, et, malgré tout son scepticisme, Flaubert a dû quand même être impressionné par la confiance de Weinschenk. Il est vrai que dans ses lettres il se dit indifférent au sort du *Sexe faible:* 'Après tout, bonsoir! J'ai fait ce que je *devais* faire' (CHH, t. XV, p. 238); '*Le Sexe faible* ne m'inquiète nullement. Qu'il réussisse ou ne réussisse pas, je m'en bats l'œil profondément! M. Vieux a tant d'orgueil qu'il est (je le crois du moins) inaccessible à la vanité' (CHH, t. XV, p. 326); 'La moindre des phrases de *Bouvard et Pécuchet* m'inquiète plus que *Le Sexe faible* tout entier' (CHH, t. XV, p. 328). Cette indifférence est sans doute en partie feinte, mais en même temps Flaubert était capable d'être très stoïque quant à la réaction du public devant ses œuvres. Il est probable que ce sont les faiblesses de ce qui se préparait à Cluny qui l'ont décidé à retirer la pièce.

Ayant abandonné Cluny, Flaubert ne manquait pas d'audace en présentant la comédie au Gymnase, même si l'initiative de cette démarche venait de Peragallo, agent général de la Société des Auteurs dramatiques. Le Gymnase était un des théâtres les plus prestigieux de Paris, où l'on jouait depuis de longues années tous les grands succès de Dumas fils. Mais après beaucoup de retard, Montigny, le directeur, finit par le refuser. Aussitôt Flaubert la proposa à Deslandes, du Vaudeville, mais, en février 1875, il exhala tout son ressentiment contre ce personnage: 'Notre ami Deslandes ne veut pas jouer *Le Sexe faible* tel qu'il est. Il m'a demandé de si grands changements qu'il

---

132 *Les Romanciers naturalistes*, p. 206.

faudrait refaire toute la pièce! Elle va donc redormir indéfiniment dans mon tiroir. Tout ce qu'il blâme est *justement* ce qui avait enthousiasmé Carvalho. Travaillez donc d'après les idées de pareils polichinelles!' (CHH, t. XV, p. 372). Excédé et découragé, Flaubert a en effet laissé *Le Sexe faible* dans son tiroir et n'en a plus jamais parlé.

En 1872, il avait publié simultanément le recueil posthume des vers de Bouilhet, *Dernières Chansons*, avec son émouvante préface, et la furieuse *Lettre à la Municipalité de Rouen*, où il dénonçait le refus du Conseil municipal d'accorder un emplacement pour la fontaine commémorative et le buste de Bouilhet. Avec la représentation et la publication de *Mademoiselle Aïssé* et sa longue campagne en faveur du *Sexe faible*, on pourrait penser que Flaubert avait fait tout son possible pour la mémoire de son ami, mais en fait la lutte pour le monument devait durer jusqu'à la mort de Flaubert en 1880, et le buste et la fontaine ne furent inaugurés qu'en 1882.

Les efforts de Flaubert pour consolider la réputation de Bouilhet en tant qu'auteur dramatique n'ont guère été couronnés de succès. On lit encore quelquefois la poésie de Bouilhet, et il est connu comme prédécesseur du Parnasse, mais son théâtre est complètement oublié. Ses drames historiques en vers appartiennent à un genre totalement passé de mode, et, d'une façon générale, ses écrits pour la scène manquent d'originalité. *Le Sexe faible* est peut-être sa meilleure œuvre dramatique, et probablement personne ne le lirait s'il ne figurait pas parmi les œuvres complètes de Flaubert.

Le Candidat

Les origines du *Candidat* sont un peu obscures. Nous avons vu qu'en 1849 Flaubert a ébauché une comédie où il se serait moqué des idéologies de 1848, et qu'en 1850 il a brièvement eu l'idée d'une pièce satirique sur la politique: 'j'ai envie de m'enfoncer dans les socialistes et de faire sous forme théâtrale quelque chose de très brutal, de très farce et d'impartial bien entendu' (*Corr*, t. III, p. 708). Mais si *Le Candidat* est écrit dans le même esprit plus de vingt ans après, rien ne permet de le relier aux vagues projets de 1849 et de 1850. En fait, Flaubert avait toujours regardé les hommes politiques (à part quelques amis personnels comme Charles d'Osmoy, Agénor Bardoux et Raoul Duval) comme une engeance vénale, égoïste et stupide, et sa détestation de la politique s'était intensifiée après la chute du Second Empire et la Commune, quand ses lettres sont remplies de diatribes contre la démocratie et le suffrage universel. 'Le premier remède serait d'en finir avec le suffrage universel, la honte de l'esprit humain. Tel qu'il est constitué, un seul élément prévaut au détriment de tous les autres: le nombre domine l'esprit, l'instruction, la race et même l'argent, qui vaut mieux que le nombre' (CHH, t. XV, p. 40), écrit-il à George Sand en 1871, ou quelques semaines plus tard: 'Dans une entreprise industrielle (société anonyme), chaque actionnaire vote en raison de son apport. Il en devrait être ainsi dans le gouvernement d'une nation. Je vaux bien vingt électeurs de Croisset' (CHH, t. XV, p. 53). En 1873, toujours à la même amie, dont les opinions démocratiques l'exaspéraient: 'tous les partis sont exécrables, bêtes, injustes, aveugles' (CHH, t. XV, p. 278). Mais pendant longtemps, rien dans ces condamnations de la politique et de ceux qui la pratiquent ne permet de les relier à un projet dramatique quelconque.

La première mention du *Candidat* dans sa correspondance se lit en juillet 1873, au moment où il terminait son travail sur *Le Sexe faible*: 'Je suis en veine dramatique, car j'ai écrit *Le Sexe faible* et, de plus, le plan d'une grande comédie politique intitulée *Le Candidat*' (CHH, t. XV, p. 235). Mais il s'agit apparemment de l'expansion d'une idée conçue précédemment, car à cette époque il fait état d'un scénario d'une vingtaine de pages, et il existe un autre scénario, bien plus court et sous un autre titre, *La Candidature* ou *Le Cocu triomphant*. Cet autre scénario a été découvert et publié en 1967 par le flaubertiste italien Alberto Cento[133], et bien qu'il se rapporte à ce qui est visiblement le même sujet que celui du *Candidat*, l'action et les personnages sont différents: seul le thème central est identique. Dans ce scénario, Flaubert résume ainsi le thème: 'chaque chose qui lui assure du succès augmente son cocuage – aussi la chose se consomme pendant qu'on le nomme'. Comme le fait remarquer Cento, la coïncidence de l'élection et du cocuage est le seul point fixe de ce projet, et l'auteur a, de toute évidence, beaucoup de mal à inventer des personnages et une action pour soutenir l'idée d'un homme dont l'ambition politique le pousse irrésistiblement à être cocu. Il est impossible d'assigner à ce scénario une date, même approximative. En 1890, Henry Céard a assuré Edmond de Goncourt que *Le Candidat* 'est tiré absolument d'*Une journée d'élections* par Lezay-Marnésia, qu'il s'y trouve tout, même le journaliste romantique'[134]. Mais rien ne prouve que Flaubert ait connu ce vieux drame obscur, dont les ressemblances avec *Le Candidat* sont d'ailleurs insignifiantes: l'accusation est donc certainement fausse.

Selon ce que Flaubert a raconté à George Sand, c'était le fait d'avoir révisé *Le Sexe faible* qui lui a donné l'idée d'écrire une pièce de théâtre (ou peut-être de réaliser un projet plus ancien): 'Comme j'ai pris l'habitude, pendant six semaines, de voir les choses théâtralement, de penser par le dialogue, ne voilà-t-il pas que je me suis mis à construire le plan d'une autre pièce, laquelle a pour titre *Le Candidat?*' (CHH, t. XV, p. 232). Mais, ayant écrit le plan, il l'a mis de côté: 'Mais je n'ai personne à qui le montrer, hélas! Je vais donc le laisser dans un tiroir' (CHH, t. XV, p. 269-270). Seulement, comme il rencontrait régulièrement Carvalho, directeur du Vaudeville, afin de s'entendre sur *Le Sexe faible*, vers la mi-août il succomba à la tentation de lui lire le plan. Se rendant compte qu'une pièce écrite par Flaubert seul serait une affaire bien plus sensationnelle qu'une pièce de Bouilhet complétée ou adaptée par Flaubert, l'entreprenant Carvalho commença aussitôt à chatouiller la vanité du romancier, exprimant beaucoup d'enthousiasme pour l'idée et le pressant de se mettre à écrire tout de suite. D'abord, Flaubert hésita, puis, pensant que s'il se montrait accommodant cela pourrait faciliter le passage du *Sexe faible*, au début de septembre 1873, il se mit à rédiger *Le Candidat*, dans les soirées seulement, réservant ses journées à la préparation

---

133 Cento, Alberto: 'Flaubert e *Il cocu triomphant* (uno scenario del *Candidat*)', *Rivista di Letterature moderne e comparate*, giugno 1967.
134 *Journal*, t. III, p. 1274.

de *Bouvard et Pécuchet*. Il fut entendu avec Carvalho que, si *Le Candidat* était prêt quand *L'Oncle Sam*, qu'on jouait alors au Vaudeville, approchait de ses dernières représentations, la pièce de Flaubert le remplacerait; autrement *Le Sexe faible* aurait la priorité. De toute évidence, Carvalho s'intéressait bien davantage au *Candidat*, et on peut soupçonner que c'était une tactique délibérée de sa part, quand, dans les premiers jours d'octobre, il demanda à Flaubert d'amalgamer les deuxième et troisième actes du *Sexe faible*; il devait bien penser que Flaubert refuserait et retournerait au *Candidat* avec un zèle accru. La pièce fut donc achevée et recopiée avant le 22 novembre, c'est-à-dire que *Le Candidat* avait été entièrement rédigé dans un maximum de deux mois de travail à temps partiel. A la fin du mois, Carvalho vint à Croisset, où Flaubert lui lut le texte complet de la comédie.

> Le lendemain, nous avons repris la pièce, et alors ont commencé les critiques! Elles m'ont exaspéré, non pas qu'elles ne fussent, pour la plupart, très judicieuses, mais l'idée de retravailler le même sujet me causait un sentiment de révolte et de douleur *indicible* [...]. Carvalho, accoutumé à des gens plus commodes (parce qu'ils sont moins consciencieux) en était tout ébahi. Et, franchement, il est patient. Les changements qu'il me demandait, à l'heure qu'il est, *sont faits*, sauf un: donc, ce n'était ni long ni difficile. N'importe! ça m'a bouleversé. Il y a un point sur lequel je n'ai pas cédé. Il voudrait que je profitasse 'de mon style' pour faire deux ou trois gueulades violentes. Ainsi, à propos de Julien, une tirade contre les petits journaux de Paris. Bref, le bon Carvalho demande du scandale. Nenni! je ne me livrerai pas aux tirades qu'il demande, parce que je trouve cela facile et canaille. C'est en dehors de mon sujet! C'est anti-esthétique! Je n'en ferai rien [...]. Je suis d'avance énervé de tout ce que je vais subir! et je regrette maintenant d'avoir composé une pièce! (CHH, t. XV, pp. 269-270).

Mais Carvalho scella aussitôt le contrat, et, le 11 décembre, Flaubert, 'calme comme un dieu et tranquille comme Baptiste' (CHH, t. XV, p. 274), lut la pièce à toute la compagnie du Vaudeville, où elle suscita beaucoup de rires et d'applaudissements. Edmond de Goncourt décrit Flaubert comme étant 'enfantinement gonflé'[135] du succès de cette lecture.

Cependant, Alphonse Daudet, qui connaissait bien Flaubert, a publié une version des circonstances qui ont donné lieu à la composition du *Candidat* qui diffère notablement du récit qu'on peut reconstituer d'après la correspondance. Cette version, même si elle est in-

---

135 *Journal*, t. II, p. 956.

exacte, représente sans doute la vérité telle que les amis du romancier la comprenaient. Selon ce que raconte Daudet:

> il advint qu'un jour un directeur de théâtre remuant, intelligent, toujours à la piste du nouveau, pensa que ce nom, illustre et rare, serait d'un excellent effet en son affiche; et aussitôt le voilà tombant chez notre romancier:
> Vous devriez me faire une pièce.
> Moi!... Une pièce!... Y songez-vous?... Que j'aille débuter à mon âge, après avoir tant travaillé, après *Madame Bovary, Salammbô, L'Education sentimentale...* J'ai bien autre chose à faire. Je prépare un roman en deux volumes. Et vous voudriez que j'aille m'exposer bénévolement aux épigrammes de la petite presse et aux conseils de la grande, que je voie mon nom se débattre dans des buissons d'épines et des flots d'encre, que je fournisse à la sottise, à l'envie, à l'impuissance une occasion de m'attaquer, de dire: 'Enfin, nous le tenons!... Non! jamais! jamais!'[136]

Daudet continue en racontant qu'après le départ du directeur Flaubert a involontairement commencé à imaginer des sujets et des scènes et à rêver aux applaudissements d'une salle comble, jusqu'au moment où la tentation est devenue trop forte: 'Là-dessus, il se met à l'œuvre, choisit un sujet bien moderne, une satire du suffrage universel dans ce qu'il a d'excessif et de désordonné, et changeant pour cette fois ses habitudes de travail si lentes et si mûres, il écrit sa pièce d'une haleine en quelques jours'.

Il est évident que ce récit est bourré d'erreurs flagrantes. Flaubert a conçu *Le Candidat* spontanément et non pas en réponse à la demande d'un directeur de théâtre. Carvalho n'a pas eu subitement l'idée de faire appel à Flaubert mais collaborait étroitement avec lui pour *Le Sexe faible.* Et si la pièce a été écrite rapidement, ce n'était pas dans l'espace de quelques jours. Cependant, Daudet a peut-être en un sens mieux compris que Flaubert ce qui se passait: il a vu juste en estimant que Carvalho, en exploitant ses vieux rêves de gloire au théâtre, avait réussi, par la flatterie et la ruse, à amener Flaubert à s'embarquer dans une entreprise que, sans cela, il aurait peut-être abandonnée (les termes dans lesquels le romancier explique à sa nièce qu'il a lu son scénario à Carvalho laissent penser qu'il a un peu honte de ce qu'il a fait: 'Il n'est pas besoin de te cacher que je lui ai lu le plan du *Candidat*' (CHH, t. XV, p. 241)). Après tout, ses expériences avec les drames de Bouilhet, surtout *Mademoiselle Aïssé*, l'avaient dés-

---

136 Article paru dans *Le Journal officiel*, le 15 mars 1874, cité par René Descharmes et René Dumesnil, *Autour de Flaubert*, Mercure de France, 1912, pp. 235-238.

abusé sur le compte du théâtre, et les problèmes qu'il avait rencontrés avec *Le Château des cœurs* et *Le Sexe faible* n'étaient pas de nature à le rassurer. Daudet a probablement raison de lui attribuer cette réflexion: 'Sans doute, le théâtre est un art inférieur, mais c'est encore celui qui convient le mieux à cette époque pressée, surmenée, où l'on n'a pas le temps de lire'.

En tout cas, Carvalho continua à être sûr du succès, tandis que Flaubert, à son propre étonnement, réussit à rester indifférent quant au résultat. 'Comme cette pièce m'a coûté très peu d'efforts et que je n'y attache pas grande importance, je suis assez calme sur le résultat' (CHH, t. XV, p. 284): c'est ce qu'il a écrit à George Sand au début de février 1874, impression confirmée quelques jours plus tard: 'Je crois que ma pièce sera très bien jouée, voilà tout. Car pour le reste, je n'ai aucune idée et je suis fort calme sur le résultat, indifférence qui m'étonne beaucoup. Si je n'étais harcelé par des gens qui me demandent des places, j'oublierais absolument que je vais bientôt comparaître sur les planches et me livrer, malgré mon grand âge, aux risées de la populace. Est-ce stoïcisme ou fatigue?' (CHH, t. XV, p. 287). Même quelques problèmes survenus à la dernière minute ont à peine perturbé sa tranquillité. D'abord la censure a demandé des changements dans le rôle d'un jeune légitimiste niais: 'de sorte que la pièce, conçue dans un esprit d'impartialité, doit maintenant flatter les réactionnaires: effet qui me désole. Car je ne veux complaire aux passions politiques de qui que ce soit, ayant comme [vous le] savez, la haine essentielle de tout dogmatisme, de tout parti' (CHH, t. XV, p. 285). Puis Delannoy, l'acteur qui tenait le rôle principal, a attrapé la grippe, de sorte qu'il a fallu remettre la première représentation, toujours sans que cela le trouble: '*Je ne pense plus du tout* au *Candidat!* Tel est mon caractère. C'est une idée usée dans mon cerveau! Je n'en serai que plus calme' (CHH, t. XV, p. 288). Même il a été plutôt content de savoir que sa pièce avait failli être interdite: 'ma pièce a été [...] une grosse affaire et si le gouvernement n'avait pas craint un joli engueulement de votre ami, on l'eût interdite. Il est vrai *que* c'est parce *que* c'était moi *qu*'on était si mal disposé. Je serai toujours suspect à tous les gouvernements sans en attaquer aucun et cela m'honore' (CHH, t. XV, pp. 285-286).

S'il fallait en croire Emile Bergerat, Flaubert aurait été fort déçu par les répétitions:

Quand il vit à quelle mise en scène Carvalho avait accommodé son pauvre *Candidat*, il sortit de sa stalle navré, et me rencontrant dans le couloir, il me prit le bras et m'entraîna dans la rue. Marchons un peu, fit-il, et nous fîmes cinq ou six fois le tour du théâtre, sans mot dire. Il était écarlate, sa couperose faciale fleurissait mille pivoines. Je le décidai à s'asseoir à la terrasse du Café Américain et à se rafraîchir de quelque limonade. Il ne voulait pas rentrer dans le coupe-gorge, il intentait une action à Carvalho. – Une farce, jouée comme une tragédie, les misérables! Il n'y en avait qu'un, un seul qui ait compris son rôle et la pièce, c'était Delannoy, oui, celui-là, à la bonne heure, un grand artiste. Il y avait en lui du Frédérick de Robert Macaire. Mais les autres!...[137]

Mais cette histoire est démentie par la lettre déjà citée où Flaubert assure George Sand que sa pièce sera très bien jouée et par le fait qu'il a répété ce compliment après la première représentation: 'Mes acteurs ont supérieurement joué' (CHH, t. XV, p. 292). Il est probable que Bergerat a été témoin d'une de ces rages, célèbres mais momentanées, dont Flaubert était coutumier, et que George Sand avait prédites quand elle a appris qu'on allait jouer *Le Candidat:* 'Te voilà donc lancé dans les émotions et les continuelles déceptions du théâtre. Eh bien, tant mieux, tu auras de rudes ennuis et tel que je te connais, des colères bleues'[138].

Mais même si Bergerat se trompe sur l'attitude de Flaubert envers les préparatifs de la pièce, d'autres commençaient à s'inquiéter pour les chances du succès. Dans un article non signé, Emile Zola s'étonne du manque de publicité pour la création: 'Jamais comédie n'a été montée dans un plus grand silence que *Le Candidat*'[139], et Bergerat note que 'les rumeurs de théâtre vaticinaient une déconvenue douloureuse', en rappelant les efforts faits par les amis de l'auteur pour assurer la réussite de la pièce: 'Alphonse Daudet et Edmond de Goncourt s'efforçaient de l'illusionner sur le plateau par des pronostics favorables dont ils étaient les tables tournantes. Zola battait les couloirs comme pour lui-même. Maupassant avait amené des ateliers une légion de rudes battoirs. Je me rappelle que la consigne était de tuer Sarcey à la sortie 's'il le fallait', pour apaiser les Dieux et plaire aux Muses'[140].

137 *Souvenirs d'un enfant de Paris*, t. II, p. 132. 'Frédérick', bien entendu,est Frédérick Lemaître, dont le rôle le plus célèbre était Robert Macaire dans *L'Auberge des Adrets*.
138 *Correspondance Flaubert-Sand*, p. 446.
139 Article paru dans *Le Sémaphore de Marseille*, cité par F.W.J. Hemmings, '*Le Candidat* de Flaubert dans la critique d'Emile Zola', *Revue des Sciences humaines*, 131, juillet-septembre 1968.
140 *Souvenirs d'un enfant de Paris*, t. II, p. 324.

Edmond de Goncourt a laissé, de la première représentation, un récit pittoresque mais peu charitable:

Hier, c'était funèbre, l'espèce de glace tombant peu à peu, à la représentation du *Candidat*, dans cette salle enfiévrée de sympathie, dans cette salle attendant de bonne foi des tirades sublimes, des traits d'esprit surnaturels, des mots engendreurs de batailles, et se trouvant en face du néant, du néant, du néant! D'abord, ç'a été, sur toutes les figures une tristesse apitoyée; puis, longtemps contenue par le respect pour la personne et le talent de Flaubert, la déception des spectateurs a pris sa vengeance, dans une sorte de chuchotement gouailleur, une moquerie sourieuse de tout le pathétique de la chose.

Non, les gens qui ne pratiquent pas comme moi l'homme de génie ne pouvaient en croire leurs oreilles, ne pouvaient soupçonner que le comique sorti de cette cervelle préconisée dans toutes les feuilles, fût d'un si *énorme calibre*. Oui, il fait gros, le gaillard.

Et l'étonnement mal comprimé augmentait à chaque instant devant les manques de goût, les manques de tact, les manques d'invention. Car la pièce n'est qu'une pâle contre-épreuve de la *Bêtisiana* imprimée de tous les partis. Et le public espérait toujours du Flaubert, et il n'y avait pas du tout de Flaubert, ni absolument rien d'un Aristophane de Rouen descendu à Paris.[141]

Avec un peu moins de causticité, Maxime Du Camp a enregistré ses impressions:

J'étais au Vaudeville pendant la première représentation; le cœur me battait haut, car j'avais vu la répétition générale et je n'étais pas rassuré. Le premier acte fut bien accueilli: le nom de l'auteur était connu, ce que l'on savait de son talent, de son caractère, de sa bonté, disposait favorablement le public. Le second acte eut des oscillations inquiétantes; au troisième tout s'écroula[142].

Edmond de Goncourt note les réactions immédiates de Flaubert:

Après la représentation, je vais serrer la main à Flaubert dans les coulisses. Je le trouve sur la scène déjà vide, au milieu de deux ou trois Normands, l'attitude consternée des gardes d'Hippolyte. Il n'y a plus sur les planches un seul acteur, une seule actrice. C'est une désertion, une fuite autour de l'auteur. On voit les machinistes, qui n'ont pas terminé leur service se hâter avec des mouvements hagards, les yeux fixés sur la porte de sortie. Dans les escaliers dégringole la troupe des figurants. C'est à la fois triste et un peu fantastique, comme une débandade, une déroute dans un diorama à l'heure crépusculaire.

141 *Journal*, t. II, pp. 972-973.
142 *Souvenirs littéraires*, t. II, p. 389.

En m'apercevant, Flaubert a un sursaut comme s'il se réveillait, comme s'il voulait rappeler à lui sa figure officielle d'homme fort. 'Eh bien, voilà!' me dit-il avec de grands mouvements de bras colères, et un rire méprisant, qui joue mal le *Je m'en fous!* Et comme je lui dis que la pièce se relèvera à la seconde, il s'emporte contre la salle, contre le public blagueur des premières, etc.[143].

Dans les jours suivants, Flaubert a accepté la chute de sa pièce avec une fortitude remarquable. Déçu mais résigné, il écrit ceci à George Sand:

Pour être un four, c'en est un! Ceux qui veulent me flatter prétendent que la pièce remontera devant le vrai public, mais je n'en crois rien. Mieux que personne, je connais les défauts de ma pièce. Si Carvalho ne m'avait point, durant un mois, blasé là-dessus avec des corrections imbéciles (que j'ai enlevées), j'aurais fait des retouches qui eussent peut-être rectifié l'issue finale. Mais j'en étais tellement écœuré que pour un million je n'aurais pas changé une ligne. Bref, je suis enfoncé.

Il faut dire aussi que la salle était détestable; tous gandins et boursiers qui ne comprenaient pas le sens matériel des mots (CHH, t. XV, p. 292).

Flaubert tente ainsi, mais sans conviction, de rendre le directeur et le mauvais public responsables de l'échec; cependant, ses arguments n'emportent pas notre adhésion. Quelques changements n'auraient guère pu transformer la pièce, et Bergerat, Goncourt et Du Camp sont d'accord pour affirmer qu'au début au moins le public était bien disposé envers Flaubert. Même Du Camp reconnaît que Flaubert a accepté courageusement sa déception: 'Je doutais beaucoup qu'il [l'échec] n'augmentât l'amertume où Flaubert plongeait jusqu'au cœur; je m'étais trompé: il supporta vaillamment sa déconvenue. Il dînait avec quelques amis le jour de la seconde représentation; il fut d'une gaieté un peu forcée mais de bon aloi'[144]. Edmond de Goncourt, pourtant peu enclin à l'indulgence, donne la même impression:

Je trouve Flaubert assez philosophe à la surface, mais avec les coins de la bouche tombants; et sa voix tonitruante, est basse par moments, comme une voix qui parlerait dans une chambre de malade.

Apres le départ de Zola, il s'est échappé à me dire avec une amertume concentrée: 'Mon cher Edmond, il n'y a pas à dire, c'est le four le plus carabiné...' Et après un long silence, il a terminé sa phrase par un 'Il y a des écroulements comme cela'[145].

---

143 *Journal*, t. II, p. 973.
144 *Souvenirs littéraires*, t. II, p. 389.
145 *Journal*, t. II, p. 973.

Et malgré sa mauvaise opinion de la pièce, Goncourt conclut avec pessimisme: 'Au fond, cette chute est déplorable pour tout fabricateur de livres: pas un de nous ne sera joué d'ici dix ans'[146], opinion partagée par Zola: 'C'est une bataille perdue. Cela est d'autant plus triste que Gustave Flaubert marche à la tête de toute une génération de jeunes auteurs. Voilà le théâtre fermé pour quelque temps aux tentatives littéraires'[147].

Quand les comptes rendus ont paru, l'hostilité du public de la première a été plus que confirmée. Francisque Sarcey, le critique le plus influent et le plus réactionnaire, a été impitoyable dans *Le Journal des Débats:* 'Tout est faux dans l'œuvre nouvelle, tout du moins paraît tel'[148]. Dans *Le Moniteur universel*, Paul de Saint-Victor a été tout aussi sévère: 'La pièce est fausse et commune, ennuyeuse et froide, sans mouvement et sans intention, pauvre d'imagination et lourde d'esprit'[149]. Auguste Vitu, du *Figaro*, a exprimé le reproche qu'on a adressé le plus souvent au *Candidat:* 'Je reste dans le devoir de la critique en signalant à M.Flaubert l'impossibilité de faire réussir au théâtre une œuvre qui prétend se passer d'un ou plusieurs personnages intéressants vers lesquels puissent se porter les sympathies du spectateur'[150]. Même Charles de La Rounat, qui était pourtant en bons termes avec Flaubert, s'est laissé aller, dans *Le XIXe siècle*, à un éreintement en règle:

> Le *Candidat* n'est pas une œuvre, ce n'est rien, *res nugatoria*, c'est un passe-temps d'oisif: ce n'est pas la plume de Flaubert qui a tracé toutes ces choses confuses, indécises et banales, et je voudrais qu'il ne les fît pas imprimer. Il a écrit sur une ardoise: cela s'effacera tout seul. S'il est inspiré, il laissera l'oubli se faire sur ce pâle produit d'une fantaisie malencontreuse[151].

Les amis de Flaubert ont fait ce qu'ils ont pu pour le consoler, mais ils ne pouvaient pas pallier un désastre aussi complet. Alphonse Daudet lui a écrit: 'Ne t'embête pas trop, mon pauvre grand homme, tout ça, c'est des bêtises'[152], et Zola l'a félicité de son réalisme: 'Vous avez mis

---

146 Ibid.
147 Art.cit.
148 *Œuvres complètes*, Conard, 1912, t. V, p. 514.
149 Ibid.
150 Ibid., pp. 514-515.
151 *Le Candidat*, éd. Yvan Leclerc, Le Castor astral, 1988, p. 101.
152 *Œuvres complètes*, t. V, p. 514.

dans *Le Candidat* plus d'observation puissante et de comique vrai qu'il n'en faudrait pour faire vivre un faiseur pendant dix ans'[153]. Hippolyte Taine a cherché à le convaincre que la pièce était trop riche pour être appréciée d'un public de théâtre mais plairait bien plus à la lecture: 'Je crois, mon cher Flaubert, que *Le Candidat* sera encore plus goûté à la lecture qu'à la représentation; il y a tant de choses si significatives que le lecteur les verra mieux que l'auditoire'[154]. Même Victor Hugo lui a envoyé un mot d'encouragement: 'Je félicite le théâtre qui a l'insigne honneur de jouer votre première œuvre dramatique et je vous envoie, mon cher confrère, mon applaudissement cordial'[155].

Mais après quatre représentations Flaubert en eut assez, et, malgré des réservations à l'avance d'une valeur de cinq mille francs, intervint pour mettre fin aux représentations: 'Je ne veux pas qu'on siffle mes acteurs. Le soir de la seconde, quand j'ai vu Delannoy rentrer dans la coulisse avec les yeux humides, je me suis trouvé criminel et me suis dit: 'Assez!' [...] Bref, c'est fini. J'imprime ma pièce' (CHH, t. XV, p. 292). En effet, la pièce fut publiée quelques semaines plus tard. Pourtant , Flaubert resta moins abattu que lui et ses amis ne l'avaient craint: 'Mon stoïcisme (ou orgueil) m'étonne moi-même' (CHH, t. XV, p. 292).

Si *Le Candidat* a tellement déconcerté public et critiques en 1874, c'est qu'il appartient à un genre qui nous est parfaitement familier aujourd'hui mais qui était inconnnu à l'époque, c'est-à-dire la comédie noire, et c'est ce qui explique les anomalies de sa réputation. Au premier acte, nous sommes chez Rousselin, riche bourgeois et le candidat éponyme de la pièce. Il a une épouse et une jolie fille, mais il est animé d'une telle obsession de la députation qu'il ferait n'importe quoi pour se faire élire. Cela lui est complètement égal d'être le candidat de la droite ou de la gauche, et il n'hésite pas à employer les ruses les plus grossières pour attraper des voix, commandant quinze paires de bottes au bottier, par exemple, et accordant ou refusant la main de sa fille à des alliés ou à des rivaux selon les besoins de sa cause. Parmi ces soupirants figurent Onésime de Bouvigny, jeune aristocrate imbécile qui est le fils du leader légitimiste, et Murel, qui

---

153 Ibid., p. 514.
154 Ibid.
155 Ibid., p. 513.

contrôle les voix des démocrates. Entretemps, Julien, poète et reporter sur un journal de la région, fait la cour secrètement à une des femmes de chez Rousselin, qui, lui, pense que c'est sa fille ou sa gouvernante anglaise, alors qu'en réalité c'est Mme Rousselin elle-même. Après toute une série d'intrigues, où Rousselin change constamment de parti, il réussit à se faire élire, exactement au moment où Julien devient l'amant de sa femme. La pièce se termine sur un mot de la fin délibérément ambigu, quand Rousselin demande: 'Je le suis?' et reçoit la réponse: 'Je vous en réponds!' (CHH, t. VII, p. 372), mot que, selon Flaubert, la troupe du Vaudeville a trouvé 'exquis de comique' (CHH, t. XV, p. 275).

Quelques-unes des raisons de l'insuccès de la pièce n'avaient rien de surprenant pour Flaubert, puisqu'il savait fort bien que sa comédie allait offenser les gens de tous les partis, de la droite à la gauche. Comme il l'a dit, dès la conception: 'Si jamais je l'écris et qu'elle soit jouée, je me ferai déchirer par la populace, bannir par le pouvoir, maudire par le clergé, etc. Ce sera complet, je vous en réponds!' (CHH, t. XV, p. 237). Dans cette comédie politique, comme dans *L'Education sentimentale*, son idée de l'impartialité est de traiter tous les partis avec la même sévérité et le même mépris. 'J'y roule dans la fange tous les partis' (CHH, t. XV, p. 239), selon une lettre de septembre 1873, de sorte qu'il devait s'attendre à être attaqué de tous les côtés; c'est même avec une certaine satisfaction qu'il s'exclame en mars 1874: 'Tous les partis m'éreintent' (CHH, t. XV, p. 292). Cet éreintement universel était même la preuve qu'il avait réussi à être indépendant et impartial. Flaubert ne s'était jamais beaucoup intéressé à la politique, et s'il avait été l'ami de la princesse Mathilde, s'il avait été décoré par le régime impérial, et s'il avait été invité à Compiègne par l'Empereur et l'Impératrice, cela ne faisait pas de lui un bonapartiste. Certes, il ne faisait pas un secret de son élitisme et de sa haine du suffrage universel, et il aurait sans aucun doute souscrit au verdict de Frédéric Moreau dans *L'Education*: 'Le peuple est mineur, quoi qu'on dise' (CHH, t. III, p. 352). Mais seuls ceux qui comme lui pensaient que la vie politique n'était qu'avidité, incompétence et égoïsme auraient pu trouver dans *Le Candidat* un message à leur goût.

Une autre raison de l'insuccès de la pièce en 1874 était l'absence d'un héros ou d'une héroïne à qui le public aurait pu s'identifier; c'est, nous l'avons vu, le reproche qu'Auguste Vitu a adressé à la pièce et qu'on a souvent répété depuis. Dans ce qui était le seul compte rendu entièrement élogieux de la pièce, Villiers de l'Isle-Adam a remarqué combien les spectateurs étaient déconcertés de ne pas trouver au dénouement le maire et le notaire pour un mariage[156]. Il est incontestable que tous les personnages sont dénués de qualités admirables. Rousselin sacrifie sa famille à son ambition qui n'a rien d'altruiste, et les autres sont tous aussi versatiles, aussi égoïstes et aussi vénaux. Flaubert lui-même en est venu à penser qu'il avait eu tort de ne pas rendre Rousselin plus humain en lui attribuant plus de jalousie. On se demande si Flaubert n'a pas eu l'intention de rendre Julien plus sympathique que les autres: il a ceci de positif, qu'il est poète, même s'il est aussi journaliste, prêt à vendre sa plume au plus offrant. En tout cas, l'auteur a été choqué quand le public de la première représentation l'a trouvé drôle: 'On a blagué des choses poétiques. Un poète dit: 'C'est que je suis de 1830, j'ai appris à lire dans *Hernani* et j'aurais voulu être Lara" (CHH, t. XV, p. 292). Mais si le 'vieux romantique' Flaubert pouvait se mettre à sa place, les spectateurs n'ont vu dans cette remarque que le comique. Les personnages féminins n'intéressent pas beaucoup non plus. Comme les femmes n'avaient pas le vote, elles devaient forcément rester sur la périphérie de l'action principale. Mais on ne peut guère sympathiser avec Mme Rousselin qui ne demande pas mieux que de tromper son mari, et Louise reste une figure presque anonyme. Donc, dans la pièce on ne reconnaît aucune valeur positive ni aucun personnage attirant, et tout finit mal pour tout le monde. On peut évidemment dire que dans les comédies de Molière les principaux personnages sont peu recommandables, mais il y a toujours de jeunes amoureux, des raisonneurs, ou des domestiques pleins de bon sens pour nous prouver que le monde n'est pas exclusivement habité par des imbéciles ou des coquins. De même, dans la tragédie shakespearienne, il y a toujours quelque chose pour nous consoler au dénouement: à la fin de *Hamlet*, il y a l'arrivée de Fortinbras pour assurer le rétablissement de la vie normale, et dans *Le Roi Lear*, Edgar assure un peu les mêmes fonctions. Rien de tel ne vient pallier la noirceur du *Candidat*.

Un autre reproche, qui était courant à l'époque, a bien moins de poids de nos jours. Avec son tact et sa bonté habituels, George Sand l'a formulé dans une longue lettre qu'elle a adressée à Flaubert peu de temps après la première représentation:

---

156 Villiers de l'Isle-Adam, '*Le Candidat* de Gustave Flaubert', dans *Œuvres complètes*, éd. Alan Raitt et Pierre-Georges Castex, avec la collaboration de Jean-Marie Bellefroid, Bibliothèque de la Pléiade, 1986, t. II, p. 459.

le sujet est écœurant, trop réel pour la scène et traité avec trop d'amour de la réalité. Le théâtre est une optique où un rosier réel ne fait point d'effet, il y faut un rosier *peint*. Et encore, un beau rosier de maître n'y ferait pas plus d'effet. Il faut la peinture à la colle, une espèce de triche- rie. Et de même pour la pièce. A la lecture, la pièce n'est pas gaie. Elle est triste au contraire. C'est si vrai que ça ne fait pas rire, et comme on ne s'intéresse à aucun des personnages, on ne s'intéresse pas à l'ac- tion. [...] Le sujet est possible en charge *Mr Prudhomme*, ou en tragique *Richard d'Arlington*. Tu le fais exact; l'art du théâtre disparaît[157].

Alphonse Daudet se montre du même avis quand il écrit: 'Rousselin est *trop vrai*'[158]. On peut s'étonner aujourd'hui de constater qu'on a trouvé trop proches de la vie les personnages caricaturaux et l'intrigue invraisemblable du *Candidat*, mais il est possible de comprendre quels aspects de la pièce ont suscité de telles réactions. Si on assiste à une farce de Labiche ou de Feydeau, on ne se soucie guère de la vraisem- blance des caractères et de l'action, parce qu'on rit constamment. Dau- det rapporte ce que lui avait dit Henry Céard au sujet des réactions du public à la création du *Candidat*: "Ce n'est pas drôle': tel est, d'après un témoin, le mot qu'on entendait répéter ce soir-là dans les couloirs du Vaudeville'[159]. Certes, il y a dans la pièce d'excellentes scènes comiques: Rousselin en train de répéter son discours électo- ral, ou Rousselin, regrettant d'avoir omis d'être entré dans une église pour prier, décidant de se concilier la faveur divine par un geste pseu- do-religieux mais, ayant distribué tout son argent aux électeurs, se voyant contraint de donner sa montre à un vieux mendiant. Mais ces scènes sont trop peu nombreuses pour soutenir l'amusement des spec- tateurs pendant toute la durée de la pièce, tandis que d'autres pa- raissent neutres ou même franchement ennuyeuses. C'est ce qui ex- plique le bizarre malentendu de Maxime Du Camp, qui attribue la chute de la pièce au fait que Flaubert aurait voulu y porter la pro- fondeur analytique de ses romans; selon lui, la pièce a échoué parce que l'auteur 'avait transporté une étude psychologique faite de nuan- ces et de détails sur le théâtre où les situations les plus grosses doivent être grossies encore pour être comprises'[160].

Nous avons déjà remarqué que l'humour de Flaubert se manifes- tait peu par les traits d'esprit, les mots éblouissants, les explosions

157 *Correspondance Flaubert-Sand*, pp. 461-462.
158 Cité dans *Autour de Flaubert*, p. 242.
159 Ibid., p. 240.
160 *Souvenirs littéraires*, t. II, p. 389.

de gaieté. Il admirait chez Henry Monnier son excellence à attraper les rythmes, les cadences et les banalités de la langue de tous les jours, et peut-être ne s'est-il pas rendu compte que les scènes de Monnier sont amusantes précisément parce qu'elles exagèrent l'inconséquence et l'insipidité des propos de la conversation normale, jusqu'au point où elle devient absurde (comme cela arrive aussi chez des auteurs dramatiques contemporains comme Ionesco ou Pinter). Parce que Flaubert n'exagère pas au même point, ses dialogues peuvent paraître prolixes et plats sans nous faire rire.

En répondant aux critiques de George Sand, Flaubert prétend savoir ce qui n'allait pas dans *Le Candidat:* il aurait dû changer la division des actes, il aurait dû omettre une histoire de lettre anonyme, inutile à l'action, il aurait dû rendre Rousselin plus jaloux, il aurait dû augmenter le nombre de gens cherchant à exploiter Rousselin, et la pièce aurait dû se terminer avec Rousselin accordant la main de sa fille et se rendant compte, au moment de son triomphe, combien il s'était mal conduit. Certaines de ces idées auraient pu un peu améliorer la pièce, mais dans l'ensemble, elles montrent surtout l'aveuglement de Flaubert quant aux défauts majeurs de l'œuvre: l'absence de vrai comique, l'action trop compliquée, les personnages dépeints de façon trop superficielle.

La plupart des commentateurs modernes ont aussi été très peu indulgents pour *Le Candidat*. Le plus sévère de tous est Maurice Bardèche, qui écrit: 'La pièce de Flaubert n'a pas gagné à vieillir. C'est une bouffonnerie sombre, caricaturale, une sorte de comédie de patronage dans laquelle rien n'est vrai ni intéressant. Il n'y a ni passion, ni intrigue' (CHH, t. VII, p. 34). Jean Canu soutient qu'en construisant sa pièce Flaubert est resté trop près de la technique de ses romans: 'Flaubert se défend d'imposer une armature factice au décousu des événements. Les spectateurs habitués aux pièces 'bien faites' furent déroutés par cette conception nouvelle, qui apparentait à l'excès l'art dramatique au roman'[161]. Les critiques formulées par Maurice Nadeau sont peut-être plus justes et plus pertinentes:

Flaubert n'a fait ni faux ni vrai. Il a transposé sur la scène sa vision du monde et des choses telle qu'on la devine dans ses romans, en donnant au contraire dans ce qu'il croyait être l'optique du théâtre. Au lieu d'accumuler les traits qui peignent et où il arrive que le bon se mêle au pire pour créer de la vie, il se borne à ceux qui synthétisent un carac-

---

161 *Flaubert auteur dramatique*, p. 117.

tère, une situation, un tournant de l'action. Sous le prétexte de ne pas s'appesantir, de faire vite, tout passe sous nos yeux à un rythme de kaléidoscope, se précipite vers un dénouement qu'on avait depuis longtemps deviné. On n'a pas eu le temps de s'intéresser aux personnages, celui de démêler les fils d'une intrigue compliquée, qui paraît soudain trop claire. [...] Le romancier nous aurait conté tout cela, l'aurait longuement, finement, cruellement analysé. Le véritable auteur dramatique nous l'aurait exposé et montré. Flaubert nous le jette à la face[162].

L'insuccès du *Candidat* semblait définitivement confirmé en 1910, lorsqu'André Antoine a organisé une seule représentation à l'Odéon, mais sans être tenté de renouveler l'expérience.

Et pourtant on peut se demander si *Le Candidat* ne vaut pas mieux que sa réputation, et si l'évolution du théâtre au vingtième siècle n'a pas mis en valeur des qualités qui n'étaient pas apparentes pour les contemporains de Flaubert. Nous avons déjà constaté que la pièce est plus compréhensible pour nous en tant que comédie noire; nous n'exigeons plus, comme le public de 1874, le maire et le notaire pour le mariage qui devait obligatoirement dénouer la comédie. Nous sommes habitués à un réalisme bien plus brutal que ce qui était concevable du temps de Flaubert. Et si la pièce n'a eu qu'un modeste succès d'estime quand on l'a jouée au théâtre de la Cité Universitaire en 1988, elle a eu une carrière plus qu'honorable en Allemagne et en Italie.

En 1913, l'auteur dramatique allemand Carl Sternheim a produit une adaptation de la pièce de Flaubert, d'après une traduction faite par sa femme Thea. A l'époque, Sternheim avait déjà une réputation solidement établie au théâtre. Fervent admirateur de Flaubert, il avait fait le pèlerinage de Croisset en 1911, et il a été frappé par le fait que *Le Candidat* ressemblait beaucoup à la série de comédies satiriques qu'il avait lui-même composée sous le titre générique *Aus dem bürgerlichen Heldenleben* (*Scènes de la vie héroïque de la bourgeoisie*), à tel point qu'il a pu introduire dans son adaptation deux personnages qui avaient déjà figuré dans une de ses propres pièces. Au début de 1913, il a rendu visite à Caroline Commanville à Antibes pour lui demander l'autorisation d'adapter *Le Candidat*. A contre-cœur, elle l'a accordée, et pour la remercier il lui a dédié *Der Kandidat*. Cette comédie a été représentée avec succès à la Volksbühne de Vienne en 1915, et il y a eu de nombreuses reprises (à Mannheim en 1926,

162 Nadeau, Maurice: *Gustave Flaubert écrivain*, Les Lettres nouvelles, 1969, p. 246.

à Berlin en 1930, 1960 et 1970, à Munich en 1948, à Leipzig en 1964, à Düsseldorf et à Esslingen en 1969, et à Flensburg en 1972). Elle a aussi été radiodiffusée en Allemagne en 1964 et en Suisse en 1971, de sorte qu'elle est devenue, pour citer Jean Emelina, 'une sorte de classique'[163]. Sternheim lui-même a toujours considéré que, de toutes ses pièces, c'était *Der Kandidat* qui était la plus conforme à ses intentions théoriques, ce qui montre combien ses idées étaient proches de celles de Flaubert.

Etant donné que dans l'ensemble la version de Sternheim reste proche du texte de Flaubert, le contraste entre la chute du *Candidat* et le succès du *Kandidat* semble extraordinaire. Le fait est que l'adaptation, faite avec beaucoup d'habileté et de finesse, montre que, malgré d'incontestables faiblesses, *Le Candidat* n'est, après tout, pas tellement loin d'être une bonne pièce, et il semble possible que Sternheim ait lu la lettre, publiée en 1884, où Flaubert explique à George Sand ce qu'il considérait comme les défauts de la comédie. Pour les trois premiers actes, Sternheim ne s'est guère éloigné du texte de Flaubert, sauf qu'il abrège et affine les dialogues, pour leur donner le laconisme qui caractérise son style[164]. Il élimine quelques scènes inutiles, notamment la lettre anonyme dénonçant les amours de l'épouse du candidat et du journaliste, que Flaubert lui-même avait fini par trouver superflue. Il a changé quelques détails et quelques allusions pour situer la pièce en Allemagne plutôt qu'en France. Il a aussi quelque peu étoffé le rôle de Mme Rousselin et a rendu plus apparente la profondeur des sentiments de Louise envers Murel. Mais il a complètement réorganisé le dernier acte. Son héros, qui s'appelle Russek, va encore plus loin que Rousselin en poussant sa femme dans les bras du journaliste. La gouvernante ne fait ses révélations sur l'affaire entre le journaliste et l'épouse que plus près de la fin de la pièce, ce qui élimine le problème, qui avait troublé Flaubert, relatif à l'absence de jalousie chez Rousselin. Il a aussi et surtout atténué la cruauté du dénouement. Au lieu d'acquiescer avec docilité quand son père lui ordonne d'épouser le jeune aristocrate stupide, Louise fait semblant d'obéir avant de s'enfuir avec Grübel (Murel) qu'elle aime: ce n'est pas le maire et le notaire, mais presque. Le dénouement est également changé du tout au tout. Au lieu du mot de la fin ambigu

163 Emelina, Jean: 'Théâtre et politique: *Le Candidat* de Flaubert', *Revue d'Histoire du théâtre*, 32, III, 1980.
164 Williams, Rhys W.: 'Carl Sternheim's debt to Flaubert: aspects of a literary relationship', *Arcadia*, 15, 1980.

('Je le suis? Je vous en réponds!') sur lequel se terminait la pièce de Flaubert, Sternheim a inséré un long monologue où Russek, apprenant son élection, s'exclame:

> Et pourtant il y a un Dieu. Je le sens en ce moment et suis rempli d'extase. Oui, maintenant, Dieu tout-puissant, je vous ai senti dans la moelle de mes os. O Dieu miséricordieux, j'ai toujours su que vous étiez là dans les profondeurs de mon esprit. Soupesez le passé dans la balance de votre omnipotence. Si mon âme a chancelé – ne sommes-nous pas tous mortels et sujets à l'erreur? – le fil de plomb a toujours été droit. Ayez pitié, Seigneur. Je vous appartiens. Le plus pauvre et le plus humble de vos serviteurs se tient devant vous! Je crois en vous, mon Dieu! Parole d'honneur[165].

Cette tirade souligne le thème de l'hypocrisie et du contraste entre l'être et le paraître qui domine la pièce, en lui donnant une dimension religieuse, à peine indiquée dans le texte de Flaubert quand Rousselin donne sa montre au mendiant (scène que Taine a comparé à du Shakespeare[166] et que Villiers de l'Isle-Adam a trouvé 'saisissante'[167], mais que Sternheim omet). La version de Sternheim approfondit et humanise la psychologie des principaux personnages et enlève ce que le dénouement de Flaubert avait de trop vaudevillesque. En somme, avec l'art consommé d'un auteur dramatique né, Sternheim a conservé les éléments les mieux venus de la pièce de Flaubert, a simplifié le reste et a rendu les personnages plus vivants et plus intéressants. On doit regretter que, lorsque Sternheim est allé voir Caroline à Paris en 1914, elle ait cru devoir lui refuser la permission de faire traduire son texte en français. Elle a sans doute pensé qu'il était sacrilège d'altérer l'œuvre de son oncle, mais si elle avait donné son consentement, le rêve de Flaubert d'un grand succès au théâtre à Paris se serait peut-être réalisé.

Mais si le succès du *Kandidat* est dû en partie à l'excellence de l'adaptation de Sternheim, il est plus surprenant de constater qu'en Italie une traduction fidèle de la pièce de Flaubert a également fort bien réussi. C'est *Candidato al parlamento*, mis en scène à Lucca en 1979 par Tino Buazzelli, qui a joué le rôle de Rousselin, puis en tournée à Venise, Rome, Florence et Milan. Selon Jean Emelina, qui a vu la pièce, une grande partie de sa popularité est venue du jeu éblouis-

---

165 Sternheim, Carl: *Der Kandidat*, Leipzig, Insel-Verlag, 1914, p. 107.
166 *Œuvres complètes*, Conard, t. V, p. 514.
167 *Œuvres complètes*, t. II, p. 460.

sant de Buazzelli dans le rôle du candidat[168]. Mais, à part quelques petites inventions (quelques coupures, une musique d'accompagnement d'Offenbach, et à la fin le retour du mendiant qui crie: 'Vive la Patrie! Vive Rousselin!'), on a scrupuleusement respecté le texte et les intentions de Flaubert.

A moins de penser que des différences de mentalité dans différents pays sont responsables de cet accueil si opposé à celui que la pièce a eu en France, il faut croire que vers la fin du vingtième siècle, nous sommes plus en mesure d'apprécier le comique sombre et amer du *Candidat* et que cette pièce n'a jamais été loin d'être une bonne comédie, même si personne ne songerait à l'égaler aux grands romans de Flaubert.

168 Art.cit.

Les Dernières Années

Après la débâcle du *Candidat*, Carvalho eut vite fait de laisser tomber son projet de monter *Le Sexe faible*. Mais la chute de sa pièce n'empêcha pas Flaubert de continuer à croire que *Le Château des cœurs* pouvait réussir, et si après 1874 il perdit courage pour *Le Sexe faible*, quand il arrêta les répétitions à Cluny et que le Gymnase le refusa, il ne perdit jamais complètement espoir pour *Le Château des cœurs* et, juste quelques semaines avant sa mort, il cherchait encore un théâtre pour la féerie.

D'un autre côté, l'échec du *Candidat* semble l'avoir convaincu qu'il était inutile de s'obstiner à vouloir écrire pour la scène, bien que George Sand ait essayé de le persuader qu'il devait recommencer. Dans une lettre d'avril 1874, elle lui écrit:

> Ce n'est pas à dire que tu ne puisses pas et ne doive [*sic*] pas faire du théâtre. Je crois au contraire que tu en feras et très bien. C'est difficile, bien plus difficile que la littérature *à lire*. Sur vingt essais, à moins d'être Molière et d'avoir un milieu bien net à peindre, on en rate dix-huit. Ça ne fait rien. On est philosophe, tu en as fait l'épreuve, on s'habitue vite à ce combat à bout portant, et on continue jusqu'à ce qu'on ait touché l'adversaire, le public, la bête [...]. Quand l'auteur est un artiste et un artiste comme toi, il éprouve le désir de recommencer et il s'éclaire de son expérience. J'aimerais mieux te voir recommencer tout de suite que de te voir fourré dans *tes deux bonshommes*. Je crains d'après ce que tu m'as dit du sujet, que ce soit encore du trop vrai, du trop bien observé et du trop bien rendu. Tu as ces qualités-là au premier chef; et tu en as d'autres, des facultés d'intuition, de grande vision, de vraie puissance qui sont bien autrement supérieures. Tu as, je le remarque, travaillé tantôt avec les unes, tantôt avec les autres, étonnant le public par ce contraste extraordinaire. Il s'agirait de mêler le réel et le poétique, le vrai et le fictif. Est-ce que l'art complet n'est pas le mélange de ces deux ordres de manifestation? Tu as deux publics, un pour *Madame Bovary*, un pour *Salammbô*. Mets-les donc ensemble dans une salle et force-les à être contents l'un et l'autre[169].

On se demande si ces conseils bien intentionnés ne dérivent pas de la peur que *Bouvard et Pécuchet* ne soit une conception viciée et impossible à réaliser, plutôt que d'une véritable conviction que Flau-

---

169 *Correspondance Flaubert-Sand*, pp. 162-163.

bert était capable de réussir au théâtre. D'ailleurs, combiner *Madame Bovary* et *Salammbô* était loin d'être facile, et Flaubert avait déjà essayé du mélange du réel et du poétique dans *Le Château des cœurs* avec des résultats jusque-là peu encourageants. De toute façon, ces arguments ne l'ont pas ébranlé, et entre 1874 et sa mort on ne trouve aucune trace de projets dramatiques nouveaux.

Cet abandon n'était pas forcément motivé par la conclusion qu'il n'était pas doué pour le théâtre, mais peut-être plutôt par l'idée que le théâtre était quelque chose d'inférieur, d'angoissant et d'éreintant et qu'il était plus raisonnable d'y renoncer et de se consacrer exclusivement à *Bouvard et Pécuchet* et aux autres projets romanesques qui en principe devaient lui succéder. La version de *La Tentation de saint Antoine* publiée en 1874 était bien plus éloignée du théâtre, même imaginaire, que ne l'avaient été les versions précédentes, et une note qu'il a écrite à cette époque montre qu'il ne pensait plus du tout à un spectateur regardant quelque vaste scène de rêve: 'Saint Antoine. Ne doit pas, au bout de quelque temps, savoir que ce sont des illuminations, tant les visions ont eu des gradations de netteté [...]. Tout doit être *réaliste*. Enlever tout ce qui peut rappeler un théâtre, une scène, une rampe' (CHH, t. IV, p. 336).

Mais ce n'était pas uniquement pour ses propres projets littéraires que vers la fin de sa vie Flaubert s'était détourné du théâtre. Ses visites au théâtre, déjà rares avant 1874, semblent avoir presque cessé après cette époque, sauf quand un devoir d'amitié l'y obligeait, par exemple pour *Le Mariage de Victorine* de George Sand en mars 1876, le *Bouton de rose* de Zola le mois suivant, et *Froment jeune et Risler aîné* de Daudet en septembre de la même année. Lorsqu'il y allait ainsi, sa présence et son appui pour l'auteur étaient très apparents, comme nous le dit Zola:

> je veux montrer par ici un exemple, le grand cœur qu'il était, exempt de toute jalousie, même de tout retour personnel, devant le succès d'un ami. Peu de temps après *Le Candidat*, dans cette même salle du Vaudeville, il vint applaudir furieusement *Froment jeune et Risler aîné*, d'Alphonse Daudet. Aux premières représentations de ceux qu'il aimait, il dominait ses voisins de sa haute taille, violent et superbe, jetant des regards de défi aux adversaires, gardant sa canne, enfonçant le plancher à grands coups, pour appuyer la claque. Jamais je n'ai vu sur son visage, l'ombre la plus légère, lorsque nous avions un triomphe, nous ses cadets heureux[170].

---

170 *Les Romanciers naturalistes*, p. 206.

Quelquefois quand même il allait au théâtre par curiosité: pour voir *Marion Delorme* en octobre 1874 (il n'avait pas perdu son amour du drame romantique), l'*Otello* de Verdi en décembre 1875, et *Le Philosophe sans le savoir* de Sedaine en mars 1876. Quand en 1876 il a assisté au *Prix Martin* d'Augier et Labiche, il s'est de nouveau trouvé désemparé devant les réactions imprévisibles du public:

> Hier, j'ai assisté à la première du *Prix Martin*, une bouffonnerie que je trouve, moi, pleine d'esprit. Pas un des mots de la pièce n'a fait rire, et le dénouement qui me semble hors ligne, a passé inaperçu. Donc, chercher ce qui peut plaire au public me paraît la plus chimérique des entreprises. Car je défie qui que ce soit de me dire par quels moyens on plaît. Le succès est une conséquence et ne doit pas être un but. (CHH, t. XV, p. 435).

Vers la fin des années 1870, Flaubert allait rarement au théâtre pour son plaisir. En mars 1878, il a dit à Mme Roger Des Genettes: 'Je ne vais plus au théâtre. J'y ai trop chaud et ça me fait perdre toute une soirée' (CHH, t. XVI, p. 38), et en décembre il a confié à Mme Tennant: 'Quant aux théâtres, j'ignore absolument ce qui s'y passe, voilà plusieurs années que je n'ai mis les pieds dans une salle de spectacle' (CHH, t. XVI, p. 284).

Egalement, ses rares commentaires sur le théâtre en général à partir des derniers mois de 1873, sont tous extrêmement négatifs et désabusés. 'Il me tarde d'être sorti de l'art dramatique. Ce travail fiévreux et pressé me tord les nerfs comme des cordes à violon; j'ai peur, par moments, que l'instrument n'éclate' (novembre 1873; CHH, t. XV, p. 263); 'Mais sait-on jamais ce qui peut advenir dans le monde des théâtres! A la grâce de Dieu!... N'importe! je ne suis pas près de recommencer des exercices pareils et je regrette même de m'y être livré. Il faut pour cela être jeune et moins *névropathe* que je ne suis' (décembre 1873; CHH, t. XV, p. 272); 'C'est l'école de la démoralisation' (avril 1874; CHH, t. XV, p. 196); 'Que dites-vous de tous ces imbéciles, de tous ces crétins pleins d'expérience?' (juillet 1874; CHH, t. XV, p. 328); 'Pourquoi le théâtre est-il une cause générale de délire? Une fois sur ce terrain-là, les conditions ordinaires sont changées' (septembre 1874; CHH, t. XV, p. 345); 'Ah! le théâtre! Je le connais! J'en ai assez et je n'y retourne plus' (septembre 1877; CHH, t. XV, p. 597).

C'est à cette époque que Flaubert a fondé un groupe qui se rassemblait régulièrement pour déblatérer contre les iniquités du théâtre. Zola raconte:

Ce fut lui qui eut l'idée de notre dîner d'auteurs sifflés. C'était après *Le Candidat*. Nos titres étaient: à Goncourt, *Henriette Marchal*, à Daudet, *Rose Tavernier*, à moi, toutes mes pièces. Quant à Tourgueneff, il nous jura qu'il avait été sifflé en Russie. Tous les cinq, nous nous réunissions donc chaque mois dans un restaurant[171].

Flaubert était donc passé de la fascination enthousiaste au désenchantement total.

Chose curieuse, pour un de ses derniers projets, il a pensé retourner à la forme quasi-dramatique de *La Tentation*. En septembre 1879, il a expliqué son idée à Goncourt: 'Je veux prendre deux ou trois familles rouennaises avant la Révolution et les mener à ces temps-ci... je veux montrer – hein! vous trouvez ça bien, n'est-ce pas? – la filiation d'un Pouyer-Quertier descendant d'un ouvrier tisseur... Cela, ça m'amusera de l'écrire en dialogues, avec des mises en scène très détaillées'[172]. Un court scénario pour ce projet figure dans un de ses carnets sous le titre *Les Bourgeois au dix-neuvième siècle*, où il le rapproche non seulement de *La Tentation* mais aussi d'Henry Monnier, pensant à une série de conversations pareilles à celles qui étaient la spécialité de Monnier et qu'il avait lui-même imitées dans la première *Education sentimentale*.

Suite de scènes, comme H. Monnier et St. Antoine, avec des explications très détaillées au nom des personnages et la mise en scène au présent.
– une famille sous le Consulat
– au retour des Bourbons
– vers 1825
– en juillet 1830
– sous Louis-Philippe
– en 1848
– après le Coup d'état
– en plein empire
– en 1870
– sous la République.
Trouver au milieu une action centrale (con) un riche mariage ou mieux la Richess question tenant plus de place dans la vie[173].

On est surpris de le voir songer à revenir à un genre qu'il avait pratiqué tant d'années plus tôt et qui aurait pu faire double emploi avec des parties de *Bouvard et Pécuchet* et le *Dictionnaire d'Idées reçues*.

171 Ibid., p. 181.
172 *Journal*, t. III, p. 46.
173 *Carnets de travail*, p. 570.

On se demande aussi s'il aurait pu trouver un fil assez solide pour relier tant de scènes disparates, ou si l'œuvre n'aurait pas souffert de cette structure trop épisodique qui gêne dans *La Tentation* et *Le Château des cœurs*. Mais il serait déraisonnable de critiquer le plan d'une œuvre que Flaubert n'a pas écrite et qui aurait pu être modifiée ou abandonnée.

Un aspect de sa préoccupation avec le théâtral qui a persisté jusque dans ses dernières années est le plaisir qu'il prenait à se costumer et à jouer des rôles. Emile Bergerat se souvient d'une manifestation de ce genre:

> Il se croyait doué du don de bouffonnerie de haute graisse et il se faisait fort de faire sauter de rire les ceintures aux bedons des badauds par des turlupinades de Pont-Neuf. Son chef-d'œuvre était pour lui la pantalonnade furibarde dénommée 'Le Pas du créancier' qu'il avait apprise à Gautier et qu'ils dansaient ensemble à Neuilly avec des contorsions d'Aissaouas et de derviches tourneurs.
>
> Ça, c'est du théâtre, s'écriait-il en s'effondrant, ruisselant, sur les divans, et du vrai![174]

Connaissant son penchant pour des jeux de cette espèce, George Sand l'utilisait pour essayer de le convaincre de venir la voir à Nohant. Par exemple, à Noël 1869, elle écrit: 'les marionnettes, la tombola, un décor féerique. Flaubert s'amuse comme un moutard. Arbre de Noël sur le théâtre'[175], et le lendemain: 'A trois heures, Maurice se décide à jouer avec Edme une improvisation qui est charmante [...]. Flaubert rit à se tordre. Il apprécie les marionnettes'[176]. Le 27, 'Flaubert s'habille en femme et danse la chachucha avec Plauchut. C'est grotesque, on est comme des fous'[177]. En 1873, elle écrit à Flaubert: 'On t'attend, on prépare une mi-carême fantastique; tâche d'en être. Le rire est un grand médecin. Nous te costumerons. On dit que tu as eu un si beau succès, en pâtissier, chez Pauline!'[178] Quelques jours plus tard, elle note le résultat de son invitation: 'Flaubert met une jupe et essaie le fandango. Il est bien drôle, mais il étouffe au bout de cinq minutes'[179]. Une manifestation d'un genre un peu différent a eu lieu devant Edmond de Goncourt qui, comme d'habitude raconte l'incident

---

174 *Souvenirs d'un enfant de Paris*, t. II, p. 132.
175 *Correspondance Flaubert-Sand*, p. 263.
176 Ibid.
177 Ibid., 263-264.
178 Ibid., p. 422.
179 Ibid., p. 425.

de façon à l'orienter à la défaveur de Flaubert: 'Cependant Flaubert, moitié pitié de son ignorance, moitié satisfaction d'apprendre à deux ou trois visiteurs qui sont là, qu'il a passé quinze jours à Compiègne, joue à Zola, dans sa robe de chambre, un Empereur classique, au pas traînant, une main derrière son dos ployé, tortillant sa moustache avec des phrases idiotes de son cru' (mars 1875)[180].

Il est possible que l'expérience dramatique de ces années qui a le plus frappé Flaubert n'ait même pas eu lieu au théâtre mais à la représentation privée d'une farce remarquablement obscène de Maupassant intitulée *Feuille de rose* qu'on a jouée dans un atelier devant un public en grande partie masculin. Edmond de Goncourt décrit ainsi cette représentation:

> Ce soir, dans un atelier de la rue de Fleurus, le jeune Maupassant fait représenter une pièce obscène de sa composition, intitulée *Feuille de rose* et jouée par lui et ses amis.
>
> C'est lugubre, ces jeunes hommes travestis en femmes, avec la peinture sur leurs maillots d'un large sexe entrebâillé et faisant entre eux le simulacre de la gymnastique d'amour. L'ouverture de la pièce, c'est un jeune séminariste qui lave des capotes. Il y a au milieu une danse d'almées sous l'érection d'un phallus monumental et la pièce se termine par une branlade presque nature[181].

Goncourt a été surpris par l'épithète inattendue que Flaubert a imaginée pour résumer cette soirée: 'Le lendemain, Flaubert parlant de la représentation avec enthousiasme, trouve pour la caractériser cette phrase: 'Oui, c'est très frais!' *Frais*, pour cette salauderie, c'est vraiment une trouvaille!'[182]

La seule occupation théâtrale un peu sérieuse des cinq ou six dernières années de sa vie a été son souci de voir terminer *Salammbô* opéra. Nous avons raconté ses démêlés avec Gautier et Mendès pour le livret, et avec Reyer pour la musique. Qu'il suffise de rappeler ici que c'est peu de temps avant sa mort que l'écrivain a envoyé au nouveau librettiste Camille Du Locle un scénario qu'il venait d'imaginer pour l'opéra.

Mais, à part cette unique lueur d'intérêt pour un projet théâtral, il est clair qu'avant de mourir la boucle était plus que bouclée et que, sous l'influence des réalités de la vie du théâtre, l'enthousiasme fanatique de sa jeunesse avait cédé la place à l'indifférence et au désenchantement.

180 *Journal*, t. II, p. 1048.
181 Ibid., p. 1189.
182 Ibid.

Le Théâtre tel qu'en lui-même

En conclusion de cet examen de l'attitude de Flaubert envers le théâtre, il faut essayer de répondre à un certain nombre de questions. Le première, qui est aussi le plus évidente, est de savoir si ses tentatives théâtrales présentent plus d'intérêt que leur piètre réputation pourrait le faire supposer. Bien entendu, *La Tentation de saint Antoine*, à cet égard comme à tant d'autres, est un cas spécial. Incontestablement, c'est la moins populaire des œuvres de la maturité de Flaubert, et bien des lecteurs et des commentateurs hésitent à la mettre sur le même plan que *Madame Bovary* et *L'Education sentimentale*. Cette impopularité tient sans doute en partie aux anomalies et aux idiosyncrasies de sa forme, mi-drame et mi-roman. Mais quelles que soient les difficultés qu'elle offre, c'est sans aucun doute une grande œuvre avec ses visions cauchemardesques, son imagination débordante et son éloquence torrentielle. Egalement, Flaubert n'aurait jamais pu la concevoir s'il n'avait pas été fasciné par certaines formes dramatiques, formes qui dépassent les bornes conventionnelles du théâtre et présagent les innovations du cinéma surréaliste. Sans doute Flaubert essayait-il quelque chose d'analogue avec *Le Château des cœurs*, le seul de ses essais dramatiques de l'âge mûr auquel il ait attaché de l'importance. Mais là on est forcé de reconnaître que le résultat n'est pas heureux, et que les nombreux directeurs de théâtre qui l'ont refusé ont sans doute bien fait. Sa structure décousue, son action désordonnée, ses personnages sans intérêt, les disparates entre les éléments réalistes et les éléments surnaturels font que cette féerie fonctionne mal à tous points de vue. Même le jugement de Jean Canu peut paraître excessivement indulgent: 'Le Château des cœurs, dans l'ensemble, se lit sans effort. Certes, les défauts en sautent aux yeux, mais un peu de sympathie et d'attention en révèle le charme désuet et original'[183]. Le fait est que la seule raison valable de lire *Le Château des cœurs* de nos jours, c'est pour voir ce qu'il révèle des formes de l'imagination de Flaubert. Maurice Bardèche voit un moyen de détecter une certaine valeur dans la pièce: 'dans *Le Château des cœurs*, l'imagination visuelle, les transformations, les déformations de la réa-

---

183 *Flaubert auteur dramatique*, p. 57.

lité, la création spontanée de 'l'étrange' sont tout à fait remarquables, elles constituent véritablement l'originalité de la pièce, et même, par ce matériel de l'irréel et de l'insolite, elles évoquent d'une certaine manière *La Tentation de saint Antoine* (CHH, t. VII, p. 22). Mais, justement, la comparaison avec *La Tentation* est écrasante pour la pauvre féerie, qui n'a rien de l'intensité passionnée qui caractérise *La Tentation*, tandis que ses éléments satiriques n'ajoutent rien d'important à ce qu'on trouve dans les romans.

Quant aux pièces plus conventionnelles, *Le Sexe faible* et *Le Candidat*, par leur conventionnalisme même, sont moins flaubertiennes. D'ailleurs, personne ne sait au juste quelle est la part de Flaubert dans la conception et la composition du *Sexe faible*, sauf qu'elle est certainement moindre que celle de Bouilhet. Peut-être est-ce pour cela, même si elle n'a jamais été représentée, qu'elle semble plus solidement charpentée et mieux adaptée à la scène que les tentatives dues à la plume de Flaubert seul. Si Flaubert n'avait pas été séduit par les flatteries de Carvalho, et si *Le Sexe faible* avait été représenté de préférence au *Candidat*, la pièce aurait pu fournir une carrière tout à fait honorable. Quant au *Candidat*, s'il a échoué lamentablement en 1874, son succès en Allemagne et en Italie et l'accueil respectueux sinon enthousiaste qu'il a rencontré à Paris en 1988 laisse penser qu'il vaut mieux que sa réputation et qu'il lui manque peu de chose pour être une bonne comédie satirique, malgré quelques faiblesses évidentes.

Inévitablement, on doit conclure que, dans le théâtre de Flaubert, il n'y a pas de chefs-d'œuvre méconnus. Mais cela ne veut pas dire qu'il soit dénué d'intérêt. D'abord, rien de ce qu'a écrit Flaubert ne peut être négligeable, mais en plus ces essais théâtraux permettent de mieux comprendre certains aspects de son imagination, de son tempérament et de ses facultés créatrices. D'ailleurs, ces expériences, même manquées, anticipent sur certains caractères de l'art moderne. Nous avons déjà noté l'opinion de Maurice Bardèche selon laquelle *Le Château des œurs* laisse prévoir le cinéma. De même, on a pu dire que *Le Candidat* est le précurseur du théâtre réaliste et naturaliste: selon Jean Canu: 'il s'agissait de porter sur les planches le réalisme de ses romans, de substituer aux vaines conventions des 'faiseurs' à la mode le réalité psychologique et sociale des caractères et des milieux, fût-elle plate et vulgaire'[184]. Même si le prétendu réalisme du *Candidat* est sujet à caution, il est certain que cette satire rompt

---

184 Ibid., p. 102.

avec les conventions de la 'pièce bien faite' et qu'elle propose une vue du monde qui choque en même temps qu'elle fait rire.

Mais si on admet que les tentatives théâtrales de Flaubert n'ont pas en elles-mêmes une très grande valeur, il faut quand même se demander pourquoi ce romancier de génie s'est montré incapable d'adapter ses dons à un genre différent mais apparenté. Il est peut-être vrai d'affirmer que: 'Rien, absolument rien chez Flaubert, ne collait avec le théâtre'[185], mais cela ne nous avance pas beaucoup. On doit essayer de préciser ce qu'il y a, dans son immense talent, qui réussit si remarquablement dans le roman et qui est si loin de produire les mêmes effets dans le drame. Un fait domine tous les autres: c'est qu'à partir de *Madame Bovary*, Flaubert a refusé de prendre le théâtre au sérieux. Après l'idolâtrie de son adolescence, le dédain devient de plus en plus insistant: 'c'est une affreuse galère que le théâtre!' (1857; *Corr*, t. II, p. 762); 'Le théâtre est une boutique si abominable que le temps est proche où pas un honnête homme ne voudra s'en mêler' (1865; *Corr.*, t. III, p. 460); 'Il me tarde d'être sorti de l'art dramatique' (1873; CHH, t. XV, p. 284); 'c'est un art trop faux; on n'y peut rien dire de complet' (1873; CHH, t. XV, p. 272); 'c'est l'école de la démoralisation' (1874; CHH, t. XV, p. 296); 'Ah! le théâtre! Je le connais! J'en ai assez et je n'y retourne plus' (1877; CHH, t. XV, p. 597). Chaque fois qu'il travaille à une pièce de théâtre, il assure ses correspondants que pour lui cela compte bien moins qu'un roman, et il n'y a pas lieu de mettre en doute sa sincérité: 'Je n'attache à cela, du reste, qu'une importance fort secondaire' (du *Château des cœurs* en 1863; *Corr.*, t. III, p. 352); 'Littérairement, j'y attache peu d'importance, ou du moins une importance fort secondaire' (du *Sexe faible* en 1873; CHH, t. XV, p. 222); 'je voudrais être débarrassé de mes occupations théâtrales pour me mettre à écrire mes deux bonshommes' (du *Candidat* en 1873; CHH, t. XV, p. 254); 'la moindre page de *Bouvard et Pécuchet* m'inquiète beaucoup plus que le sort du *Sexe faible*' (1874; CHH, t. XV, p. 328). Le stoïcisme de Flaubert devant des déceptions réitérées et son courage après le désastre du *Candidat* montrent bien qu'il convient de prendre ces déclarations au pied de la lettre.

Le peu d'estime où il tenait son travail pour le théâtre se mesure d'ailleurs à la rapidité avec laquelle il l'a accompli. *Madame Bovary* l'a occupé pendant près de cinq ans, *Salammbô* aussi pendant cinq

---

185 Colling, Alfred: *Gustave Flaubert*, Fayard, 1941, p. 333.

ans, *L'Education sentimentale* pendant sept ans, et *Bouvard et Pécu-chet*, tout inachevé qu'il est, pendant près de six ans. Au contraire, une première version du *Château des cœurs* a été terminée en cinq mois; en novembre 1863, il a déclaré avec fierté: 'J'ai expédié ces 175 pages en deux mois et demi, c'est assez joli pour moi' (*Corr.*, t. III, p. 356). *Le Candidat* est allé encore plus vite; commencée au début de septembre 1873, la pièce a été achevée avant la fin de novembre de la même année. Comme *Le Sexe faible* n'est pas l'œuvre du seul Flaubert, il ne se prête pas au même calcul, mais on sait que l'écrivain a consacré un mois à peine à son adaptation de la comédie de Bouilhet. Il est vrai que, dans une certaine mesure, cette rapidité résulte d'une politique délibérée ('Je crois [...] qu'une pièce de théâtre [...] doit s'écrire avec une sorte de fièvre' (CHH, t. XV, p. 217)), mais cette politique elle-même n'a pu être adoptée que par quelqu'un qui respectait peu l'art dramatique. Flaubert savait que les grands succès théâtraux de son époque étaient fabriqués par douzaines et à un rythme vertigineux par des 'faiseurs' comme Scribe, Malleville et Dennery; écrire des pièces de théâtre ne devait donc pas être bien difficile, et pour un homme comme lui, il ne valait pas la peine d'y passer beaucoup de temps.

En partie, cette idée qu'une pièce pouvait être terminée en quelques semaines à côté des années de labeur que requérait un roman est une question de style. Il serait inutile de s'appesantir sur le soin méticuleux avec lequel Flaubert perfectionnait chaque phrase de chacun de ses romans. Le même idéal de perfection n'avait pas cours au théâtre. Le ton de 'la conversation naturelle' (CHH, t. XV, p. 216) qu'il déclarait viser dans *Le Sexe faible* est le même qu'il désirait pour *Le Candidat* et pour une grande partie du *Château des cœurs*, et comme la conversation naturelle n'avait évidemment rien à voir avec le rythme, l'harmonie et la précision de la langue des romans, il était inutile d'essayer de les produire. Il ne lui est apparemment pas venu à l'esprit que d'autres qualités – des traits d'esprit, des échanges dramatiques et révélateurs, des formules à l'emporte-pièce – pouvaient être tout aussi difficiles à atteindre. Cette attitude nonchalante ou même franchement dédaigneuse envers l'écriture dramatique a beaucoup choqué Edmond de Goncourt à l'époque où Flaubert travaillait au *Sexe faible:* 'Flaubert, ces jours-ci, à propos de la pièce de Bouilhet qu'il rapetasse, me dit: "Vous concevez, c'est l'affaire d'un mois: c'est à écrire au plus simple: et puis, moi, je déteste les *mots*!' Le mépris, qu'il y a chez lui pour les qualités qu'il n'as pas, est amusant. Merci! l'esprit et la langue parlée, cette langue écrite sans en avoir l'air, la chose la plus rare au théâtre, voici comment il les traite!'[186] De là le manque de tension dans le style de ses pièces. Ses lettres sont remplies de remarques dédaigneuses sur ce qu'il considérait comme les faiblesses nécessaires du style théâtral: 'Le style théâtral me fait l'effet d'eau de Seltz; c'est agréable au commencement, mais cela agace' (octobre 1873; CHH, t. XV, p. 259); 'le style théâtral commence à m'agacer. Ces phrases courtes, ce pétillement continu m'irrite à la manière de l'eau de Seltz, qui d'abord fait plaisir et qui ne tarde pas à vous sembler de l'eau pourrie' (octobre 1873; CHH, t. XV, p. 260); 'Rien n'égale maintenant mon dédain pour le *secret* et surtout pour 'le dialogue vif et coupé'. Quelle dérision du style!' (novembre 1863; CHH, t. XV, p. 356). La même insatisfaction avec la reproduction du français parlé s'était d'ailleurs manifestée dès le temps de *Madame Bovary:* 'Mais physiquement parlant, j'avais besoin de me retremper dans de bonnes phrases pohétiques. L'envie d'une forte nourriture se faisait sentir après toutes ces finasseries de dialogues, style haché, etc., et autres malices françaises dont je ne fais pas, quant à moi, grand cas' (juin 1853; *Corr.*, t. II, p. 351) A deux reprises, il affirme que 'le manque de distinction' dans la langue est indispensable au succès dans le théâtre (*Corr.*, t. III, pp. 352 et 354), et même quand il croit que *Le Château des cœurs* est destiné à réussir, il ajoute: 'rien de ce que j'aime dans la littérature ne s'y trouvera' (*Corr.*, t. III, p. 359).

Une remarque particulièrement révélatrice se lit dans une lettre à George Sand, écrite vers la fin de mai 1873, quand il travaillait au *Sexe faible:* 'Quelle vilaine manière d'écrire que celle qui convient à la scène! Les ellipses, les suspensions, les interrogations et les répétitions doivent être prodiguées si l'on veut qu'il y ait du mouvement, et tout cela en soi est fort laid' (CHH, t. XV, p. 219). Cette phrase laisse penser que, dans l'espoir de donner de la vie et du mouvement à son dialogue, Flaubert multipliait délibérément les expressions elliptiques, les phrases inachevées, les répétitions et les questions, ce qui aide à expliquer pourquoi chez lui le dialogue peut paraître prolixe, diffus et banal. Comme l'écrit Jeanne Bem: 'Flaubert écrit pour *Le Candidat* une langue à la fois plate et délayée'[187].

Une grande partie du problème provient de l'attitude de Flaubert envers le langage. Obsédé comme il était par des questions d'idées reçues, de clichés, de formules vides et figées, il ressentait un grand

---

186 *Journal*, t. II, pp. 931-932.
187 Bem, Jeanne: 'Flaubert, théâtre/roman…'

scepticisme quant aux possibilités expressives du langage, surtout du langage parlé. Il y a une page de *Madame Bovary* où, laissant tomber complètement le masque de l'impersonnalité, il se lance dans une diatribe passionnée contre l'insuffisance du langage: 'comme si la plénitude de l'âme ne débordait pas quelquefois par les métaphores les plus vides, puisque personne, jamais, ne peut donner l'exacte mesure de ses besoins, de ses conceptions, ni de ses douleurs, et que la parole humaine est comme un chaudron fêlé où nous battons des mélodies à faire danser les ours, quand on voudrait attendrir les étoiles' (CHH, t. I, p. 220). Ailleurs il écrit: 'la parole est un laminoir qui allonge toujours les sentiments' (CHH, t. I, p. 258). Par conséquent, les personnages de ses romans s'expriment dans un langage stéréotypé, sans individualité, de seconde main, même quand ils cherchent désespérément à être sincères. De ce point de vue, il y a extérieurement peu de différence entre la protestation hypocrite de Rodolphe quand il écrit à Emma: 'n'en accusez que la fatalité!' Voilà un mot qui fait toujours de l'effet, se dit-il' (CHH, t. I, p. 229) et le 'grand mot' de Charles, 'le seul qu'il ait jamais dit: 'C'est la faute de la fatalité!'' (CHH, t. I, p. 356). Les deux hommes ne font que répéter une idée empruntée et éculée, mais pour l'un c'est un mot vide de sens, alors que pour l'autre c'est tout ce qu'il peut trouver pour résumer son expérience tragique de la vie. De façon analogue, à la fin de *L'Education sentimentale*, Frédéric Moreau, cherchant à expliquer à Mme Arnoux ce qu'il a ressenti pour elle, ne peut faire autrement que d'avoir recours à la rhétorique sentimentale des romans qu'il a lus. 'Frédéric se grisant par ses paroles, arrivait à croire ce qu'il disait' (CHH, t. III, p. 394). Ne se rendant pas compte que la métaphore prétentieuse doit être attribuée à Frédéric et non au narrateur, Edmond de Goncourt interprète de travers les intentions de Flaubert: 'Dans *L'Education sentimentale*, une merveilleuse scène que la dernière visite de Mme Arnoux, et la sublime scène que ce serait si, au lieu de phrases très joliment faites, mais des phrases de livres comme celle-ci: 'Mon cœur comme de la poussière se soulevait derrière vos pas', c'était tout le temps de la langue parlée, de la véritable langue d'amour ayant cours dans la vie'[188].

Le résultat de cette vue du langage est que des différences d'expressivité ont tendance à disparaître. Claudine Gothot-Mersch a excellemment démontré que, dans les romans de Flaubert, le dialogue n'est pas vraiment révélateur de caractère et de sentiment: 'Contraire-

---

188 *Journal*, t. III, p. 593.

ment à une opinion communément admise, je ne trouve pas que le dialogue, chez Flaubert, soit tellement 'vivant' – c'est-à-dire qu'il fasse vivre les personnages. Ceux-ci parlent tous le même langage: pour le fond, des clichés qu'ils ont en commun avec quantité de gens: pour le style une langue classique, très peu déformée par des variations personnelles'[189]. Cette uniformité et ce quasi-anonymat de la parole ne sont pas un défaut dans les romans, où Flaubert dispose de toutes sortes d'autres moyens pour indiquer ce qui se cache derrière les banalités énoncées par les personnages, de sorte qu'on ne risque pas de confondre la 'fatalité' de Charles avec celle de Rodolphe. Mais dans ses pièces, où, à part les gestes et les intonations des acteurs, il n'y a rien pour suppléer au dialogue, le danger de la banalité est toujours présent. Ce danger est d'autant plus réel qu'après *Madame Bovary* Flaubert est très conscient de la nécessité d'empêcher les personnages d'utiliser dans ce qu'ils disent des images qui ne leur viendraient pas naturellement à l'esprit, à tel point que dans *L'Education sentimentale* il n'y a qu'une dizaine d'images dans la parole des personnages. Etant donné que pour Flaubert comme pour Proust, les images sont une des sources principales de la beauté dans la littérature, il est clair que le dialogue, dans le roman ou dans le théâtre, lui présente des difficultés spéciales. Les statistiques établies par Don Demorest montrent que les images sont moins fréquentes dans *Le Candidat* et *Le Château des cœurs* que dans n'importe quelle autre œuvre publiée de Flaubert, à l'exception de *Bouvard et Pécuchet*[190], au style volontairement sec et dépouillé et où, d'ailleurs, les citations, directes ou indirectes, sont très nombreuses.

Comme nous l'avons noté, c'est un problème qu'il rencontre pour la première fois dans *Madame Bovary;* après la grandiloquence de *La Tentation*, il se plaint amèrement dans ses lettres à Louise Colet des difficultés que lui pose le dialogue. C'est un problème qu'il définit succinctement peu de temps après le début de la rédaction: 'Comment faire du dialogue trivial qui soit bien écrit?' (*Corr.*, t. II, p. 156), et qui le trouble souvent par la suite, par exemple dans la scène de l'auberge à Yonville: 'Il me faut faire parler, en style écrit, des gens du dernier commun, et la politesse du langage enlève tant de pittoresque à l'expression' (*Corr.*, t. II, p. 160). Il est particulièrement tour-

---

189 Gothot-Mersch, Claudine: 'Le dialogue dans l'œuvre de Flaubert'. *Europe*, sept – oct – nov 1969.
190 Demorest, D.L.: *L'Expression figurée et symbolique dans l'œuvre de Gustave Flaubert*, Genève, Slatkine Reprints, 1967, p. 658.

menté par la scène entre Emma et Bournisien: 'Dialogue canaille! et épais. – Et, parce que le fonds est commun, il faut que le langage soit d'autant plus propre. Les idées et les mots me manquent. Je n'ai que le *sentiment*' (*Corr.*, t. II, p. 301). En 1853, il explique très clairement le dilemme auquel il se sent confronté: 'Quelle difficulté que le dialogue, quand on veut surtout que le dialogue ait du *caractère!* Peindre par le dialogue et qu'il n'en soit pas moins vif, précis et toujours distingué en restant même banal, cela est monstrueux et je ne sache personne qui l'ait fait dans un livre' (*Corr.*, t. II, p. 444). Mais, dans un roman, le problème n'est pas entièrement insoluble, parce qu'il y a d'autres moyens d'expression que le dialogue: les résumés de la narration, le style indirect et, surtout, pour lui, le style indirect libre. Effectivement, Flaubert restreint sévèrement son usage du dialogue dans les romans, de telle sorte qu'il n'y a jamais plus de quatre pages successives de dialogue dans ses romans, tandis que dans *La Cousine Bette*, par exemple, presque la moitié de l'œuvre se présente sous forme de dialogues[191]. Mais à part le cas spécial de *La Tentation*, avec ses longues didascalies narratives, il ne peut pas, dans son théâtre, recourir à ces procédés, de sorte que tant de scènes dans ses pièces paraissent plates et banales.

Un autre aspect essentiel de ses romans lui est interdit au théâtre: c'est la description. La quantité de la description dans les romans de Flaubert a déconcerté ses contemporains, parce qu'ils ne se sont pas rendu compte que la fonction de la description chez lui est radicalement différente de ce qu'elle avait été chez ses prédécesseurs. Balzac, par exemple, se croit obligé de fournir au début une description exhaustive des lieux où se déroulera l'action principale du roman, la pension Vauquer dans *Le Père Goriot* ou Saumur et la maison de Grandet dans *Eugénie Grandet*, en partie parce que selon lui le lecteur ne peut pas comprendre les personnages sans connaître le milieu où ils vivent, et en partie parce qu'il veut que le lecteur ait constamment présente à l'esprit cette toile de fond devant laquelle se passeront les événements dramatiques qu'il va raconter. A l'exception de la description – d'ailleurs très balzacienne – de Yonville, au début de la seconde partie de *Madame Bovary*, Flaubert ne procède pas de la même façon. Pour lui, la description n'est pas une toile de fond: elle fait partie intégrante de la vie et de l'expérience des per-

---

191 Gothot-Mersch, Claudine: 'De *Madame Bovary* à *Bouvard et Pécuchet*: la parole des personnages dans les romans de Flaubert', *Revue d'Histoire littéraire de la France*, juillet - octobre, 1981.

sonnages. L'exhaustivité n'est ni nécessaire ni souhaitable: mais il fait ressortir, avec une précision minutieuse, des détails significatifs ou caractéristiques. De nouveau, ce n'est pas possible sur la scène (ce le serait au cinéma). Toute une dimension des caractères est donc perdue au théâtre, ce qui les appauvrit sensiblement. Comme l'écrit Yvan Leclerc, dans 'le carré solide de la prose romanesque' il y a quatre côtés: la narration, la description, l'analyse et le dialogue, et trois de ces côtés manquent au théâtre, ne laissant que celui pour lequel Flaubert était sans doute le moins doué[192].

Encore plus important est quelque chose que Flaubert a d'abord vu comme étant un des grands avantages de la scène et qu'en 1852 il a formulé ainsi: 'la forme dramatique a cela de bon qu'elle annule l'auteur' (*Corr.*, t. II, p. 204). Cette proposition est exacte en ce sens que normalement, dans une pièce de théâtre, nous n'entendons que la voix des personnages et que la voix du narrateur est inexistante (de nouveau *La Tentation* constitue une exception). Ayant élaboré sa nouvelle esthétique de l'impersonnalité, Flaubert était toujours à l'affût de procédés lui permettant de minimiser ou de masquer sa présence dans ce qu'il écrivait, et à ce point de vue, la forme dramatique conventionnelle semblait une solution idéale. Mais en réalité les choses étaient loin d'être aussi simples. Dans les romans de Flaubert, il y a à chaque page une présence diffuse de l'auteur, comme il l'a souvent reconnu en employant une de ses images préférées, selon laquelle l'auteur doit être dans son œuvre comme Dieu dans l'univers, 'présent partout et visible nulle part' (*Corr.*, t. II, p. 204) (en fait, par des aphorismes, ouverts ou dissimulés, et par des images, il est souvent très visible). Pour le lecteur de ces romans, cette présence à demi cachée est d'une grande importance: elle aide les personnages à exprimer les mobiles qui les font agir, elle révèle les ambiguïtés derrière les actions et les paroles, elle explore les profondeurs des sentiments et des expériences. Au théâtre, tout cela est impossible, et la lumière qui éclaire les personnages, venant exclusivement de leurs actions et de leurs paroles, est souvent d'une crudité impitoyable. Ceux avec qui nous sommes censés sympathiser, tels Paul et Jeanne dans *Le Château des cœurs*, ne sont que des silhouettes grossièrement découpées, tandis que ceux qui, comme Rousselin, ne sont pas sympathiques, sont carrément détestables. C'est pour cette raison que *Le Candidat* peut paraître la plus misanthrope et la plus

192 *Le Candidat*, p. 13.

pessimiste de toutes les œuvres de Flaubert, et que l'accusation qu'il est impossible de s'identifier à aucun des personnages n'est pas tout à fait injuste. Il est vrai que nous ne nous identifions pas entièrement à Emma ou à Frédéric, mais on décèle dans les romans où ils figurent une sorte de sympathie universelle, irradiée par la présence masquée de Flaubert. Comme il l'a écrit à George Sand pendant qu'il préparait L'Education sentimentale: 'Je ne veux avoir ni amour, ni haine, ni pitié, ni colère. Quant à de la sympathie, c'est différent: jamais on n'en a assez' (CHH, t. XIV, p. 204). C'est précisément ce manque de sympathie qui gêne dans son théâtre.

Un autre aspect de l'incapacité de Flaubert à adapter ses talents au théâtre réside dans son refus d'accepter les conseils de qui que ce soit, en dehors de Bouilhet, de d'Osmoy et, parfois, de Tourgueneff. Il ne peut pas trouver des mots assez forts pour exprimer son mépris des professionnels du théâtre: 'crapules' (Corr., t. II, 798), 'ces malins-là' (CHH, t. XV, p. 229), 'imbéciles' (CHH, t. XV, p. 328), 'crétins' (CHH, t. XV, p. 328), 'polichinelles' (CHH, t. XV, p. 372) – voilà quelques-unes des épithètes qu'il applique aux directeurs de théâtre. Même quand il est d'accord avec leurs critiques et leurs suggestions, il est furieux contre eux: 'Aucun succès ne pourra me payer de l'embêtement, de l'irritation, de l'exaspération que m'a causés ledit Carvalho par ses critiques. Notez qu'elles étaient raisonnables. Mais je suis trop nerveux pour renouveler de pareils exercices' (CHH, t. XV, p. 270). Quand le Théâtre de la Porte Saint-Martin lui a demandé de prêter son nom à une adaptation de Madame Bovary qui aurait été faite par 'un faiseur en renom, Dennery ou quelque autre' (Corr., t. II, p. 794), il a refusé avec indignation. Mais on se demande s'il n'aurait peut-être pas beaucoup appris en travaillant avec quelque artisan expérimenté, comme l'a fait Zola avec William Busnach[193]. Les premières adaptations des romans de Zola étaient en grande partie l'œuvre de Busnach, mais peu à peu Zola a acquis une connaissance des 'ficelles' et des procédés techniques, de sorte qu'à la fin c'était lui seul qui faisait tout le travail. Dans sa préface aux Dernières Chansons de Bouilhet, Flaubert dénonce avec véhémence l'idée qu'au théâtre, 'une question domine toutes les autres, celle du succès, du succès immédiat et lucratif' (CHH, t. XII, p. 47). Avec ses rentes, jusqu'à sa ruine en 1876, Flaubert pouvait se permettre une certaine indifférence au succès commercial de ses romans; à condition qu'un éditeur lui don-

193 Voir Lawson A. Carter, Zola and the Theater.

nât des droits raisonnables, il ne se souciait pas beaucoup du nombre de gens qui lisaient ce qu'il publiait. Il n'a jamais voulu accepter que les exigences du théâtre sont totalement différentes. Il fallait beaucoup d'argent pour monter une pièce dans un grand théâtre parisien, et normalement c'était quelqu'un d'autre que l'écrivain qui fournissait cet argent. Financièrement, la chute du *Candidat*, pour Flaubert, signifiait seulement qu'il n'allait pas encaisser les sommes qu'il avait espérées, mais pour quelqu'un d'autre, sans doute Carvalho ou ses commanditaires, ce devait être un désastre fort coûteux. Etre aussi hautain que l'était Flaubert à l'égard de considérations commerciales au théâtre était sans doute très beau sur le plan des principes, mais ce n'était pas très réaliste.

Il y a donc de multiples raisons pour rendre compte de l'incapacité de Flaubert à réussir pleinement au théâtre, quelques-unes même qui tenaient précisément à sa grandeur en tant que romancier.

Le Théâtre dans les romans

Il convient maintenant de voir quelle a été l'importance du théâtre pour les romans de Flaubert, et on peut commencer en examinant le rôle du théâtre dans la vie de ses personnages romanesques. Comme *Madame Bovary* est, entre autres choses, un roman de 'mœurs de province', il est naturel que le théâtre ne soit pas aussi important pour les personnages que pour les Parisiens d'*Illusions perdues* ou de *L'Education sentimentale*, par exemple. Même une certaine image naïve du théâtre fait partie des rêves éblouissants qu'Emma nourrit sur Paris:

> Dans les cabinets des restaurants où l'on soupe après minuit riait, à la clarté des bougies, la foule bigarrée des gens de lettres et des actrices. Ils étaient, ceux-là, prodigues comme des rois, pleins d'ambitions idéales et de délires fantastiques. C'était une existence au-dessus des autres, entre ciel et terre, dans les nuages (CHH, t. I, p. 99).

Emma a donc hérité d'une partie des rêves de Jules dans la première *Education* ou de Flaubert adolescent[194]. Les actrices dévergondées figurent également dans l'image tout aussi stéréotypée qu'Homais s'est faite de la vie des étudiants à Paris: 'Vous ne savez pas la vie que mènent ces farceurs-là, dans le Quartier Latin, avec les actrices!' (CHH, t. I, p. 157). De façon moins prestigieuse mais confirmant l'immoralité légendaire des actrices est le fait que, quand Rodolphe fait la con-

---

194 Dans les brouillons, les imaginations d'Emma étaient encore plus extravagantes, par suite d'une lecture trop naïve des romans de Balzac: 'Les bals de l'opéra, les cabinets particuliers des restaurants du Boulevard, faisaient le point d'intersection entre cette aristocratie et le monde chatoyant des gens de lettres et des actrices. Ici autre gamme. On y était prodigue, désintéressé. Des danseuses à cent mille écus de rente allaient trouver des poètes dans leur grenier et les saluaient rois devant l'univers. On arrivait à la célébrité d'un bond, avec un chef-d'œuvre, après avoir vécu en tête en tête avec une tête de mort, on roulait sur les millions, on se donnait des fêtes vénitiennes, où tout le monde portait des costumes historiques. C'était une existence en ballon, au-dessus du monde, dans les orages de la pensée, une existence brûlée aux feux du punch, épicée comme un garrick à l'indienne, bariolée comme un habit d'arlequin, quelque chose de très beau, en définitive' (*Madame Bovary nouvelle version*, p. 194). De toute évidence, Emma a hérité quelque chose des rêves de Jules dans la première *Education sentimentale* ou de Flaubert lui-même dans son adolescence.

naissance d'Emma, il a déjà une maîtresse: 'C'était une comédienne de Rouen qu'il entretenait; et, quand il se fut arrêté sur cette image, dont il avait, en souvenir même, des rassasiements: Ah! Mme Bovary, pensa-t-il, est bien plus jolie qu'elle, plus fraîche surtout' (CHH, t. I, p. 167). Dans les illusions d'Emma et d'Homais et dans la réalité sordide de la liaison de Rodolphe, on perçoit facilement des échos de l'article 'Actrice' dans le *Dictionnaire des Idées reçues*: 'La perte des fils de famille. / Sont d'une lubricité effrayante, se livrent à des orgies, avalent des millions, finissent à l'hôpital. / Pardon! il y en a qui sont de bonnes mères de famille' (CHH, t. VI, p. 529).

Un autre aspect des opinions bourgeoises sur le théâtre se révèle quand Homais et Bournisien se disputent sur la moralité des pièces de théâtre. Homais défend la mission moralisatrice du théâtre qui 'servait à fronder les préjugés, et, sous le masque du plaisir, enseignait la vertu' (CHH, t. I, p. 241). Malicieusement, Flaubert lui attribue les arguments qui l'avaient le plus offensé dans son analyse du théâtre de Voltaire: 'Ainsi, regardez la plupart des tragédies de Voltaire: elles sont semées habilement de réflexions philosophiques qui en font pour le peuple une véritable école de morale et de diplomatie' (CHH, t. I, p. 241), comme si le peuple avait besoin de leçons de diplomatie. A Bournisien il attribue des raisonnements tout aussi superficiels sur l'immoralité du théâtre: 'ne serait-ce que ces personnes de sexe différent réunies dans un appartement enchanteur, orné de pompes mondaines, et puis ces déguisements païens, ce fard, ces flambeaux, ces voix efféminées, tout cela doit finir par engendrer un certain libertinage d'esprit et vous donner des pensées déshonnêtes, des tentations impures' (CHH, t. I, p. 242). Bien entendu, Homais ne manque pas de lui rétorquer l'excommunication des comédiens et l'obscénité des mystères médiévaux[195]. Au milieu de ces échanges d'idées reçues, Binet, qui est incapable même de se hausser au niveau de la discussion entre le prêtre et le pharmacien, intervient en racontant une pièce qu'il a vue autrefois et où il y avait 'le caractère d'un vieux général qui est vraiment tapé!' (CHH, t. I, p. 242), sur quoi les deux adversaires le réduisent au silence. De toute évidence, en 1857 le personnage du vieux général était déjà un stéréotype, que plus tard Flau-

---

195 Mais au moins Bournisien et Homais s'intéressent-ils au théâtre, si superficielles que soient leurs opinions. Une des premières indications de la veulerie de Charles est fournie par la mention de son indifférence pour le théâtre pndant ses années d'études: 'Il n'avait jamais été curieux, disait-il, pendant qu'il habitait Rouen, d'aller voir aux théâtres les acteurs de Paris' (CHH, t. I, pp. 83-84).

bert a identifié comme tel dans une liste de 'Rengaines dramatiques' (CHH, t. VII,p. 561). Mais la plaisanterie devient plus piquante quand on pense qu'un des principaux rôles du *Sexe faible* est précisément celui d'"un vieux général vraiment tapé'! On dirait que Flaubert se moque par avance d'un de ses procédés d'emprunt.

Mais, évidemment, l'épisode le plus important de *Madame Bovary* concernant le théâtre est la visite à Rouen pour voir *Lucie de Lammermoor*. L'idée de cette visite vient d'Homais qui insiste non pas sur l'opéra mais sur la qualité de vedette du ténor Lagardy, ce qu'il fait en termes dignes de figurer dans le *Dictionnaire des Idées reçues*: 'Dépêchez-vous! Lagardy ne donnera qu'une seule réprésentation; il est engagé en Angleterre à des appointements considérables. C'est, à ce qu'on assure, un fameux lapin! il roule sur l'or! il mène avec lui trois maîtresses et son cuisinier! Tous les grands artistes brûlent la chandelle par les deux bouts; il leur faut une existence dévergondée qui excite un peu l'imagination. Mais ils meurent à l'hôpital, parce qu'ils n'ont pas l'esprit, étant jeunes, de faire des économies' (CHH, t. I, p. 243). La visite à l'opéra marque un tournant dans l'action du roman, puisque c'est l'occasion de la première rencontre d'Emma avec Léon après que celui-ci a quitté Yonville pour continuer ses études à Paris, et on est naturellement amené à se demander pourquoi Flaubert a décidé de situer cette rencontre à l'opéra plutôt que n'importe où ailleurs. Une raison est évidente: c'est que l'atmosphère ultra-romantique d'un opéra fondé sur un roman de Scott met Emma dans un état de rêverie sentimentale où un peu du fallacieux prestige de Lagardy déteint sur le prosaïque Léon. Mais tout en s'identifiant à l'héroïne de cette histoire d'amour malheureux, Emma s'en va avant la fin, et comme le fait remarquer Graham Daniels[196], elle rate ainsi la conclusion tragique qui aurait pu être pour elle un terrible avertissement. Quant à Charles, il s'évertue en vain à suivre l'action, pose des questions stupides, et trébuche sur les pieds de ses voisins en allant chercher un verre d'orgeat pour Emma. Les réactions des deux époux sont donc typiques et révélatrices. Il y a d'ailleurs beaucoup d'ambivalence dans tout l'épisode. Il est certain que Lagardy fait l'objet d'une satire envenimée, quand il est dit de lui qu'il possédait 'cette admirable nature de charlatan, où il y avait du coiffeur et du toréador' (CHH, t. I, p. 247). A cet égard il est le digne prédécesseur de Delmar dans *L'Education sentimentale*, et quand Emma, plus tard, fait

---

196 Daniels, Graham: 'Emma Bovary's opera – Flaubert, Scott and Donizetti', *French Studies*, July 1978.

un retour sur sa vie passée et se souvient de Lagardy, nous sommes surtout conscients de sa crédulité et de sa capacité d'illusion. Flaubert veut probablement aussi que nous pensions avec désapprobation au sentimentalisme facile de Donizetti; du moins c'est ce qu'on peut inférer de la seule mention de lui dans ses écrits. Au cours de son voyage en Italie, Flaubert accouple son nom à celui de Scribe, quand il attribue à leur popularité le déclin de l'intérêt pour les marionnettes, pour lesquelles Flaubert avait un faible: 'Donizetti et M.Scribe leur font tort, à ces pauvres marionnettes' (CHH, t. X, p. 377). Etant donné le mépris où Flaubert tenait Scribe, il est probable qu'en associant les deux noms il suggère un dédain analogue pour le compositeur italien. En tout cas, nous devinons qu'il s'agit d'une médiocre représentation de l'opéra dans un endroit très peu distingué: le narrateur nous informe que: 'C'est le quartier du théâtre, des estaminets et des filles' (CHH, t. I, p. 284), et quand Emma quitte le théâtre: 'Des gens qui sortaient du spectacle passèrent sur le trottoir, tout en fredonnant ou braillant à plein gosier: *O bel ange, ma Lucie!*' (CHH, t. I, p. 251) Dans tout cela, il y a peut-être aussi une vague parodie d'un des lieux communs des romans de l'époque: la visite à l'opéra présentée comme l'apogée d'une existence. En fait, pour Emma, c'est un des points culminants de sa vie, et quand, juste avant le désastre final, elle se souvient des moments de bonheur passé, la visite à l'opéra y figure en bonne place: 'Les premiers mois de son mariage, ses promenades à cheval dans la forêt, le vicomte qui valsait, et Lagardy chantant, tout repassa devant ses yeux' (CHH, t. I, p. 303). Mais le lecteur sait ce qu'Emma ignore, c'est que tous ces événements représentent une illusion ou un bonheur faux et éphémère. Comme Emma suit mal l'action de l'opéra, le lecteur est conscient de 'la relativité des réactions humaines, et leur fondement dans un égoïsme incompréhensif'[197]. *Lucie de Lammermoor* représente donc à la fois le prestige du théâtre tel que Flaubert l'avait ressenti dans sa jeunesse et la désillusion qui vient d'une vue plus réaliste.

Une autre allusion au théâtre dans *Madame Bovary* se situe sur un tout autre niveau et illustre, de façon comique, les contradictions qui résultent d'une adhésion inconditionnelle à des dogmatismes opposés. Homais a nommé un de ses enfants Athalie, 'un hommage au plus immortel chef-d'œuvre de la scène française' (CHH, t. I, p. 125). Mais si les préférences artistiques d'Homais l'incitent à admirer la tragédie de Racine, ses convictions philosophiques l'obligent à désap-

197 Ibid.

prouver les idées de la pièce, 'et dans cette confusion de sentiments où il s'embarrassait, il aurait voulu tout à la fois pouvoir couronner Racine de ses deux mains et discuter avec lui pendant un bon quart d'heure' (CHH, t. I, p. 126).

Comme *L'Education sentimentale* se présente spécifiquement comme un roman parisien, le théâtre joue un rôle plus important dans le vie des personnages que dans *Madame Bovary*. C'est au Théâtre du Palais-Royal que Frédéric remarque Arnoux en compagnie d'une jeune femme dont il apprend plus tard que c'est Rosanette. C'est au Théâtre de la Porte Saint-Martin que Frédéric, dans un moment de désœuvrement, prend un billet pour voir quelque mauvaise féerie, où l'on trouve, dans un pêle-mêle incongru: 'un marché d'esclaves à Pékin, avec clochettes, tamtams, sultanes, bonnets pointus et calembours' (CHH, t. III, p. 118), et c'est là que Dambreuse le présente à sa femme. Le roman est d'ailleurs ponctué par des allusions à divers spectacles des dernières années de la Monarchie de Juillet. En 1847, un partisan du régime dénonce *La Reine Margot* de Dumas: "Ainsi, par exemple, ce nouveau drame, *La Reine Margot*, dépasse véritablement les bornes! Où était le besoin qu'on nous parlât des Valois? Tout cela montre la royauté sous un jour défavorable!" (CHH, t. III, p. 178). Un peu plus tard, la conversation roule sur le *Dom Juan* de Molière, qu'on venait de représenter pour la première fois à la Comédie Française. Puis on lit une allusion en passant à une comédie-vaudeville intitulée *Père et portier*, de Bayard et Varner, jouée au Palais-Royal en mai 1847. En août 1847, Hussonnet déclare qu'il s'est ennuyé au *Chevalier de Maison-Rouge* de Dumas, récemment joué au Théâtre-Historique avec un succès dû en grande partie à ses scènes de révolution.

Ces brèves allusions à des spectacles réels, parfois associées à des événements marquants de la vie de Frédéric (la première fois qu'il voit Rosanette, sa présentation à Mme Dambreuse) servent aussi à relier l'action du roman, très dispersée et très décousue, à une chronologie réelle, ce qui est important pour empêcher l'œuvre de sombrer dans la stagnation et de perdre tout sens d'un mouvement en avant. Mais le théâtre figure aussi dans les velléités d'ambition qui traversent l'esprit de Frédéric. Parmi ses projets littéraires avortés, 'il voulut écrire une histoire de l'esthétique, résultat de ses conversations avec Pellerin, puis mettre en drames différentes époques de la Révolution française et composer une grande comédie, par l'influence indirecte de Deslauriers et Hussonnet' (CHH, t. III, p. 167). Puis, de même qu'Emma se modèle sur les héroïnes des romans sentimentaux qu'elle a lus au couvent, Frédéric prend un modèle théâtral quand il feint le désespoir afin d'exciter la pitié de Mme Arnoux: 'Il répondait par des sourires amers; car, au lieu d'exprimer le véritable motif de son chagrin, il en feignait un autre, faisant un peu l'Antony, le maudit, langage, du reste, qui ne dénaturait pas complètement sa pensée' (CHH, t. III, p. 188). On se rappelle que le drame de Dumas père avait enthousiasmé Flaubert adolescent. Une fois de plus, un modèle littéraire avait fourni une formule de seconde main, sans que son utilisation soit nécessairement une marque d'insincérité.

Mais de même qu'il peut y avoir une vague et lointaine allusion autobiographique dans cette mention d'*Antony*, il y a peut-être une réminiscence des lectures romantiques que le jeune Flaubert avait faites pour Henriette Collier. C'est quand Frédéric décide de s'occuper de l'éducation littéraire de Louise Roque:

> Puis, oubliant son âge, tant son intelligence le charmait, il lut successivement *Atala*, *Cinq-Mars*, *Les Feuilles d'automne*. Mais une nuit (le soir même, elle avait entendu *Macbeth* dans la simple traduction de Letourneur), elle se réveilla en criant: 'La tache! la tache!'; ses dents claquaient, elle tremblait, et, fixant des yeux épouvantés sur sa main droite, elle la frottait en disant: 'Toujours une tache!' Enfin arriva le médecin qui prescrit d'éviter les émotions.
>
> Les bourgeois ne virent là qu'un pronostic défavorable pour ses mœurs. On disait que 'le fils Moreau' voulait en faire plus tard une actrice. (CHH, t. III, p. 125).

Cet incident présente de multiples significations implicites. D'un côté, il montre combien Frédéric manque de jugement en infligeant tant de littérature romantique à une petite fille naïve de douze ou treize ans. Il montre aussi combien une nature émotive et impressionnable peut être affectée par une pièce de théâtre (nous verrons le même phénomène avec Bouvard, Pécuchet et Mme Bordin). Enfin, il met en relief la réaction absurdement philistine et moralisante de la bourgeoisie dès qu'il est question de littérature. Comme cela arrive souvent chez Flaubert, un incident apparemment trivial éveille toute sorte de résonances inattendues.

Mais l'utilisation la plus importante du théâtre dans *L'Education sentimentale* réside certainement dans les transformations successives de l'acteur Delmar, amant de la Vatnaz et de Rosanette. Delmar appartient à la même famille d'histrions que Lagardy, et ses apparitions intermittentes illustrent non seulement les vaines prétentions d'un certain type d'artiste, mais aussi le manque de vraie solidité de toute une société décadente. La première fois que nous le voyons, il est chanteur à l'Alhambra:

à la place du chef d'orchestre, parut un beau jeune homme, trop gras et d'une blancheur de cire. Il avait de longs cheveux noirs, disposés à la manière du Christ, un gilet de velours azur à grandes palmes d'or, l'air orgueilleux comme un paon, bête comme un dindon: et quand il eut salué le public, il entama une chansonnette. C'était un villageois narrant lui-même son voyage dans la capitale: l'artiste parlait bas-normand, faisait l'homme soûl; le refrain

Ah! j'ai t'y ri, j'ai t'y ri
Dans ce gueusard de Paris

soulevait des trépignements d'enthousiasme. Delmas, 'chanteur expressif', était trop malin pour les laisser refroidir. On lui passa vivement une guitare, et il gémit une romance intitulée *Le Frère de l'Albanaise* (CHH, t. III, pp. 105-106).

Même dans ce minuscule tableautin, chaque détail compte et nous apprend quelque chose sur l'homme. Sa beauté est rehaussée par une pâleur dramatique, mais gâchée par son embonpoint. La disposition soigneuse de sa chevelure pour le faire ressembler au Christ jure avec son costume tape-à-l'œil, et encore plus avec la chansonnette vulgairement comique qu'il débite. Il est ridiculisé par la juxtaposition de deux images tirées de l'ornithologie, comme, de façon plus oblique, par le terme ironique 'l'artiste', quand visiblement tout ce qui l'intéresse est de se faire applaudir. Le public aussi est implicitement ridiculisé pour avoir montré tant d'enthousiasme pour une chanson comique aussi banale que la ballade sentimentale qu'il 'gémit' dans la suite de son programme. Donc, en moins d'une douzaine de lignes, quelques détails choisis avec soin suggèrent l'idée d'une personnalité superficielle, dénuée de goût, égoïste et mélodramatique.

Quand il reparaît, il est devenu l'amant de la Vatnaz, mais il a changé de nom, de métier et de costume:

Derrière son dos marchait un grand garçon, dans le costume classique du Dante, et qui était (elle ne s'en cachait plus maintenant) l'ancien chanteur de l'Alhambra, lequel, s'appelant Auguste Delamare, s'était fait appeler primitivement Anténor Dellamare, puis Delmas, puis Belmar, et enfin Delmar, modifiant ainsi et perfectionnant son nom, d'après sa gloire croissante; car il avait quitté le bastringue pour le théâtre et venait de débuter bruyamment à l'Ambigu, dans *Gaspardo le Pêcheur*[198] (CHH, t. III, pp. 146-147).

198 *Gaspardo le pêcheur* est un mélodrame de Joseph Bouchardy, créé en 1837. Flaubert semble l'avoir tenu en piètre estime: il le mentionne plusieurs fois et toujours avec dédain.

Toujours imitateur, il a abandonné sa tentative de ressembler au Christ pour s'habiller comme Dante. L'ironie est apparente dans l'accolement satirique de 'gloire' et de 'bastringue', d'autant plus que la 'gloire' est d'avoir joué dans un vieux mélodrame de Bouchardy. Ses changements de nom ne sont que l'exemple le plus extrême de cette instabilité de nomenclature qui distingue *L'Education sentimentale*, où Dambreuse a été autrefois d'Ambreuse, où Rosanette est aussi Rose-Annette Bron, 'la Maréchale' ou 'cette brave Rose' et où nous n'apprenons jamais le prénom de Mme Dambreuse. Même Mme Arnoux n'est pas exempte de cette incertitude, puisqu'il y a une disparate entre son prénom Marie et la date de sa fête[199]. L'apparition de Delmar excite le mépris de Hussonnet, qui s'exclame 'Quel poseur!'; il a évidemment raison, mais son mépris est subverti parce qu'il y enveloppe indistinctement tous les acteurs et provient du fait qu'une pièce qu'il a écrite vient d'être refusée[200]. Entre-temps, Delmar s'est installé dans ce qu'il imagine être la pose la plus avantageuse: 'Delmar s'était adossé à la cheminée; et il restait immobile, une main sur le cœur, le pied gauche en avant, les yeux au ciel, tout en s'efforçant de mettre dans son regard beaucoup de poésie, pour fasciner les dames' (CHH, t. III, p. 147). Comme si ce portrait n'était pas déjà suffisamment satirique, le narrateur adopte maintenant un ton plus ouvertement désobligeant, soulignant des défauts de son physique, jusqu'ici passés sous silence:

> Le cabotin avait une mine vulgaire, faite comme les décors de théâtre pour être contemplée à distance, des mains épaisses, de grands pieds, une mâchoire lourde; et il dénigrait les acteurs les plus illustres, traitait de haut les poètes, disait: 'mon organe, mon physique, mes moyens', en émaillant son discours de mots peu intelligibles pour lui-même, tels que 'morbidezza, analogue et homogénéité' (CHH, t. III, p. 247).

Evitant la technique balzacienne de donner un portrait du personnage quand il entre en scène, Flaubert fragmente ses descriptions de personnes, en distribuant des parcelles à des intervalles très longs, ajoutant des détails significatifs par ci par là, de sorte que très sou-

---

199 Raitt, Alan: 'La Décomposition des personnages dans *L'Education sentimentale*', *Flaubert, la dimension du texte*, éd. P.M. Wetherill, Manchester, Manchester University Press, 1981.

200 Si nous apprenons incidemment qu'Hussonnet est auteur dramatique aussi bien que journaliste, on ne nous dit rien de ces activités, sinon qu'à la fin du roman, 'Hussonnet occupait une haute place, où il se trouvait avoir sous la main tous les théâtres et toute la presse' (CHH, t. III, p. 306).

vent le lecteur ne se rend pas compte qu'en additionnant ces fragments, il pourrait reconstituer un portrait complet.

La prochaine fois que nous revoyons Delmar est dans les mois d'agitation qui ont précédé la Révolution de Février. A présent, il est l'amant de Rosanette et sa carrière a pris une nouvelle direction parce qu'il profite de ce que les sentiments républicains et humanitaires sont à la mode:

> Un drame, où il avait représenté un manant qui fait la leçon à Louis XIV et prophétise 89 l'avait mis en telle évidence qu'on lui fabriquait sans cesse le même rôle, et sa fonction, maintenant, consistait à bafouer les monarques de tous les pays. Brasseur anglais, il invectivait Charles Ier; étudiant de Salamanque, maudissait Philippe II; ou, père sensible, s'indignait contre la Pompadour, c'était le plus beau! Les gamins, pour le voir, l'attendaient à la porte des coulisses; et sa biographie, vendue dans les entractes, le dépeignait comme soignant sa vieille mère, lisant l'Evangile, assistant les pauvres, enfin sous les couleurs d'un saint Vincent de Paul mélangé de Brutus et de Mirabeau. On disait 'notre Delmar'. Il avait une mission, il devenait Christ (CHH, t. III, p. 191).

Donc, après s'être coiffé comme le Christ, il est en train maintenant de devenir le Christ de son temps, dans la mesure toutefois permise par ce mélange étrangement hétérogène de saint Vincent de Paul, Brutus et Mirabeau.

C'est la Révolution qui produit le changement suivant, où il passe de la représentation d'un révolutionnaire sur la scène aux fonctions d'un révolutionnaire dans ce qu'il prend pour la réalité. Il annonce sa candidature dans les élections:

> Dans une affiche adressée 'au Peuple' et où il le tutoyait, l'acteur se vantait de le comprendre, 'lui', et de s'être fait, pour son salut, 'crucifier par l'Art', si bien qu'il était son incarnation, son idéal; croyant effectivement avoir sur les masses une influence énorme jusqu'à proposer dans un bureau de ministère de réduire une émeute à lui seul; et quant aux moyens qu'il emploierait, il fit cette réponse: 'N'ayez pas peur! Je leur montrerai ma tête!' (CHH, t. III, p. 297).

Le thème de Delmar s'identifiant au Christ se prolonge ici par l'emploi de mots comme 'salut', 'crucifier' et 'incarnation': l'acteur se prend tellement au sérieux dans un rôle pour lequel il n'a aucune aptitude qu'il ne peut plus distinguer entre les simagrées et l'action véritable. Le vide de son geste et la futilité de sa prétendue activité politique sont confirmés lorsqu'il pilote Frédéric dans les divers clubs qui ont pullulé après février 1848:

Delmar ne ratait pas les occasions d'empoigner la parole; et, quand il ne trouvait plus rien à dire, sa ressource était de se camper le poing sur la hanche, l'autre bras dans le gilet, en se tournant de profil, brusquement, de manière à bien montrer sa tête. Alors des applaudissements éclataient, ceux de Mlle Vatnaz au fond de la salle (CHH, t. III, p. 298).

La dernière fois que nous voyons Delmar est à la célèbre réunion du Club de l'Intelligence, d'une si mémorable inanité. Là, quand un des intervenants se plaint des énormes cachets des grands acteurs: 'A moi, s'écria Delmar. Il bondit à la tribune, s'étendait sur la mission civilisatrice du comédien. Puisque le théâtre était le foyer de l'instruction nationale, il votait pour la réforme du théâtre; et, d'abord, plus de directions, plus de privilèges!' (CHH, t. III, p. 302). Ce discours provoque une clameur générale pour l'abolition de tout privilège et de toute autorité. Malgré la détestation de Flaubert pour les directeurs de théâtre, il ne sympathise ni avec cette recette d'anarchie ni avec l'idée, commune à Delmar et à Homais, que le théâtre est une école de moralité, de sorte que la dernière apparition de Delmar est l'apothéose de toutes les imbécillités qu'il a représentées au cours du roman.

Parce que Delmar reste sur la périphérie de l'action principale du roman et que ses apparitions sont sporadiques, il est facile de ne pas se rendre compte de tout ce qu'il symbolise. D'un côté, il indique combien les femmes sont superficielles et capricieuses, parce que Rosanette et la Vatnaz sont amoureuses de lui et se disputent à cause de lui. D'un autre côté, comme il est le seul personnage d'acteur dans L'Education, il présente un portrait très peu flatté du type de l'homme de théâtre, vaniteux, plein d'illusions, égoïste et sans personnalité propre. Mais surtout il représente un aspect essentiel de la société française des années 1840: son amour des faux-semblants, son manque de convictions et de principes, son incapacité de voir plus loin que les apparences trompeuses, son attachement à des gestes vides de sens. Mais comme tant de choses dans ce roman, la personne de Delmar exprime ces idées de façon oblique et indirecte, de sorte que c'est au lecteur de tirer les conclusions: mais, quand il le fait, il comprend que le monde de L'Education sentimentale est, comme le monde du théâtre, un monde d'imposture, un monde de simulacres, un monde de décors peints qui ne cache que les réalités sordides des coulisses. Comme l'écrit Jeanne Bem: 'ce personnage systématiquement privé de toute intériorité, je ne serais pas loin d'y voir une allégorie du Théâtre. En tout cas, Delmar fixe sur lui la théâtralité latente des autres personnages'[201] – et, pourrait-on ajouter, de toute une société.

Quand il s'agit de théâtre, comme pour tant d'autres sujets, *Bouvard et Pécuchet* constitue une exception dans les œuvres de Flaubert. Etant un roman pratiquement sans intrigue, il ne saurait être question ni de scènes où le théâtre jouerait un rôle important, ni d'un thème récurrent, comme dans *L'Education sentimentale*. Mais le théâtre figure en bonne place dans la vue panoramique des activités humaines que présente le roman. C'est naturellement dans le chapitre consacré à la littérature qu'on trouve un examen satirique du théâtre, mais ici, comme ailleurs dans ce roman si ambivalent, il est difficile de savoir si la satire porte sur le théâtre lui-même, sur l'incompétence des deux bonshommes ou les deux à la fois. Pécuchet, 'porté à l'idéal' (CHH, t. V, p. 139), est responsable du fait d'attirer leur attention sur la tragédie, qui les charme pour des raisons tout à fait étrangères à leurs occupations habituelles: 'Le lointain où elle se passe, les interêts qu'on y débat et la condition des personnages leur imposaient comme un sentiment de grandeur' (CHH, t. V, p. 139). Mais quand ils réussissent mal à la déclamation, Bouvard trouve un système d'exercices pour la voix qui consiste à beugler des gammes montantes et descendantes avec des résultats grotesques: 'Lui-même se livrait à cet exercice, le matin, dans son lit, couché sur le dos, selon le précepte des Grecs. Pécuchet, pendant ce temps-là, travaillait de la même façon: leur porte était close, et ils braillaient séparément' (CHH, t. V, p. 139). Tout de même, la tragédie continuait à leur plaire précisément par ces attributs que Flaubert y détestait le plus: 'Ce qui leur plaisait dans la tragédie, c'était l'emphase, les discours sur la politique, les maximes de perversité' (CHH, t. V, p. 139). Ayant appris par cœur les tirades les plus célèbres de Racine et de Voltaire, Bouvard fait de son mieux pour imiter les gestes et la diction de la Comédie Française, et si les résultats sont ridicules, on ne sait trop si c'est parce qu'il a réussi ou qu'il a échoué dans son imitation: 'Bouvard, comme au Théâtre-Français, marchait la main sur l'épaule de Pécuchet en s'arrêtant par intervalles, et, roulant ses yeux, ouvrait les bras, accusait les destins' (CHH, t. V, pp. 138-140). Il a ses plus grands succès dans ces tragédies du dix-huitième siècle que Flaubert méprisait le plus: le *Philoctète* de Laharpe, la *Gabrielle de Vergy* de Belloy et le *Denis le Tyran* de Marmontel, où Bouvard se plonge avec tant de passion que Pécuchet en oublie ses répliques. A la fin, c'est le

---

201 'Flaubert, théâtre/roman…'

hasard qui commence à les désenchanter de la tragédie. Pécuchet essaie d'imiter le sifflement de l'aspic dans la *Cléopâtre* de Marmontel, tel qu'a dû le reproduire la machine de Vaucanson: 'Cet effet manqué les fit rire jusqu'au soir. La tragédie tomba dans leur estime' (CHH, t. V, p. 140). Bien entendu, il est tout à fait illogique de se désintéresser de la tragédie parce que Pécuchet a commis une bêtise, mais on se demande aussi si certains effets de scène dans la tragédie ne sont pas en eux-mêmes déjà ridicules. De toute façon, cet incident fait que Bouvard finit par tomber d'accord avec ce que Flaubert reproche aux tragédies de Voltaire: il 'démontra combien elle [la tragédie] est artificielle et podagre, la niaiserie de ses moyens, l'absurdité des confidents' (CHH, t. V, p. 140).

Ayant ainsi, à tort ou à raison, perdu leurs illusions sur la tragédie, ils se tournent inévitablement vers la comédie, c'est-à-dire vers Molière. Mais Pécuchet a des problèmes avec la diction et 'échoua complètement dans Célimène' (CHH, t. V, p. 140). La comédie les occupe moins longtemps que la tragédie et bientôt ils n'aiment plus Molière: 'il trouvait les amoureux bien froids, les raisonneurs assommants, les valets intolérables, Clitandre et Sganarelle aussi faux qu'Egisthe et Agamemnon' (CHH, t. V, p. 140). Mais même si dans *Bouvard et Pécuchet*, rien ni personne n'échappe à sa moquerie, il ne faudrait pas conclure que Flaubert n'a pas plus de respect pour Molière que pour Voltaire tragédien, Marmontel ou Laharpe. Ce qu'il veut dire est que chez Molière les conventions sont aussi artificielles que chez Marmontel; la différence est que Molière est capable de les transcender et que Marmontel ne l'est pas.

De là, les deux amis passent à un autre genre, la 'comédie sérieuse ou tragédie bourgeoise' (CHH, t. V, p. 140), qui est expédié avec encore moins de ménagements, puisqu'on n'y voit que 'des pères de famille désolés, des domestiques sauvant leurs maîtres, des richards offrant leur fortune, des couturières innocentes et d'infâmes suborneurs' (CHH, t. V, p. 140). Ce genre aurait duré depuis Diderot jusqu'à Pixérécourt. Il peut paraître surprenant qu'après la tragédie et la comédie, Flaubert s'attaque à un genre mineur qui n'a produit aucun chef-d'œuvre et que personne ne respecte plus. Mais il faut tenir compte du fait que, si floue et si invraisemblable que soit la chronologie de *Bouvard et Pécuchet*, Flaubert doit quand même obéir à certaines contraintes temporelles, ce qui veut dire qu'à ce moment de l'action nous approchons de 1848, de sorte qu'il ne peut pas se moquer des drames sérieux du Second Empire, dont les tendances moralisatrices l'horripilaient. Il attaque donc le 'drame bourgeois' de Diderot et ses successeurs, dont les intentions et les méthodes sont analogues, ce qui lui permet d'attribuer à ses deux personnages une opinion qu'il aurait volontiers contresignée: 'Toutes ces pièces prêchant la vertu les choquaient comme triviales' (CHH, t. V, p. 140).

Enfin, ils en arrivent au théâtre romantique: 'le drame de 1830 les enchanta par son mouvement, sa couleur, sa jeunesse' (CHH, t. V, p. 140), ce qui fait écho à l'enthousiasme de Flaubert. Mais le retournement satirique ne se fait pas attendre: 'Ils ne faisaient guère de différence entre Victor Hugo, Dumas ou Bouchardy, et la diction ne devait plus être pompeuse ou fine, mais lyrique, désordonnée' (CHH, t. V, p. 140). Ici, si Bouvard et Pécuchet montrent leur peu de discernement en étant incapables de distinguer entre un grand génie comme Hugo et un fabricant de mélodrames comme Bouchardy, Flaubert insinue aussi que même les meilleurs drames romantiques tiennent un peu des techniques du mélodrame et que la violence du lyrisme peut devenir aussi conventionnelle que le langage guindé des tragédies classiques.

Ils continuent leur exploration de l'art scénique en essayant d'initier Mme Bordin à l'appréciation du théâtre en lui jouant des scènes de *Phèdre*. Mais de nouveau Flaubert a changé de tactique, et au lieu de viser des cibles générales pour la satire, il se contente de se moquer des ridicules de ses deux bonshommes. Bouvard, dans le rôle de Phèdre, récite sa fameuse confession: 'Oui, prince, je languis, je brûle pour Thésée. / Je l'aime' (CHH, t. V, p. 141). Mais naturellement il s'adresse à Pécuchet dans le rôle d'Hippolyte, ce qui donne lieu à une scène d'un grand comique visuel:

Et, parlant au profil de Pécuchet, il admirait son port, son visage, 'cette tête charmante', se désolait de ne pas l'avoir rencontré sur la flotte des Grecs, aurait voulu se perdre avec lui dans le labyrinthe.

La mèche du bonnet rouge s'inclinait amoureusement, et sa voix tremblante, et sa figure bonne conjuraient le cruel de prendre en pitié sa flamme, Pécuchet, en se détournant, haletait pour marquer de l'émotion (CHH, t. V, p. 141).

Pendant ce temps, Mme Bordin, Mélie et Gorju fixent des regards admiratifs sur cet étrange spectacle. Puis Bouvard passe à la deuxième grande tirade: 'Son jeu exprimait le délire des sens, le remords, le désespoir, et il se précipita sur le glaive idéal de Pécuchet avec tant de violence que, trébuchant dans les cailloux, il faillit tomber par terre' (CHH, t. V, p. 141). Il est difficile de ne pas penser à un film de Laurel et Hardy.

Ensuite ils décident d'offrir à leur petit public une scène de comédie, et Bouvard propose la grande scène de séduction de *Tartuffe*. Pécuchet, jouant le rôle d'Elmire, endosse la robe de moine:

> Le commencement fut médiocre. Mais Tartuffe venant à caresser les genoux d'Elmire, Pécuchet prit un ton de gendarme.
> *Que fait là votre main?*
> Bouvard, bien vite, répliqua d'une voix sucrée:
> *Je tâte votre habit, l'étoffe en est moelleuse.*
> Et il dardait ses prunelles, tendait la bouche, reniflait, avait un air extrêmement lubrique, finit même par s'adresser à Mme Bordin (CHH, t. V, p. 142).

A ce moment, il joue le rôle de Tartuffe avec tant de conviction que Mme Bordin, qu'il aimerait courtiser, devient l'objet de sa séduction: 'Les regards de cet homme la gênaient, et quand il s'arrêta, humble et palpitant, elle cherchait presque une réponse' (CHH, t. V, p. 142). Puis, abandonnant subitement Tartuffe, il cherche à amadouer Mme Bordin en lui déclamant les vers enflammés qu'Hernani adresse à Doña Sol, s'agenouillant devant elle et déclarant son amour jusqu'au moment où il dit: 'Ici, on entend des cloches, un montagnard les dérange', à quoi Mme Bordin répond: 'Heureusement, car sans cela…! / Et Mme Bordin sourit, au lieu de terminer sa phrase' (CHH, t. V, p. 143). L'excellence du comique de cette scène fait regretter que Flaubert n'ait pas essayé une farce plus apte à la représentation que *La Queue de la poire de la boule de Monseigneur*. Le succès de ces scènes de *Phèdre* et de *Tartuffe* encourage les deux amis à poursuivre leurs expériences théâtrales, et ils envisagent même de faire de Gorju un acteur, puisque ses opinions subversives font qu'il s'intéresse particulièrement à certaines scènes: 'Gorju applaudissait les tirades philosophiques des tragédies et tout ce qui était pour le peuple dans les mélodrames' (CHH, t. V, p. 144). Les nouvelles de leurs tentatives se répandent: 'Généralement on les méprisait. / Ils s'en estimaient davantage. Ils se sacrèrent artistes. Pécuchet porta des moustaches, et Bouvard ne trouva rien de mieux, avec sa mine ronde et sa calvitie, que de se faire 'une tête à la Béranger'' (CHH, t. V, p. 144). En plus de l'inanité de se présenter comme des artistes méconnus quand ils n'ont rien fait du tout, ils ont le ridicule de vouloir le faire par des moyens purement extérieurs, surtout quand Bouvard veut se faire passer pour poète en essayant de ressembler à Béranger, que Flaubert considérait comme 'un garçon de bureau, de boutique, un *bourgeois s'il en fut*' (CHH, t. XIV, p. 211). Cependant, comme ils sont artistes, ils conçoivent l'ambition d'écrire une pièce de théâtre. Malheureusement, ils n'arrivent pas à trouver un sujet et ont recours à des petits verres, à la lecture de procès célèbres[202] et au choix arbitraire d'événements historiques. Quand tout cela n'amène pas l'inspiration, ils en concluent que 's'ils avaient tant de mal, c'est qu'ils ne connaissaient pas les règles' (CHH, t. V, p. 145). Il n'est pas nécessaire de préciser que Flaubert honnissait l'idée que la littérature pouvait dépendre de règles quelconques. Bouvard et Pécuchet cherchent à s'instruire en lisant la *Pratique du théâtre* de d'Aubignac et, vaguement, 'quelques ouvrages moins démodés' (CHH, t. V, p. 145). Ils n'y trouvent que des futilités et des lapalissades.

> On y débat des questions importantes: si la comédie peut s'écrire encore; si la tragédie n'excède pas les bornes, en tirant sa fable de l'histoire moderne; si les héros doivent être vertueux; quel genre de scélérats elle comporte; jusqu'à quel point les horreurs y sont permises; que les détails concourent à un seul but; que l'intérêt grandisse, que la fin réponde au commencement sans doute! (CHH, t. V, p. 145).

Ayant ainsi établi par l'inutilité évidente de ces propositions que dans la littérature le concept des règles ne vaut rien, Flaubert fait reconnaître à ses personnages que les règles seules ne mènent à rien: 'Donc les règles ne suffisent pas; il faut, de plus, le génie' (CHH, t. V, p. 145). Mais ils ont vite fait de comprendre que le génie ne suffit pas non plus, et Flaubert passe en revue une liste de génies contestés par la critique: Corneille par l'Académie, Voltaire par Geffroy, Racine par son contemporain Subligny, et Shakespeare par Laharpe. Ils en concluent que la critique littéraire ancienne est sans valeur, et ils espèrent trouver des vues plus sensées dans la critique moderne. Mais là Flaubert a peine à se contenir et leur permet de s'exprimer avec une vigueur toute flaubertienne: 'Quel aplomb! Quel entêtement! Quelle improbité! Des outrages à des chefs-d'œuvre et des révérences faites à des platitudes; et les âneries de ceux qui passent pour savants et la bêtise des autres que l'on proclame spirituels!' (CHH, t. V, p. 145). S'étant ainsi soulagé en paroles par cette condamnation des critiques de son temps, Flaubert fait en sorte que ses bonshommes se demandent si le succès ne serait pas un critère de mérite, et, revenant à un thème

---

202 Si Flaubert se moque de cette façon de chercher l'inspiration, il est amusant de rappeler qu'au début des années 1850, il lisait lui-même, dans *Le Droit*, des récits de procès dans l'espoir d'y trouver des sujets de drames, pour les scénarios qu'il fabriquait avec Bouilhet.

déjà abordé dans sa préface aux *Dernières Chansons*, il examine des cas de chefs-d'œuvre sifflés lors de leur création et d'énormes succès dénués de valeur littéraire. Leur conclusion est visiblement celle de Flaubert autant que celle de Dumouchel, l'ancien professeur de Pécuchet: 'il rappelait tous les grands succès contemporains depuis *Fanchon la vielleuse* jusqu'à *Gaspardo le pêcheur*, déplorait la décadence de notre scène. Elle a pour cause le mépris de la littérature, ou plutôt du style'[203] (CHH, t. V, p. 146).

Dans quelques pages denses et allusives, Flaubert a pu exposer un grand nombre d'observations sur le théâtre. Il a indiqué sans ambiguïté sa détestation des critiques de théâtre, de ceux qui voudraient établir des règles pour la composition d'œuvres dramatiques, du succès comme étalon de la valeur esthétique. Il a signalé mais de façon plus oblique, sa méfiance de toutes les conventions théâtrales, qu'elles soient utilisées par des hommes de génie ou par des nullités. Il a insinué qu'il hait toute pièce qui est censée apporter un 'message'. Il a attiré l'attention sur le paradoxe d'acteurs et d'actrices qui jouent des rôles qui jurent avec leur physique ou leur tempérament. Il s'est moqué de ceux qui incarnent des personnages fictifs et transportent leurs fantaisies dans le monde réel. Il a peut-être mis en doute l'idée même de l'illusion théâtrale, quand Bouvard et Mme Bordin cessent de reconnaître la frontière qui sépare le simulacre et la sincérité. En d'autres mots, à bien y regarder, *Bouvard et Pécuchet* renferme, implicitement, le côté négatif de toute une esthétique du théâtre.

La dernière question qui reste à examiner est aussi la plus délicate: est-ce que la préoccupation du théâtre chez Flaubert a eu une incidence perceptible sur la façon dont il construisait et écrivait ses romans? Avant d'essayer d'y répondre, il faut bien établir qu'il n'existe pas une formule unique pour tous les romans de Flaubert. Il a écrit un jour: 'Chaque œuvre à faire a sa poétique en soi, *qu'il faut trouver*' (*Corr.*, t. II, p. 519), ce qui, pour lui tout au moins, est profondément vrai. *Madame Bovary* n'a pas grand-chose en commun avec *Salammbô*, ou avec *L'Education sentimentale*, ou avec *Bouvard et*

---

203 Ici, c'est vraiment la voix de Flaubert qu'on entend. Voici le témoignage de Zola: 'Sa grande rancune contre les hommes venait de leur indifférence à l'art, de leur sourde défiance, de leur peur vague devant le style travaillé et éclatant. Il avait un mot qu'il répétait de sa voix terrible: 'La haine de la littérature! la haine de la littérature!'' (*Les Romanciers naturalistes*, p. 218).

Pécuchet. Chaque roman est un nouveau départ, exigeant une nouvelle attitude envers la structure et le style aussi bien qu'envers les thèmes (ces divers aspects étant d'ailleurs à ses yeux inséparables). Bien entendu, certains éléments restent constants d'une œuvre à l'autre: une certaine philosophie de la vie, une certaine méthode de la composition, une certaine conception de la langue. Mais il faut bien se garder des généralisations hâtives et se rappeler que ce qui est vrai d'un de ses romans ne sera pas forcément vrai des autres.

Si nous devons en croire Yvan Leclerc, en établissant la structure de ses romans, Flaubert a bénéficié de la longue habitude d'imaginer, avec Louis Bouilhet, des scénarios dramatiques dans les années 1840 et 1850: 'le romancier profite incontestablement des essais inaboutis du dramaturge: il apprend à dialoguer, à composer des scénarios préparatoires aux romans organisés en scènes et tableaux, montés sur le fil d'une intrigue'[204]. On ne sait pas à quel moment Flaubert a contracté l'habitude de construire ses romans en établissant des scénarios: Jean Bruneau pense qu'il a pu y en avoir un pour *Novembre,* 'tant le récit est bien composé'[205], ce qui situerait la première utilisation du procédé en 1840 ou 1841. Mais il est peu probable qu'il ait fait la même chose pour *L'Education sentimentale* en 1843, puisque, de son propre aveu, la structure du roman a subi des changements radicaux au cours de la rédaction. Quant à *Madame Bovary*, si la genèse de l'œuvre dépend incontestablement de la série des scénarios généraux ou partiels, il n'a certainement pas produit ceux-ci de la même manière que les scénarios dramatiques élaborés en collaboration avec Bouilhet. Comme Yvan Leclerc le fait remarquer, et comme nous l'avons vu, pour ces ébauches d'œuvres dramatiques, 'Flaubert [...] s'est souvent contenté du résumé de l'argument du scénario'[206]. Ce fait tend à suggérer qu'il tenait à établir le plan du drame entier avant de penser au détail du dialogue. Il n'a pas procédé de cette façon pour *Madame Bovary*. Une fois qu'il avait un plan d'ensemble, il s'est mis à écrire, s'interrompant de temps à autre pour dresser un plan partiel de la section suivante. Quant à la première version de *La Tentation de saint Antoine*, Flaubert a souvent dit par la suite que le grand défaut de l'œuvre était que le plan n'avait pas été construit de façon assez rigoureuse. Tout ceci semble indiquer qu'il n'y pas d'évolution continue depuis les scénari-

204 *Le Candidat*, p. 9.
205 *Les Débuts littéraires...*, p. 327.
206 *Le Candidat*, p. 9.

os dramatiques des années 1840 jusqu'au système utilisé pour *Madame Bovary* et tous les romans qui l'ont suivi. Il est plus probable qu'ayant été obligé de reconnaître les défauts résultant du manque de préparation structurale pour *La Tentation*, Flaubert a résolu de se garder de retomber dans les mêmes erreurs en inventant une méthode de composition qui assurerait une structuration claire et nette pour l'ensemble et pour chacune de ses parties. De toute façon, si on étudie le premier scénario, il ne permet pas de croire que Flaubert a procédé en reliant des scènes par le fil d'une intrigue: loin de là. Ce qui préoccupe Flaubert dans ce premier scénario, c'est une évolution psychologique d'où les grandes scènes sont absentes (c'est le cas des Comices) ou ajoutées après coup (c'est le cas du bal au château). Claudine Gothot-Mersch a souligné le caractère peu dramatique de ce premier scénario: 'plutôt qu'à l'histoire, c'est à la manière dont vit Emma, à la façon dont le personnage évolue, que le scénario I va s'intéresser. Ce premier scénario prend ainsi une allure plus descriptive que narrative; et la tendance persistera jusque dans la version publiée [...]. De tous les grands épisodes du roman, aucun, nous l'avons dit, ne trouve sa place dans le premier scénario'[207]. Ceci étant, il paraît arbitraire d'assimiler le mode de composition adopté par Flaubert pour les romans de la maturité à la façon dont il avait précédemment élaboré des scénarios de drames.

Selon Jean Bruneau, il y aurait peut-être un élément théâtral dans le rôle des descriptions chez Flaubert, ou, en tout cas, il pense que la question mérite d'être posée: 'Serviraient-elles à la manière d'un décor de théâtre, ce qui n'est évidemment pas le cas de celles de Balzac, par exemple; interviendraient-elles le plus souvent au début d'une partie, d'un chapitre, d'une scène? En somme, Flaubert aurait-il tenté, de manière plus ou moins systématique, d'introduire les personnages *dans* une description, comme le spectateur voit apparaître les comédiens *dans* un décor?'[208] En notant la fragmentation des descriptions chez Flaubert, nous avons déjà donné un debut de réponse cette question, qu'il convient maintenant d'examiner de plus près. Il y a sans aucun doute un endroit où Flaubert procède de la façon à laquelle pense Jean Bruneau: c'est la longue et statique description de Yonville au début de la Deuxième Partie de *Madame Bovary*. Mais, justement, ce passage frappe précisément parce qu'il est exceptionnel, par sa lon-

207 Gothot-Mersch, Claudine: *La Genèse de Madame Bovary*, Corti, 1966, p. 122.
208 Bruneau, Jean: préface au *Rêve et la vie*, p. 12.

gueur, par sa minutie, et par le fait qu'il ne peut être associé à un personnage du roman et est assumé complètement par le narrateur. D'autres passages peuvent sembler comparables. Par exemple, quand Emma et Léon vont chez la mère Rollet, où la petite Berthe est en nourrice, un paragraphe décrit le chemin de la maison, un autre évoque l'extérieur de la masure, et un troisième dépeint la chambre où l'enfant est endormie. Mais l'analogie avec un décor de théâtre est trompeuse, puisque le point de vue est explicitement celui d'Emma et Léon qui s'approchent de la maison, en voient l'extérieur et enfin prennent connaissance de l'intérieur, quand la nourrice les y introduit. D'ailleurs, ce qui se passe une fois qu'ils sont dans la maison n'est guère important: la mère Rollet essaie de se faire donner des cadeaux de café et d'eau-de-vie, et c'est à peu près tout. Le point de vue des personnages est très différent du point de vue des spectateurs dans un théâtre. La même conclusion s'impose si on examine un autre épisode de *Madame Bovary*, qui paraît s'apparenter plus étroitement à une scène de drame, dans ce sens que c'est quelque chose qui marque Emma jusqu'à la fin de ses jours. C'est le bal au château de La Vaubyessard. Mais quand on l'examine de près, il devient clair que toute la description est orientée de façon à suivre le point de vue d'Emma arrivant au château: 'on distinguait des bâtiments', 'on entendait', 'elle lut', 'on distinguait à peine' (CHH, t. I, p. 88). (Il est évident que dans ces exemples, 'on' représente Emma, ou Emma et Charles). Dans une autre scène importante, la visite à la cathédrale de Rouen, Flaubert nous donne quantité de détails sur l'architecture du monument, mais seulement à mesure qu'Emma et Léon visitent différentes parties de l'église ou que le suisse attire leur attention sur tel ou tel détail. De façon générale, Flaubert évite de poser un décor avant d'y introduire ses personnages: le lecteur découvre les différents aspects du lieu en même temps que les personnages. Pierre-Marc de Biasi a mis en avant l'hypothèse, plausible, que, dans l'élaboration des brouillons, sa préoccupation du théâtre a été d'une importance passagère mais cruciale. Après avoir évoqué le processus par lequel Flaubert construit les plans d'un chapitre, Biasi continue:

> Mais plus tard, quand il va chercher à développer ce plan pour en faire du texte, il va passer à une nouvelle procédure de visualisation plus concrète. Au deuxième ou troisième stade de réécriture, la scène est souvent écrite en dialogues, avec des indications de mouvements des personnages, de mimiques, de gestes, etc. Il développe l'action comme si elle devait être mise en scène au théâtre, mais pour un théâtre dont la scène serait extraordinairement élargie. Il écrit en faisant des repérages

extérieurs, en prenant lui-même les positions qu'occuperaient ses personnages, en faisant le même chemin (et sûrement en comptant les pas) et en hurlant ses phrases – c'est le gueuloir – pour trouver les formules qui pourraient le plus naturellement se prononcer [...]. Mais ce n'est pas la fin du processus d'écriture. Le modèle théâtral va, sauf quelques exceptions, laisser place à un modèle narratif: les dialogues vont devenir des paroles rapportées à l'indirect, ou même à l'indirect libre, ou encore se transformer en pure narration. Et au bout de trois ou quatre réécritures, le modèle théâtral, sans avoir tout à fait disparu, sera profondément enfoui dans le montage du système narratif[209].

Pour convaincante que paraisse cette analyse des méthodes de travail de Flaubert, elle reste presque invérifiable, étant donné que le romancier est le seul à savoir au juste ce qui se passait dans le gueuloir. Mais elle trouve une confirmation partielle dans les brouillons où les dialogues rapportés sont plus abondants que dans le texte définitif. En outre, ces dialogues directement rapportés sont plus pittoresques, en ce qu'ils enregistrent des particularités de diction, des incorrections de syntaxe, des termes régionaux ou familiers. A certains endroits, des conversations ou des tirades entières ont été supprimées, par exemple une conversation entre des invités bourgeois au bal de La Vaubyessard ou une longue discussion entre Homais, Charles et sa mère sur la santé d'Emma. On peut penser que Flaubert a pris plaisir à jouer ces conversations imaginaires avant de décider d'en réduire les dimensions et de les intégrer, de façon moins voyante, au discours narratif. En revanche, le dialogue n'est pas la seule partie des brouillons à avoir été sévèrement abrégée. Etant donné que la longueur totale des brouillons dépasse de très loin celle du texte imprimé, la proportion de dialogue qu'on y trouve n'est peut-être pas beaucoup plus importante que dans la version définitive.

Compte tenu de ces considérations, essayons de voir quel a pu être l'effet sur les romans de l'intérêt persistant que Flaubert portait au théâtre. Pour Jean Bruneau comme pour Yvan Leclerc, la dette est visible en matière de structure: 'dès la première version de *L'Education sentimentale* [...] Flaubert choisit le type de roman dramatique et non narratif [...]. Ses romans sont composés de scènes reliées par un fil narratif'[210]. Il est certainement vrai que les grandes scènes se détachent sur un fil narratif: dans *Madame Bovary*, on pense à des scènes comme le mariage d'Emma, les Comices, la séduction

209 *Autour d'Emma...*, p. 76.
210 Préface à *Le Rêve et la vie*, p. 11.

dans la forêt, l'opération du pied bot et l'empoisonnement par l'arsenic, tandis que la monotonie, l'ennui et la frustration restent comme une toile de fond. Il est vrai que dans un livre récent (et intéressant) consacré à Madame Bovary (*Madame Bovary: l'oppression réaliste,* Clermont-Ferrand, Association des Publications de la Faculté des Lettres et des Sciences humaines de l'Université Blaise Pascal, 1996), Serge Zenkine défend un point de vue analogue: selon lui, «la structure de Madame Bovary reste essentiellement théâtralisée et, d'une manière générale, spectaculaire» (p. 32), et, un peu plus loin, il affirme que «la composition générale de *Madame Bovary* correspond à une structure dramatique par excellence» (p. 33). S'il est incontestable, comme le prétend M. Zenkine, que le roman «abonde en scènes dramatiques, pour la plupart comiques», il ne s'ensuit point que ce soit là un principe de sa construction: le plus souvent, ces scènes sont venues se surajouter à la structure originellement prévue. D'ailleurs, au dix-neuvième siècle, un roman qui n'aurait pas comporté de scènes dramatiques aurait eu très peu de chances de succès. Mais outre que certaines des objections que nous avons soulevées contre les idées d'Yvan Leclerc sont également applicables à celles de Jean Bruneau, il n'y avait pas beaucoup de romans (du moins du temps de Flaubert) dont cette proposition ne serait pas vraie. La plupart des romanciers mettaient naturellement l'accent sur les scènes d'une intensité émotive spéciale ou de conflits importants, en laissant le reste à l'arrière-plan. Bruneau lui-même cite Balzac et Scott à cet égard. Flaubert était naturellement très conscient de l'importance de distinguer entre des scènes de premier plan et celles qui sont secondaires, et reproche souvent à ses contemporains de ne pas respecter cette distinction et d'abuser des dialogues. 'Pourquoi ne pas vous servir plus souvent de la forme narrative et réserver le style direct pour les scènes principales?' (CHH, t. XIV, p. 545), écrit-il à Léon Pillore en 1870, et en 1874, félicitant Zola pour *La Conquête de Plassans,* il ajoute: 'peut-être aussi y a-t-il un peu trop de dialogues, dans les parties accessoires!' (CHH, t. XV, p. 305). Cela fait partie du problème du dialogue dans le roman, que nous avons examiné plus haut, et dans la pratique on peut se demander si Flaubert a toujours suivi son propre précepte: parfois, que la scène soit principale ou accessoire, le mélange de dialogue, de narration, de résumé et de style indirect libre est absolument inextricable. Flaubert savait bien que pour capter et retenir l'attention du lecteur des scènes dramatiques sont indispensables, et l'absence de scènes de ce genre lui a toujours paru un inconvénient majeur dans sa conception de *L'Education sentimentale*: 'Aucune scène capitale ne surgit, ça ne m'empoigne pas' (*Corr.*, t. III, p. 315). Mais il a fini par comprendre que cette absence de scènes capitales était inséparable de sa conception même du roman: 'Pas de scène capitale, *pas de morceau*, pas même de métaphore, car la moindre broderie emporterait la trame' (*Corr.*, t. III, p. 600). Donc, dans *L'Education sentimentale* encore plus que dans les autres romans, il serait faux de parler d'une technique dramatique, d'autant plus que les scènes les plus vivantes ne se détachent pas nettement de leur contexte et ne constituent presque jamais des tournants dans l'action. Comme l'a finement remarqué Victor Brombert, 'ce qui intéresse Flaubert, ce n'est pas la crise, mais ce qui se passe entre les crises (ou, plus exactement, ce qui se passe au lieu de la crise)'[211]. A plus forte raison, ceci est vrai de *Bouvard et Pécuchet*, où il n'y a pas de désaccord entre les deux principaux personnages et où ils n'ont pas vraiment des adversaires avec qui entrer en conflit. Il est vrai que *Salammbô* est fondé sur une structure conflictuelle, donc dramatique, mais on pourrait dire que le conflit qui met les Carthaginois aux prises avec les Mercenaires est plus spectaculaire que proprement dramatique (on pense notamment au rapport avec l'opéra). Même dans *Madame Bovary* où Emma est constamment en conflit avec tout ce qui l'entoure, les moments de véritable confrontation sont rares. Il est donc douteux que Flaubert ait eu l'intention de donner à ses romans une structure réellement dramatique ou théâtrale.

Il serait sans doute plus profitable de réfléchir au processus de composition des romans, dans lequel une certaine forme d'expression dramatique a joué un rôle important. Tout le monde sait que pour Flaubert l'acte d'écrire était toujours précédé ou accompagné de déclamation orale et que toutes ses phrases devaient passer par l'épreuve du gueuloir. Le principe est défini en toutes lettres dans la préface aux *Dernières Chansons:* 'la prose [...] doit, comme eux [les vers], pouvoir être lue tout haut. Les phrases mal écrites ne résistent pas à cette épreuve; elles oppressent la poitrine, gênent les battements du cœur et se trouvent ainsi en dehors des conditions de la vie' (CHH, t. XII, p. 49). D'ailleurs, il semble même qu'il ait été plus sensible au son des mots qu'à leur aspect sur le papier; son orthographe est incertaine, dans ses manuscrits il ne fait pas toujours attention aux majuscules, et il lui arrive de corriger ses épreuves avec une certaine nonchalance. Très souvent, après une longue séance de travail, il se plaint

211 Brombert, Victor: *Flaubert par lui-même*, Seuil, 1971, p. 117.

d'être complètement enroué d'avoir hurlé son texte, et il était lui-même parfaitement conscient de ce que ses procédés de composition dans les romans avaient de théâtral (et de frénétique), comme il l'a avoué un jour aux Goncourt: 'Nous parle de sa manie de jouer et de déclamer avec fureur son roman à mesure qu'il l'écrit, s'égosillant tant qu'il épuise de pleines cruches d'eau, s'enivrant de son bruit, jusqu'à faire vibrer un plat de métal pareil à celui qu'il a ici, si bien qu'un jour, à Croisset, il sentit quelque chose de chaud lui monter de l'estomac et qu'il eut peur d'être pris de crachements de sang'[212]. Cette habitude dérive, au moins en partie, de ses expériences théâtrales. Nous avons vu qu'il a toujours lu ses œuvres pour ses amis plutôt que de leur prêter le manuscrit. Nous avons vu aussi que toute sa vie il a pris plaisir à jouer des rôles ou à imiter les gens, et qu'il croyait avoir l'étoffe d'un bon acteur. Il est certain qu'il lui plaisait de cesser momentanément d'être Gustave Flaubert pour être Emma Bovary ou Salammbô ou Frédéric Moreau ou n'importe quel autre personnage de ses romans – car on décèle dans ses œuvres une sympathie universelle qui s'étend même aux personnages qu'il n'aime pas aussi bien qu'à ceux qu'il peut, au moins partiellement, approuver. Même si nous sentons qu'Emma est en quelque sorte supérieure à ceux avec qui elle entre en contact, Flaubert peut se mettre à la place de Charles, de Rodolphe ou d'Homais avec autant d'empathie qu'il ressent pour son héroïne. Comme il l'a écrit un jour: 'il faut par un effort d'esprit se transporter dans les personnages et non les attirer à soi' (*Corr.*, t. III, p. 579). On peut être sûr que Flaubert a joué tous ses personnages avant de les écrire, et même si ses romans ne sont pas dramatiques à la façon de ceux de Balzac, leurs qualités spéciales dérivent en partie de cet instinct théâtral. Une opinion analogue est énoncée, dans une perspective quelque peu différente, par Jean-Pierre Richard quand il écrit:

> L'étoffe de tous ces personnages, c'est en lui qu'il la trouve, et il ne les épouse que de l'intérieur, ne ressent avec une telle acuité leurs sentiments et leurs sensations, ce goût d'arsenic par exemple dans la bouche d'Emma Bovary, que parce que chacun d'eux représente au début une certaine métamorphose de lui-même. Il glisse de l'un à l'autre, *comme un comédien de rôle en rôle*, et c'est pourquoi dans le premier jet de sa création, tous ses personnages semblent un peu modelés dans la même pâte, mal différenciés, et qu'ils se déplacent dans la lumière d'une sympathie égale. Tout le travail de correction ira dans la suite dans le sens

212 *Journal*, t. I, p. 899.

de la spécification et du durcissement de chaque caractère, vers un détachement du personnage par rapport au romancier qui garantira l'objectivité de l'œuvre.[213]

La seule œuvre narrative de Flaubert dont on puisse dire qu'elle a une structure dramatique est *Hérodias*. D'abord, ses trois parties sont organisées à la façon des trois actes d'une pièce de théâtre. La première partie est une exposition qui nous présente les personnages et établit la situation. Dans la deuxième partie, la tension augmente et l'action avance vers une crise. La troisième contient l'acte décisif et le dénouement. En outre, l'unité de temps est strictement observée: l'action commence à l'aube et se termine vingt-quatre heures plus tard. L'unité de lieu est observée aussi, puisque tout se passe dans le palais d'Hérode, sauf que dans le dernier tableau on voit les disciples qui emportent la tête de Iaokanann à travers le désert. Enfin, bien que beaucoup de personnages soient identifiés, l'action centrale se noue autour du conflit qui oppose le Tétrarque, Hérodias, Iaokanann et Salomé. On pourrait même ajouter que la scène principale, la danse de Salomé, est une sorte de représentation théâtrale. Mais même si nous reconnaissons que Flaubert est parvenu à l'intensité explosive d'*Hérodias* en organisant son récit comme un drame, il serait difficile de prouver que cet effet dépend de sa pratique du théâtre.

Il serait donc excessif de prétendre que l'intérêt que Flaubert portait au théâtre a exercé une influence déterminante sur ses romans. Sa conception du roman semble en effet bien moins dramatique que, par exemple, celle de Balzac ou de Zola, et son utilisation du dialogue n'est pas celle d'un auteur dramatique. Certes, dans ses romans 'modernes', le théâtre figure en bonne place mais ne joue guère un rôle décisif. En revanche, le théâtre l'a sans doute beaucoup aidé pour ses romans d'une façon difficile à cerner et à définir avec exactitude, mais qu'il ne faut pas sous-estimer – c'est dans la capacité extraordinaire qu'il avait de se mettre dans la peau de ses personnages et d'assumer leur personnalité. Cette capacité est certainement un aspect de ses talents d'acteur. Les manifestations extérieures de ces dons – ses imitations d'Henry Monnier, ses incarnations comiques de l'Idiot des salons ou du Scheik, ses tonitruantes lectures de ses œuvres – peuvent sembler triviales ou insignifiantes, mais elles proviennent d'une impulsion très profonde qui est fondamentale pour son art. Dans

---

213 *Stendhal, Flaubert. Littérature et Sensation*, Seuil, 1954, pp. 174-175). [C'est moi qui souligne]

un article célèbre, Baudelaire a félicité Flaubert d'avoir su se donner pendant cinq années l'âme d'une femme. S'il n'avait pas tellement aimé jouer des rôles – et les jouer avec une intensité passionnée, cette transformation aurait sans doute été impossible.

Mais si notre enquête nous oblige à conclure que la préoccupation du théâtre chez Flaubert n'a pas joué un rôle prépondérant dans l'art de ses romans, cela ne veut pas dire qu'il soit inutile d'étudier ses rapports avec le théâtre. Au contraire, quand on commence à comprendre pourquoi son théâtre n'est pas plus réussi, on est mieux placé pour sentir l'unicité de sa grandeur comme romancier, d'identifier ces aspects de son art qui, pour une raison ou une autre, ne pouvaient pas être transportés sur la scène. Un décor de théâtre ne remplace nullement les subtilités de la description chez Flaubert. L'usage du style indirect libre pour permettre au lecteur de voir les personnages simultanément de l'intérieur et de l'extérieur est impossible au théâtre: sa méfiance du langage en tant que moyen de communication des complexités et des contradictions des émotions fait que pour lui le dialogue dégénère inévitablement en un échange de banalités. Puis sa présence diffuse mais cachée à chaque page de ses romans ne peut pas avoir d'équivalent au théâtre. Surtout, il y a la beauté du style qui, pour lui, n'était ni nécessaire ni même souhaitable au théâtre mais qui est primordiale dans sa conception du roman. Ecrivant à sa nièce Caroline en 1873, il a fait une remarque qui en dit long sur son attitude envers le théâtre: 'C'est bien pour les gens qui n'aiment pas le style en soi' (CHH, t. XV, p. 262). Comme Flaubert aimait par-dessus tout 'le style en soi', on comprend qu'il ait eu en fin de compte raison d'opter pour le roman plutôt que pour le théâtre.

Conclusion

L'évolution de l'attitude de Flaubert envers le théâtre a suivi une courbe aussi nette que singulière. La fascination éblouie de sa jeunesse l'a convaincu qu'il avait une vocation d'auteur dramatique, celle d'acteur lui étant interdite pour des raisons sociales et familiales. Mais l'obsession de la mort et du néant qui a marqué son adolescence étant difficilement traduisible sur la scène, il a bifurqué vers des formes hybrides, tenant à la fois du drame et du roman, et pendant quelque temps dans les années 1840, il a hésité entre le théâtre et la fiction narrative. C'est de cette hésitation qu'est née *La Tentation de saint Antoine*, et il est difficile de savoir quelle direction sa carrière aurait prise, si, en 1849, Bouilhet et Du Camp n'avait pas passé sur cette œuvre une condamnation sans appel. C'est en reconnaissant la justesse de leurs critiques qu'il a opté, dans *Madame Bovary*, pour le genre romanesque. Même alors, cette option n'était sans doute pas définitive, et au cours de la préparation de l'œuvre, des circonstances extérieures ont commencé à infléchir ses opinions et à le détourner du théâtre. Il s'agit de la part qu'il a prise de la création de *Madame de Montarcy* de son grand ami Louis Bouilhet. D'un côté, cette activité a pu satisfaire son désir de faire publiquement du théâtre: il a en grand partie réglé la mise en scène et il a pu, du moins par procuration, connaître la joie d'un triomphe auprès du public et des critiques. Mais d'un autre côté, il est entré en contact avec les réalités de la vie du théâtre – les intrigues, les jalousies, le mercantilisme, la mesquinerie – , et il s'est rendu compte que si, dans le roman, il pouvait rester indépendant et viser à ne plaire qu'à lui-même, au théâtre, il était forcé d'accepter des collaborations gênantes – avec des directeurs, avec des acteurs, avec des metteurs en scène, avec des décorateurs, et de songer à plaire à un public qui était indifférent aux valeurs littéraires et ne pensait qu'au plaisir du moment. A partir de cette époque, il est devenu de plus en plus désabusé sur la pratique du théâtre, et s'il a continué à avoir des velléités d'écrire pour la scène, c'était désormais toujours en marge de ses romans, d'autant plus qu'en prolongeant sa collaboration théâtrale avec Bouilhet, il pouvait s'occuper du théâtre, sans être contraint à des compromissions dans son art à lui. Il est vrai que *Le Château des cœurs* constitue une exception bizarre dans cette politique. On se demande s'il ne s'agissait pas d'une espèce d'amalgame entre l'idée d'un 'drame total' qui l'avait attiré vingt ans plus tôt, et l'idée que le théâtre de son temps ne pouvait vivre qu'en utilisant, en les transformant, les formes les plus populaires. Quoi qu'il en soit, pendant de longues années et même jusqu'à sa mort, Flaubert a attaché beaucoup d'importance à cette féerie et a prodigué des efforts considérables pour la faire créer ou publier. Les autres tentatives scéniques des derniers vingt ans de sa vie n'ont guère engagé ses intentions plus profondes. C'est à cause de son culte de la mémoire de Bouilhet qu'il a entrepris de compléter ou d'adapter *Le Sexe faible*, comédie retrouvée dans les papiers posthumes de son ami, et sans les astuces du directeur Carvalho à cette occasion, Flaubert ne se serait peut-être jamais laissé tenter par l'idée d'écrire lui-même une comédie satirique. Il a d'ailleurs composé *Le Candidat* très rapidement, ayant décidé que l'écriture pour la scène devait avoir une allure preste et naturelle, et croyant, sans doute à tort, que la meilleure façon d'atteindre cette apparence était d'écrire aussi vite que possible. L'échec total du drame en 1874 a achevé de le désillusionner sur le théâtre, et jusqu'à sa mort il n'a plus guère pensé à l'art dramatique. C'est ainsi qu'il est passé progressivement du plus fol enthousiasme jusqu'au désenchantement le plus complet.

Ce parcours, sans doute unique parmi les écrivains du dix-neuvième siècle, éclaire un aspect peu connu du talent et du tempérament de Flaubert. On a tellement l'habitude de la considérer comme un romancier né qu'il est peut-être surprenant de constater que le jeune écrivain se sentait autant de dispositions pour le drame que pout le roman. Et pourtant, une fois que, par suite de l'intervention de Bouilhet et Du Camp, il a résolu de se lancer dans la confection de *Madame Bovary*, son sort était décidé. Les longues années de labeur et de réflexions consacrées à cette œuvre l'ont convaincu de la supériorité du roman sur les autres genres,et les nombreuses leçons qu'il a apprises sur l'art narratif n'auraient nullement profité à l'art dramatique: l'usage du style indirect libre, la technique si particulière de la focalisation dans la description morcelée, la méfiance du langage comme traduction des émotions sont irréalisables sur la scène, et leur manque est nécessairement préjudiciable à ce qui reste, c'est-à-dire le dialogue. Mais si Flaubert a compris que sa véritable vocation était pour le roman, il ne semble avoir jamais pris conscience du fait que ce qui constituait l'essentiel de cette vocation était bien près de le disqualifier pour le théâtre, et les ouvrages théâtraux des dernières années – *Le Château des cœurs* et *Le Candidat* – sont peut-être moins adaptés à l'optique de la scène que les tentatives romantiques de son adolescence (si l'on peut excepter *Le Sexe faible* de cette critique, c'est sans doute que la trame de cette pièce et apparemment la majeure partie de ses dialogues ont été établies par Bouilhet). Et si l'on cherche à déceler l'influence du théâtre dans la structure et les intentions de l'œuvre romanesque, on peut sans doute la trouver dans *Salammbô* et dans *Hérodias*, mais très peu dans les autres.

Il serait donc sans doute faux de prétendre que l'expérience du théâtre ait beaucoup contribué directement à l'art du romancier, et dans ce sens il est peut-être justifié d'employer, comme l'ont fait certains commentateurs, l'expression 'la tentation du théâtre' et d'y voir une distraction. Mais il convient de se rappeler que l'impulsion qui l'a porté vers le théâtre a été d'une importance cruciale dans ses créations; s'il n'avait pas eu cet irrésistible désir de s'incarner dans ses personnages imaginaires, il n'aurait pas été le grand romancier que nous connaissons. Somme toute, l'étude de ce aspect méconnu de sa vie et de ses activités littéraires jette une lumière inattendue et révélatrice sur ses ambitions, ses émotions et ses méthodes de création.

Bibliographie sommaire

Etant donné l'ampleur de la bibliographie de Flaubert, j'ai dû me borner à donner ici la liste des ouvrages et articles que j'ai cités dans ce livre ou qui portent directement sur le sujet. On trouvera des renseignements plus complets dans les quatre volumes de la *Bibliographie des études sur Gustave Flaubert (1857-1988)* par D.J. Colwell, Egham, Runnymede Books, 1989-1990. Le lieu de publication n'est pas précisé si c'est Paris.

Ouvrages de Flaubert

Œuvres complètes, Conard, 1909-1911.
Œuvres complètes, éd. Bernard Masson, Seuil, 1964.
Œuvres complètes, Club de l'Honnête Homme, 1971-1976.
Correspondance, éd. Jean Bruneau, Bibliothèque de la Pléiade, 1973-1991 (trois volumes parus jusqu'à ce jour).
La Queue de la poire de la boule de Monseigneur, éd. Artine Artinian, Nizet, 1958.
Lettres inédites à son éditeur Michel Lévy, éd. Jacques Suffel, Calmann-Lévy, 1965.
Correspondance Flaubert-Sand, éd. Alphonse Jacobs, Flammarion, 1981.
Le Théâtre de Voltaire, éd Theodore Besterman, Etudes sur Voltaire et le Dixhuitième Siècle, L, 1957.
Madame Bovary Nouvelle Version précédé des scénarios inédits, éd. Jean Pommier et Gabrielle Leleu, Corti, 1949.
Cahier intime de jeunesse. Souvenirs, notes et pensées intimes, éd. J.-P. Germain, Nizet, 1987.
Carnets de travail, éd. Pierre-Marc de Biasi, Balland, 1988.
Le Candidat, éd. Yvan Leclerc, Le Castor Astral, 1988.
Pour Louis Bouilhet, éd. Alan Raitt, Exeter, University of Exeter Press, 1994.

Ouvrages et articles portant directement ou en partie sur Flaubert et le théâtre

Almanza, Gabriella: 'Le *Château des cœurs* de Flaubert: una 'féerie' realista', *Quaderni di filologia e lingue romanze*, I, 1979.
Bailbé, Joseph-Marc: '*Salammbô* de Reyer: du roman à l'opéra', *Romantisme*, 38, 1979.
Bart, Benjamin F.: *Flaubert*, Syracuse, Syracuse University Press, 1967.

Béjart, Maurice: 'Béjart parle de Flaubert', *L'Arc*, 79.

Bem, Jeanne: *Clefs pour 'L'Education sentimentale'*, Tübingen, Narr; Paris, Place, 1981.

Bem, Jeanne: *Désir et savoir dans l'œuvre de Flaubert. Etude sur 'La Tentation de saint Antoine'*, Neuchâtel, La Baconnière, 1979.

Bem, Jeanne: 'Flaubert, théâtre/roman: la dimension théâtrale de l'écriture romanesque', *Gustave Flaubert. Procédés narratifs et fondements épistémologiques*, éd. Alfonso de Toro, Tübingen, Narr, 1987.

Bergerat, Emile: *Souvenirs d'un enfant de Paris*, t. II, Charpentier, 1912.

Bonwit, Marianne: *Flaubert et le principe d'impassibilité*, Berkeley et Los Angeles, University of California Publications in Modern Philology, Vol. 33, no. 4, 1950.

Bosquet, Gaston: 'Gustave Flaubert metteur en scène de *Mademoiselle Aïssé* de Louis Bouilhet', *Les Amis de Flaubert*, 16, 1960.

Bruneau, Jean: *Les Débuts littéraires de Gustave Flaubert (1831-1845)*, Colin, 1962.

Bruneau, Jean: *Le 'Conte oriental' de Flaubert*, Denoël, 1973.

Canu, Jean: *Flaubert auteur dramatique*, Les Ecrits de France, 1946.

Cento, Alberto: 'Flaubert e il *Cocu triomphant* (uno scenario del *Candidat)'*, *Rivista di Letterature moderne e comparate*, giugno 1967.

Colling, Alfred: *Gustave Flaubert*, Fayard, 1941.

Commanville, Caroline: 'Souvenirs intimes', dans Gustave Flaubert, *Correspondance*, t. I, Conard, 1926.

Danger, Pierre: *Sensations et objets dans le roman de Flaubert*, Colin, 1973.

Daniels, Graham: 'Emma Bovary's opera – Flaubert, Scott and Donizetti', *French Studies*, July 1978.

Daudet, Alphonse: '*Le Candidat*', *Le Journal officiel*, 15 mars 1874 (reproduit dans Descharmes et Dumesnil, q.v.).

Daunais, Isabelle: *Flaubert et la scénographie romanesque*, Nizet, 1993.

Debray-Genette, Raymonde: 'Réflexions sur l'invention scénique dans *Madame Bovary*', *Journée de travail du 3 février 1973, à l'E.N.S. sur 'Madame Bovary' de Gustave Flaubert*, Société des Etudes romantiques, 1973.

Demorest, Don L.: *L'Expression figurée et symbolique dans l'œuvre de Gustave Flaubert*, Genève, Slatkine Reprints, 1967.

Descharmes, René: *Flaubert, sa vie, son caractère, ses idées avant 1857*, Ferroud, 1907.

Descharmes, René et Dumesnil, René: *Autour de Flaubert*, Mercure de France, 1912.

Deslogés, Denis: 'Le Goût du théâtre chez Gustave Flaubert à travers les œuvres romanesques', *Flaubert et Maupassant écrivains normands*, Rouen, Université de Rouen, 1981.

Digeon, Claude: *Flaubert*, Hatier, 1970.

Divers: *Autour d'Emma. 'Madame Bovary' un film de Claude Chabrol avec Isabelle Huppert*, Hatier, 1991.

Douchin, Jacques-Louis: 'Un Tableau inédit du *Château des cœurs*', *Les Amis de Flaubert*, 38, 1971.

Dubuc, André: 'La Bibliothèque générale du père de Gustave Flaubert', *Les Rouennais et la famille Flaubert*, Rouen, Les Amis de Flaubert, 1980.

Du Camp, Maxime: *Souvenirs littéraires*, (3ème édition), Hachette, 1906.

Dumesnil, René: *Gustave Flaubert, l'homme et l'œuvre*, Desclée de Brouwer, 1947.

Emelina, Jean: 'Théâtre et politique: *Le Candidat* de Flaubert', *Revue de la Société d'Histoire du théâtre*, XXXII, 1980.

Goncourt, Edmond et Jules de: *Journal*, éd. Robert Ricatte, Fasquelle/Flammarion, 1956.

Gothot-Mersch, Claudine: *La Genèse de 'Madame Bovary'*, Corti, 1966.

Gothot-Mersch, Claudine: 'Le Dialogue dans l'œuvre de Flaubert', *Europe*, septembre-octobre-novembre 1969.

Gothot-Mersch, Claudine: 'De *Madame Bovary* à *Bouvard et Pécuchet*, la parole des personnages dans les romans de Flaubert', *Revue d'Histoire littéraire de France*, juillet-octobre 1981.

Gothot-Mersch, Claudine: 'La Correspondance de Flaubert: une méthode au fil du temps', *L'Œuvre de l'œuvre: études sur la correspondance de Flaubert*, éd. Raymonde Debray-Genette et Jacques Neefs, Presses universitaires de Vincennes, 1993.

Goubault, Christian: 'Flaubert et la musique', *Les Amis de Flaubert*, 51, 1977.

Haig, Stirling: *Flaubert and the gift of speech: dialogue and discourse in four 'modern' novels*, Cambridge, Cambridge University Press, 1986.

Hemmings, F.W.J.: *The Theatre Industry in nineteenth-century France*, Cambridge, Cambridge University Press, 1993.

Kashiwagi, K.: *La Théâtralité dans les deux 'Education sentimentale'*, Nizet, 1985.

Kashiwagi, K.: '*Bouvard et Pécuchet* ou le théâtre symétrique', *Gallia*, XXXI, 23, mars 1992.

Kim, Yong-Eun: '*La Tentation de saint Antoine' version de 1849: genèse et structure*, Chuncheon, Kangweon University Press, 1990.

Kovàcs, Katherine Singer: '*Le Rêve et la vie': a theatrical experiment by Gustave Flaubert*, Harvard Studies in Romance Languages, 38, 1981.

Leclerc, Yvan: '*La Candidature:* scénario inédit d'une pièce de théâtre', *Etudes normandes*, XXXVIII, 3, 1988.

Letellier, Léon: *Louis Bouilhet 1821-1869. Sa vie et ses œuvres*, Hachette, 1919.

Lottman, Herbert: *Flaubert*, Londres, Methuen, 1989.

Marchi, Giovanni: "L'Arcane théâtral", *Micromégas*, X, i, gennaio-aprile 1983.

Marchi, Giovanni: 'Flaubert e il teatro', *Flaubert e il pensiero del suo seculo*, Università di Messina, 1985.

Mathet, Marie-Thérèse: *Le Dialogue romanesque chez Flaubert*, Aux Amateurs de livres, 1988.

Maupassant, Guy de: *Chroniques, Etudes, Correspondance*, éd. René Dumesnil, Gründ, 1938.

Maupassant, Guy de: *Pour Gustave Flaubert*, Bruxelles, Complexe, 1986.

Nadeau, Maurice: *Gustave Flaubert écrivain*, Lettres Nouvelles, 1969.

Noriac, Jules: 'Sur *Le Château des cœurs*', *Le Monde illustré*, 15 mai 1880, (reproduit dans *Les Amis de Flaubert*, 52, 1978).

Pommier, Jean: 'Flaubert et la naissance de l'acteur', *Dialogues avec le passé*, Nizet, 1967.

Prod'homme, J.G.: 'Un Scénario inédit pour l'opéra de *Salammbô*', *Mercure de France*, 795, août 1931.

Raitt, Alan: 'Le Balzac de Flaubert', *L'Année balzacienne*, 1991.

Raitt, Alan: 'Flaubert off-stage and on stage'. *Essays in memory of Michael Parkinson and Janine Dakyns, Norwich Papers IV*, 1996.

Richard, Jean-Pierre: *Stendhal, Flaubert. Littérature et Sensation*, Seuil, 1954.

Sartre, Jean-Paul: *L'Idiot de la famille*, Gallimard, 1972.

Seebacher, Jacques: 'Chiffres, dates, écritures, inscriptions dans *Madame Bovary*', *La Production du sens chez Flaubert*, 10/18, 1975.

Starkie, Enid: *Flaubert, the making of the master*, Londres, Weidenfeld & Nicolson, 1967

Starkie, Enid: *Flaubert the master*, Londres, Weidenfeld & Nicolson, 1971.

Steegmuller, Francis: *Flaubert and 'Madame Bovary'*, Londres, Collins, 1947.

Van Laere, François: 'Du *Député* au *Candidat*, ou trente ans après', *Littérature et société. Recueil d'études en l'honneur de Bernard Guyon*, Desclée de Brouwer, 1973.

Villiers de l'Isle-Adam: 'Gustave Flaubert: *Le Candidat*', *Œuvres complètes*, t. II, éd. Alan Raitt et Pierre-Georges Castex, avec la collaboration de Jean-Marie Bellefroid, Bibliothèque de la Pléiade, 1986.

Williams, Rhys W.: 'Carl Sternheim's debt to Flaubert: aspects of a literary relationship', *Arcadia*, 15, 1980.

Zenkine, Serge: *'Madame Bovary': l'oppression réaliste*, Clermont-Ferrand, Association des Publications de la Faculté des Lettres et Sciences humaines de l'Université Blaise Pascal, 1996.

Zola, Emile: *Le Naturalisme au théâtre*, Charpentier, 1895.

Zola, Emile: *Les Romanciers naturalistes*, Charpentier, 1895.

Autres ouvrages cités

Bouilhet, Louis: *Le Cœur à droite*, éd. Timothy Unwin, Exeter, Exeter University Press, 1993.

Brombert, Victor: *Flaubert par lui-même*, Seuil, 1971.

Carter, Lawson A.: *Zola and the theater*, New Haven, Yale University Press, Paris, Presses Universitaires de France, 1963.

Filon, Augustin: *Mérimée et ses amis*, Hachette, 1894.

Houssaye, Arsène, *Confessions*, t. VI, Dentu, 1891.

Huysmans, Joris-Karl: *Lettres inédites à Arij Prins 1885-1907*, éd. Louis Gillet, Genève, Droz, 1977.

Mallarmé, Stéphane: *Correspondance*, éd. Henri Mondor et Jean-Pierre Richard pour le t. I, et par Henri Mondor et Lloyd James Austin pour les t. II-XI, Gallimard, 1959-1985.

Mendès, Catulle: *Rapport sur le mouvement poétique français de 1867 à 1900*, Imprimerie Nationale, 1903.

Richardson, Joanna: *Judith Gautier*, Londres, Quartet, 1986.

Sternheim, Carl: *Der Kandidat*, Leipzig, Insel-Verlag, 1914.

Wright, Barbara: 'Quinet's *Ahasvérus*: an alternative 'drame total'', *French Studies Bulletin*, 5, Winter 1982/1983.

Index
(Noms de personnes et œuvres de Flaubert)

196

Le Romantisme et après en France
Romanticism and after in France

edited by Alan Raitt

"Le Romantisme et après en France" est une nouvelle collection dont le but est de publier des monographies ou des ouvrages de plus longue haleine, écrits par des membres des universités du Royaume-Uni et d'Irlande, que ce soit des enseignants chevronnés ou de jeunes chercheurs. Ces livres traiteront de la littérature française depuis la période préromantique jusqu'aux premières années du vingtième siècle, et pourront être en anglais ou en français; ils pourront traiter d'un seul auteur ou d'un sujet plus étendu.

"Romanticism and after in France" is a new series designed to publish monographs or longer works of high quality originating in universities in the United Kingdom and Ireland, whether by established scholars or recent graduates, dealing with French literature in the period from pre-Romanticism to the turn of the twentieth century. Books may be in English or French, and may consist of studies of single authors or of wider topics.